서사적 재현의 역학

반복과 전복

이 호

서강대학교 국어국문학과에서 학사 · 석사 · 박사 과정을 마치고, 서강대학교와 서경대학교, 숙명대학교 등 여러 대학교에서 강사를, 선문대학교에서 인문학연구소 연구 교수를 역임하였다. 저서와 역서로 『현대 심리 소설의 서술 전략과 이데올로기』, 『이야기하기의 이론』(공역), 『서사학과 이데올로기』(번역), 『담화의 허구』(번역) 등이 있다. 논문으로는 「이상 소설의 구성과 의미 형성 원리」, 「〈斷層〉 同人 小說의 플롯 구성과 서술 기법」 등 다수가 있다.

서강학술총서
124

서사적 재현의 역학

- 반복과 전복

이 호 지음

서강대학교출판부

서강학술총서 124

서사적 재현의 역학 — 반복과 전복

초판 1쇄 발행 | 2020년 2월 26일

지 은 이 | 이 호
발 행 인 | 박종구
편 집 인 | 전종호
발 행 처 | 서강대학교출판부
등록 번호 | 제2002-000170호

주 소 | 서울특별시 마포구 백범로 35(신수동)
전 화 | (02) 705-8212
팩 스 | (02) 705-8612

ISBN 978-89-7273-363-8 94080
ISBN 978-89-7273-139-9(세트)

값 26,000원

* 잘못된 책은 구입하신 곳에서 바꿔드립니다.

* '서강학술총서'는 SK SUPEX 기금의 후원으로 제작됩니다.

지은이의 말

언제인지, 정말 너무 오래 전이라 어디서 누구에게 들었던 것인지 기억이 잘 나지 않지만 지금까지도 잊히지 않고 문득문득 귓전을 맴도는 말이 있다. "앞으로 어떤 글을 쓰든 자기 삶의 고민과 경험이 담기지 않은 글이라면 그건 쓰나마나야."라는. 그때는 별 생각 없이 흘려듣고 말았지만 그 말이 아직까지 머릿속에 남아 있을 줄은 몰랐다. 그때는 나로서는 도저히 범접하지 못할 것 같은, 빛나는 사유와 발상으로 가득찬 글들에 현혹되어 어떻게 하면 저런 글을 쓸 수 있을까라는 선망과 야망에 사로잡혀 디디고 있는 땅보다는 하늘의 별만 보고 있던 시절이었으니까.

그리고 꽤 많은 시간이 흐른 뒤에 그간 서사를 공부하면서 고민하고 궁리했던 것들을 정리할 기회가 찾아왔다. 책을 쓰다보니 그간 내가 썼던 글들이 나 자신에게 얼마나 절실하고 정직했던 것인지 돌이켜보게 되었다. 주제도 모르고 남들의 찬탄과 환호를 받을 글을 쓰겠다는 나의 야심이 얼마나 허황되고 낯부끄러운 지적 치기에 불과했던 것이었는지를 성찰할 수 있는 기회를 준 모교 출판부 분들에게 고맙고 감사하기만 하다. 그래도 이 책을 내면서 서사와 서사학에 대해 함께 생각하고 고민하는 이들에게 다소나마 동의와 응원을 받았으면 하는 바람을 갖는다면 이 또한 섣부른 치기일까.

주위에 남은 이들은 자꾸 적어지고 떠나간 이들은 점점 많아지는 나이가 되고 보니 오늘이나 내일을 생각하기보다는 자꾸 어제의 일들을 더 떠올리게 된다. 그럴수록 내 주위에서 여전히 나를 지켜보고 걱정해주는 모든 이들을 잊고 산 것은 아닐까라는 송구함과 미안함이 앞선다. 이 자리를 빌어 너무도 소중한 추억과 학문적 열망을 안겨 주셨던 선생님들을 비롯해서 선배님들, 동기, 후배들에게 깊은 존경과 감사의 인사를 드리고 싶다. 그분들과 그들의 가르침과 학문에 대한 열정, 밤늦도록 사적인 자리에서 열띠게 주고받던 대화, 그 모든 것들이 지금의 내 생각과 글을 이끌어온 힘이 되었음을 뒤늦지 않게 깨닫게 된 것은 너무도 다행스런 일이다.

언제 어디서든 나를 아직도 걱정하고 지켜보고 계실 아버님, 이제는 내 이름 대신 아들이라 다정하게 불러주시는 어머님, 불현듯 생각이 나서 전화를 걸어보려 해도 이제는 응답을 기대할 수 없는 전화번호의 주인들에게, 나를 나 자신보다 더 잘 알고 참아주는 아내와 아들들에게 이 책을 바친다.

어깨에서 힘을 빼고 쓰리라 굳게 다짐했지만 이번에도 그 다짐을 지키지 못했다는 느낌이 든다. 남은 시간은 별로 없는데 갈 길은 아직도 멀게만 느껴진다.

잠이 오지 않는 어느 겨울 밤에
이 호

목 차

제1장

서사적 재현의 역학 :
스토리의 반복과 전복

제1장

서사적 재현의 역학 : 스토리의 반복과 전복

1. 서사 연구의 흐름과 방향

현대에 이르러 대중 매체의 급속한 발달에 힘입어 서사의 대량 생산과 유통이 일반화되고 서사 형식과 그 재현 양상에서도 이전과 비교할 수 없을 정도로 혁신적인 변화가 일어남에 따라, 서사 연구 역시 새로운 변화를 기획하지 않으면 안 되었다. 비평가 미셸 드 세르토(Michel de Certeau)에 의하면, 일상 생활에서 서사가 인간의 꿈과 의식마저도 통제하고 조작하기에 이른 것이 현대 사회의 특징이라고 한다. 그에 의하면, 현대 사회는 세 가지 측면에서 서사 내지 이야기들이 '재인용되'고 '대량 복제되는' 사회이다. 그 이유로 그는 첫 번째로 광고나 정보 매체에 의한 서사의 대량 생산, 두 번째로 사회의 전분야를 넘나드는 서사들의 인용, 마지막으로 일상 생활에서 서사의 끊임없는 재인용, 이

세 가지를 꼽는다.[1]

왜 현대에 들어와 유독 서사가 폭발적 관심을 끄는 품목으로 부각되었을까? 일단 서사의 범위를 '문학적' 서사—소설, 서사시, 극—, 그 중에서도 소설 갈래에 한정해서 생각해보면 어느 정도 답을 얻을 수 있다. 우리가 소설을 읽는 가장 단순한 이유는 이야기가 선사하는 모종의 즐거움을 얻기 위해서이다. 특히 전혀 듣지도 보지도 못했던 새롭고 독창적인 이야기라면 더할 나위 없다.

그런데 이야기를 읽고 듣는 데서 얻는 즐거움이, 반드시 이야기가 갖는 새로움이나 독창성에서 비롯되는 것만은 아니다. 익히 알고 있는 이야기를 반복해서 읽고 보는 데서도 얼마든지 즐거움을 얻을 수 있다. 너무도 뻔한 신데렐라류의 이야기가 단지 영화나 소설, 만화 등으로 형식과 매체를 바꿨을 따름인데도 여전히 향유되고 있는 것이 그 증거이다. 사실 기지(旣知)의 이야기를 반복해서 읽는 것은 우리가 그에 대한 모든 것을 알기 때문만이 아니라, 아는 것을 재확인함으로써 기지의 지식이나 확신에 대한 만족, 간과하고 넘어갔던 미지(未知)의 무엇이 남아 있을지도 모른다는 의심, 그래서 다시 읽기를 통해 그것을 발견할지도 모른다는 기대 때문일 수도 있다.[2]

---

1 제레미 탬블링, 이호 옮김, 『서사학과 이데올로기』(예림기획, 2000), 16~17쪽에서 재인용.

2 이와 관련해서, 비록 소설이 아닌 영화 작품을 대상으로 한 것이지만, 우리가 어떤 작품에 대해 다시 읽기, 다시 보기를 행하는 이유가 즉각적이고 소비적인 즐거움이 아닌 지식의 기쁨, 즉 작품을 자신의 환상에 따라 재창조하는 데서, 또한 철저한 분석을 통해 자신의 즐거움이 어디에서 연유하는지를 탐구하려는 유희의 쾌감에서 비롯된다고 보는 시각은 참고할 만하다. 자끄 오몽·미셸 마리, 전수일 옮김, 『영화분석의 패러다임』(현대미학사, 1995), 350~360쪽 참고.

어떤 이야기를 재현하는 데에는 항상 불확정성이 내포되기 마련이다. 스토리의 세계는 오직 스토리를 제시하는 재현 방식, 즉 담화를 통해서만 접근할 수 있는데 외관상 견고하게 보이는 스토리 세계는 실제로 불안정하고 불확실한 세계라는 것이 금방 드러난다. 왜냐하면 실제로 일어난 사건들로 이루어진다고 믿는 스토리 세계는 정확히 기술되기가 불가능한 대상이기 때문이다. 스토리란 것도 결국 독자에 의해 서사 텍스트로부터 추상화된 개념에 불과하다. 이런 이유로 스토리의 재현이 항시 전복적 가능성을 내재하고 있다는 통찰은 서사를 반복과 전복의 역학으로 전제하는 논의의 출발점이 되기에 충분하다.[3] 물론 이 불확정성의 범위는 종잡을 수 없을 만큼 무한대로 확장되는 것은 아니다. 이미 봤거나 읽었던 것에서 느끼는 감정, 즉 기시감(旣視感)과 기독감(旣讀感)이 이야기를 읽는 즐거움의 원천이 될 수 있는 이유는 그것이 불확정성의 외연을 일정 정도 통제함으로써 독자에게 유용한 정서적 효과를 빚어내기 때문이다.[4]

서사의 주요한 기능 가운데 하나는 이해하기 어렵고 때로 종잡을 수 없는 현실의 불확실성이 안겨주는 불안에 맞서는 효과적 응전 방식을 제공한다는 데 있다. 그런 불안의 서사적 재현은 서사 자체에 내재된 어떤 본질과 맞닿는다. 서사는 독자에게 특정한 불안을 일으키고 실

3 패트릭 오닐, 이호 옮김, 『담화의 허구』(예림기획, 2004), 58~69쪽 참고.

4 불안을 억제하는 데서 비롯되는 즐거움, 즉 서사체들 간의 상호텍스트적인 반복은 우리의 이데올로기에서 비롯된 인식을 강화한다고 한다. 이때 이 인식이란 세상이 어떠한지 안다는 인식, 세상의 문제거리들이 어딘가 낯익고 세상의 많은 서사들을 이미 읽은 것처럼 여기게 만드는, 즉 기시감 내지 기독감을 주는 형식들로 틀에 박힌 것처럼 주조할 수 있다는 인식이다. 제레미 탬블링, 앞의 책, 190쪽 참고.

로 그를 괴롭히고 이런 긴장감을 본줄거리에서 벗어난 지엽적 이야기들로 고조시키고 긴장을 풀어주기도 하는 것이기 때문이다.[5] 서사의 결말은 바로 이런 불안이 결말에 가서 해소되리란 기대를 주는 것이다. 그러나 모든 서사가 이런 완벽한 결말에 대한 독자의 기대를 충족시켜주지는 않는다. 서사의 결말이란 사실 서술될 수 있는 것들에 의해 제기된 문제들이 마치 해결될 것처럼 가장하는 것에 불과하다. 불안을 억제하는 데서 얻는 즐거움은 어떤 것의 반복이 즐거움을 익숙하게 만들고 안전하게 만들기 때문에 반복의 즐거움과 관련 있다. 현실의 문제거리들이 어딘가 낯익으며 현실이 어떠한지 안다는 인식을 강화하는 방법으로 비슷한 유형들로 서사화되는 이유도 여기에 있다. 그런 의미에서 서사적 허구는 현실을 모방하는 것이라기보다는 오히려 현실을 이해하는 방식을 지배한다고 할 수 있다.[6] 이런 점에서 진부하고 낯익은 이야기를 되풀이해서 읽고 듣고 보는 중요한 하나의 요건을 든다면, 그것은 서사적 허구가 선사하는, 강력한 동일시 효과일 것이다. 서사적 허구를 읽는 과정에서 독자에게 일어나는 동일시는 허구 세계를 어느 수준까지 실재하는 현실 세계 혹은 그런 세계를 인식하는 방식에 따라 수용하려는 서사적 관습에서 비롯되는데, 그러기 위해서는 우선 허구 세계가 우리가 속해 있는 실제 현실과 어떤 식으로든 닮아야 한다는 개연성의 제약[7]을 받지 않으면 안 된다.

5 제레미 탬블링, 앞의 책, 179쪽 참고.

6 제레미 탬블링, 앞의 책, 189~190쪽 참고.

7 이런 제약 자체가 동일시에 관한 제레미 탬블링의 논의처럼, 서사가 기반한 이데올로기임은 부인할 수 없다. 제레미 탬블링, 앞의 책, 166쪽, 171~172쪽 참고.

제레미 탬블링에 따르면, 동일시는 일단 기존의 이데올로기에 동의하는 방식대로 세상을 본다는 것으로 이는 소설을 읽는 즐거움의 한 종류라고 한다. 서술 혹은 이야기하기 자체가 문화적 동일성을 강화하는 하나의 방법이라는 것이다. 예컨대 독자가 소설을 읽을 때 특정 인물의 시점에 동화되어 대상을 바라보기를 요구받거나 플롯을 통해 사건을 특정한 방향으로 배열하는 것 자체가 이런 동일시를 촉진한다. 따라서 모든 서사는 설명 요구에 의해 작동되며, 사물을 보는 그 나름의 방식, 즉 서사가 바탕으로 삼는 이데올로기가 현실을 이해하는 자연스럽고 불가피한 방식이라고 단언하며, 그와 동일시하기 위한 즐거운 이미지들을 제공해준다는 것이다.[8] 따라서 '소설은 실제 현실의 모방이다'라는, 오랜 명제는 모방된 결과의 객관성이나 충실성 정도를 가늠하는 의미로서보다는 현실을 이해하는 방식의 모방, 즉 그런 모방에 부수되는 제약 조건들의 모방이란 의미로 수정되어야 한다.

실제로 모방의 결과에 대한 충실성은 리얼리즘의 강력한 추동력인 반면, 그것에 따라붙는 제약을 어떻게 극복해야 되는가라는 난감한 문제를 안겨준다는 점에서 딜레마에 직면하는 경우가 흔하다. 가령 소설에서 남녀의 성애에 대한 묘사는 어느 시대든 사회적 논란을 유발하는 민감한 문제였고 이에 따라 그 재현의 방식과 정도에 엄격한 제약을 받기 마련이었다. 현실의 충실한 재현이 보편적이고 정당한 예술적 요구라는 데에 이의를 제기하기 힘들지만, 어느 시대든 그것에 무제한의 자유가 보장된 경우는 거의 없었다. 현실의 어떤 측면을 어떤 방법으로

8 제레미 탬블링, 앞의 책, 166쪽, 171~172쪽 참고.

재현하는가라는 문제에는 항상 시대적 제약이 필연적으로 뒤따랐다는 점에서 재현의 위기는 새삼스런 문제가 아니었다.

현대에 들어와 삶과 현실의 복잡함과 다원성이 서사적 재현의 중요한 관심사로 떠오른 만큼 이에 부수되는 재현의 제약 조건이 어떻게 달라졌는지 살펴볼 필요가 있다. 총체성과 전형의 개념으로 대변되는 리얼리즘 이론은 삶을 일관되고 통일성 있는 틀 속에서 조망하는 데 관심을 집중한다. 리얼리즘의 원리에 따르면, 인물 형상화의 경우 각 인물에 제 아무리 개별성과 다양성을 부여한다고 해도, 그것은 어디까지나 사회적 부조리와 모순을 대표하고 구현하는 보편적 개인, 이른바 전형이라는 제약 조건 하에서 형상화되어야 한다. 또한 인물과 사건, 인물이 처한 복잡한 상황을 일관되게 설명하기 위해서는 인과성에 근거한 플롯의 역할이 중심적이며, 비교적 권위있는 단일 시점에 의해 개인과 사회 간의 총체적 관계가 일목요연하게 조명되어야 한다. 여기에는 현실의 복잡다단한 현상들이 인간의 의지에 의해 통제될 수 있고, 최소한 그것들을 객관적으로 이해하고 설명할 수 있다는, 인간 이성에 대한 신뢰와 확신이 뒷받침되어 있다.

현실의 다양성과 복잡함을 서사화하는 과정에서 어느 정도의 단순화는 불가피하다. 그런데 단순화에는 항상 전복적 가능성이 내장되기 마련이다. 단순화를 위해서는 대상의 실상을 선별적으로 축소하거나 생략할 수밖에 없고, 이 과정에서 모종의 공백이 발생하는 것은 필연적이기 때문이다. 소설에서 단순화를 위한 가장 강력하고도 효과적인 수단 가운데 하나는 사건들의 인과적 재배열, 즉 플롯이다. 플롯 구성, 즉 스토리 사건들을 인과관계에 따라 재배열하는 과정에서 설명 불가능한 요소, 즉 우연적이거나 예외적인 요소들이 배제되는 것은 너무도 당연한 일이다.[9] 문제는 그런 요소들이 완전히 말소될 수가 없다는 데 있다. 가령 소설에 명확하게 드러나는 플롯에서 원(原)스토리를 재구하는 것이 불가능한 이유는 인과의 틀만으로 수렴될 수 없는 스토리의 가능한 시나리오가 너무 많다는 데 있다. 스토리의 재구가 불가능한 이유에 대해 패트릭 오닐이 제시한 사례는 참고할 만하다. 가령 '왕자가 용을 죽이고 공주를 구하였다'로 기술될 수 있는 단순한 서사를 예로 들어보자. 여기서 명확하게 식별할 수 있는 서사적 사건은 2개로 보인다. ⑴ '왕자는 용을 죽였다.' ⑵ '왕자는 공주를 구했다.'가 그것이다. 그러나 '왕자가 용을 죽였다'가 정말로 단 하나의 사건인가? 실제로 일어났던 사건은 무엇인가? 왕자는 용의 등 뒤로 조심스럽게 슬며시 다가가서 그의 검으로 일격을 가해 죽였는가? 아니면 용감하게 정면으로 돌진해서 단도로 몇 번 찔러 죽였는가? 모든 스토리에는 이 구성 사건들 말고도 가상 요소(virtual factors)라고 일컫는, 설명을 요하는 요소들이 있는데 이것들이 스토리 세계의 기술 불가능성을 증가시키는 요인이라는 것이다.[10] 이처럼 플롯에 의한 인과적 틀짜기에는 그 틀에서 배제되거나 은폐된 스토리 요소들이 항시 잠재되어 있는 만큼 스토리는 단일

9 이런 점에서 박찬부는 '서사'라는 말의 어원에 대해 설명하면서 서사가 이성과 질서를 바탕으로 한 언술 행위이며, 아리스토텔레스가 〈시학〉에서 플롯을 처음과 중간과 끝이 있는 일관성과 통일성을 중요한 가치 개념으로 삼게 한 이유였다고 강조한다. 특히 서사는 과거를 원형 그대로 드러내는 '역사적 진리'의 불가능함을 인식함으로써 오히려 사후(事後)에 과거를 '건설'하는 것이고 그 과정에서 일관성을 위해 애매성, 다양성을 희생함으로써 '서사적 진리'를 드러내려 한다는 지적은 시사적이다. 박찬부, 『현대정신분석비평』(민음사, 1996), 240~241쪽.

10 패트릭 오닐, 앞의 책, 66~69쪽 참고.

한 인과적 틀로는 복구될 수 없고 어떤 재구의 방식을 사용하는가에 따라 얼마든지 전복될 수 있다.

모더니즘 소설에 이르러서 리얼리즘의 재현 원리가 강력한 도전에 직면한 것은 이런 가능성을 의식적으로 전경화하려는 시도 때문이다. 외적 현실의 재현보다는 인간 내면, 특히 의식 세계를 넘어서 무의식의 세계까지를 조명하려는 모더니즘 소설에서는 인간 존재나 인간의 삶은 인과율로 논리정연하게 설명할 수 없을 뿐 아니라 아예 재현 불가능한 것으로 간주된다. 물론 인간의 의식 자체가 직접적인 방법으로는 접근 불가능할 뿐 아니라 근친상간의 충동처럼 금기시된 내용이 포함되어 있다는 것도 재현의 위기를 초래한 요인이기도 하다. 이는 인간이 과연 스스로 확신하는 만큼 자신의 주인인가 하는 정체성의 문제, 즉 인간의 주체성에 대한 전면적인 의심과 회의로 확대된다.

재현의 위기에 대한 인식은 모더니즘을 넘어선 포스트모더니즘, 특히 인터넷을 비롯한 첨단 대중 매체의 급속한 발달로 더욱 심화되기에 이른다. 사이버 공간에서 개인의 정체성 내지 주체성은 안정되고 단일한 형태를 유지하기 힘들다. 현실 공간과 거의 대등하게, 아니 오히려 그것을 능가할 정도로 가상 공간의 역할과 영향력이 확대됨에 따라 그 이용 주체는 분열되고 다자(多者)화되기 쉽기 때문이다. 가상 공간 안에서 주체는 더 이상 합리적 이성이나 계몽의 도구도 아니며, 타자의 시선 안에 갇혀있는 차이와 흔적뿐인 탈주체도 아니다. 포스트모더니즘에서 말하는 '탈주체'가, 주체는 단일하며 선험적으로 이미 결정되어 있다는 것을 전제한 주체, 즉 이데올로기에 의해 억압된 주체로부터 벗어나고자 하는 의식적인 노력을 지시하는 용어라면, 사이버 공간에서 주체는 '복수 주체'라는 것으로 확대된다. '복수 주체'는 주체는 결코 단일하거나 견고할 수 없으며, 하나의 개인 내면에 두 개 이상의 이질적인 정체성이 존재할 가능성을 전제한다. 정보화 사회는 우리에게 육체가 경험하는 물리적인 세계 이외에도 의식적인 흐름만으로 경험할 수 있는 가상 세계를 마련해 주었다. 육체와 분리된 가상 의식 또는 탈(脫)의식의 세계 내에서 우리의 주체성은 상황이나 개인의 의지나 욕망에 따라 쪼개지거나 분열될 수 있다. '복수 주체'는 바로 이같이 쪼개지거나 분열된 개인의 정체성을 가리킨다.[11]

이런 상황에서 대상을 기계적으로 반영하거나 복사한다는 식의 소박한 모방 개념은 더 이상 유효성을 갖기 힘들다. 사실 예술적 모방에 대한 본격적 논의를 시도한 아리스토텔레스에게조차도, 모방은 대상이나 사실의 충실한 재현만은 아니었다. 그에게 모방은 일어날 수 있을 법한 것, 곧 개연성 있는 '사실의 본질'에 대한 모방이었다. 예술 작품이 행동의 모방이라는 그의 유명한 정의에서 모방의 대상으로서 행동은 인간의 모든 실제적 행동 자체를 지칭한 것은 아니었다. 그것은 불행에서 행복으로, 또는 행복에서 불행으로 변화하는 삶의 급전(急轉), 즉 삶의 진실로 간주될 수 있는 어떤 본질적 원리였다. 즉 예술적 모방은 가능성과 개연성과 필연성이라는, 예술적이고 심미적인 당대의 제약 조건들에 의해 선별적이고 조직적으로 이루어지는 과정이었다.[12] 이와 관련된 손쉬운 사례로 우리 고전 소설의 공통된 주제로 거론되는 '권선징

11 포스트모더니즘이나 사이버 공간과 관련된 주체에 대한 논의는 필자가 다음 책에서 요점만을 갖추려 임의대로 정리한 것임을 밝혀둔다. 김재국, 『디지털시대의 대중소설론』(예림기획, 2002) 참고.

12 아리스토텔레스, 김재홍 옮김, 『시학』(고려대학교 출판부, 2000), 72~74쪽 참조.

악'이란 허구를 떠올릴 수 있다. '선은 항상 악을 이긴다'라는 이 이데올로기적인 공리(公理)가 실제 현실에서 통용되는 진실이라고 믿을 순진한 독자는 거의 없을 것이다. 그것은 문학이란 한정된 영역에서만 진리값을 갖는 '시적 정의(poetic justice)'일 뿐이다. 그럼에도 불구하고 현실과 유리된 이런 공리가 고전소설에서 견지되었던 이유는 무엇일까. 그것이 당대의 현실에 대한 허구화를 지배한 일관된 논리, 즉 당대 사람들의 지배적 세계관 내지 신념 체계라는 측면에서 이해될 수밖에 없다. 그것은 현실을 바탕으로 한 허구 세계는 으레히 이러해야 한다는 기대지평이며, 암묵적인 합의이며, 그런 점에서 이데올로기적 함의를 갖는다. 비유하자면, 그것은 현실 그 자체가 아니라 현실에 대한 '그림'이자 이미지이다.

사정이 이쯤 되면, 이야기와의 동일시는 현실과의 직접적인 유사성에 의해서가 아니라, 현실에 대한 이미지, 즉 '타자와의 상상적 형식'으로서의 이데올로기를 통한 은밀하고 간접화된 매개에 의해 이루어진다고 할 수 있다.[13] 따라서 이런 이미지가 바로 현실 그 자체인 것처럼 독자에게 수용되기 위해서는 해당 서사가 담지한 이데올로기를 어느 정도로 자연화하는가에 달려 있다. 그 가장 효과적인 방법 가운데 하나는 이데올로기에 대한 반발 요소들을 은폐하거나 배제하는 것이다. 따라서 서사적 재현 과정에서 은폐되고 배제된 요소들을 밝혀내는 것은 서사 텍스트의 해석에 매우 긴요한 작업이다. 그런 요소들에 대한 탐구야말로 서사 텍스트의 이면에 내재된 이데올로기의 역학을 구명하는

13 제레미 탬블링, 앞의 책, 85~87쪽 참고.

전복적 읽기의 가능성을 열어줌으로써 서사의 풍부한 해석적 미개지를 개척하는 데 유용한 역할을 담당하기 때문이다.

2. 서사의 징후적 독서를 위한 모색

서사, 구체적으로 소설을 포함한 영화나 만화 같은 다양한 갈래의 서사 텍스트에 대한 분석에서 관건은, 서술 방식(담화)과 서술 내용(스토리) 사이의 역학 관계를 어떻게 상정하는가에 달려 있다. 초창기 구조주의 서사학의 기본 입장은 스토리가 그것을 전달하는 매체, 즉 담화와 상관없이 불변한다는 것이었다. 그러나 이는 스토리 자체가 실재하는 존재라기보다는 스토리를 전달받는 수용자의 머리 속에서 구성되는 가상의 개념에 불과하다는 반론에 부딪치면서 강력한 도전을 받게 되었다. 텍스트의 저변에 존재하는 원화(原話)나 심층 구조로서 불변하는 추상 개념으로 여겨졌던 스토리가, 특정인이 특정 상황에서 특정 목적을 갖고 일련의 원칙들 하에 만들어낸, 일종의 판본(version)으로 이해되어야 한다는 반론이 그것이다. 때문에 스토리는 추상적이기보다는 분명하고 구체적인 형태를 띤다.[14] 그러므로 서사 연구의 초점은 서술되는 스토리 자체보다는 스토리를 다양하게 변용함으로써 의미 생성에 강력한 힘을 발휘하는 서술 매체, 즉 담화에 맞춰져야 한다는 결론에 이를 수밖에 없다.

---

14 주네트, 리꾀르, 화이트, 채트먼 외 지음, 석경징, 여홍상, 윤효녕, 김종갑 엮음, 『현대 서술 이론의 흐름』(솔, 1997), 124쪽.

소설 연구의 경우 일반적으로 서술자를 텍스트 의미 생성의 주체로 상정한다. 서술자가 인격적인 존재인지 비인격적인 존재 내지 신적 존재인지 또는 믿을 만하거나 믿지 못할 존재인지를 가려내려는 연구가 다각도로 진행된 이유는 이 때문이다. 그러나 이처럼 서술자를 텍스트 생성의 주체라기보다는 거꾸로 텍스트에 의해 구성되는 대상으로 상정하는 것이 보다 더 적확하고 유용한 방법으로 보인다. 왜냐하면 서사적 의미 생성의 동인을 서술자로 상정하는 것은 타당하되, 서술자의 자아는 그리 일관되거나 통일된 존재로 보기 어렵기 때문이다. 즉 서술 주체로서의 자아는 근본적으로 분열된 사유 주체이므로 이런 주체는 분열된 내러티브를 생성할 것이라는 주장[15]이 이를 뒷받침한다.

이는 이야기하기(storytelling), 즉 서술이란 개념을 면밀히 검토하면, 더욱 분명하게 드러난다. 서술은 일반화된 통념처럼 사실을 있는 그대로 이야기하는 것이 아니다. 서술이 오히려 진실을 호도하고 회피하고 은폐하는 방법이 될 수 있다는 것은 여러 서사 이론가들에 의해 지적된 바 있다.[16] 서사는 어떤 스토리에 대한 서술이고 스토리, 다시 말해 서사 텍스트에서 이야기되는 내용은 근본적으로 시간적 연속의 관계, 즉 시간성(時間性)에 의해 그 의미를 생성한다. 시간성이 스토리의 의미 생성 원리라는 것은 서사의 의미가 사건이나 행위같은 구성 단위들 간의 유사성이나 동일성이 아닌, 그것들 간의 차이와 변화에서

15 박찬부, 앞의 책, 265~267 참고.

16 제레미 탬블링의 경우 알튀세르의 논의를 빌어 서술은 사건을 있는 그대로 재현하는 것이지만 재현을 통해 우리가 실재하는 것을 보는 것이 아니라고 주장한다. 즉 서술은 현실에 대한 그림, 즉 상상적 형식을 재현하는 것인데 이때 상상적 형식이란 현실을 해석하는 관념화된 방법이라는 것이다. 제레미 탬블링, 앞의 책, 85~86쪽 참고.

생성됨을 의미한다.[17] 일단 서사 텍스트가 시간성의 원리를 의미 생성의 근본 토대로 삼는다는 것은 곧 텍스트의 서술이 연대기적 서술, 즉 일련의 사건들을 일어난 순서대로 이야기한다는 것을 전제로 삼는다는 뜻이다. 그러나 서사 텍스트에서 사건들이 일어난 순서대로 이야기되는 경우는 거의 없다. 어떤 방식으로든 모종의 예술적 작의(作意)에 의한 사건의 재편성, 즉 시간적 재배열이 수반되기 때문이다. 따라서 서술에서 사건의 순서와 그 재배열 간의 차이에 집중하는 것만으로는 서사의 의미나 본질을 밝혀내기에 부족하다.

그렇다면 서술을 또다른 측면에서 이해할 필요가 있는데 그것은 차이와 변화라는 서사의 본질적 시간성과 배치되는 것으로 보이는, 특정 사건 내지 장면의 '반복'에 주목하는 방법이다. 텍스트 내적 차원에서 하나의 이야기를 텍스트로 구성할 때, 어떤 식으로든 사건 순서의 뒤바꿈이 일어난다면, 그것은 서술자가 이미 경험하였거나 알고 있던 일련의 행위나 사건들을 특정한 의도나 목적에 따라 다시 이야기한다는 것을 의미한다. 그러므로 서술은 영화적 유추를 빌리자면, 기지(旣

17 예컨대, 사건이 곧 '상태의 변화'이고 행위는 행위자나 피행위자에게 영향을 끼치는 누군가에 의해 야기되는 '상황의 변화'라는 개념 규정은, 소설 텍스트의 근본적인 의미생성 원리가 차이와 변화에 있음을 보여준다. 마찬가지로 프랭스의 최소 스토리나 토도로프의 시퀀스 개념 모두 일련의 사건들 간의 시간적 연속성이나 인과관계, 전도(안정된 상태에서 불안정된 상태로, 또는 그 반대 방향으로의 변화)의 원리를 바탕으로 하는데, 이는 곧 소설의 전개 원리가 시간적으로 앞선 것과 그 뒤에 온 것 간의 차이나 변화에 있음을 시사해준다. 특히 토도로프는 반복 관계를 '공간적 관계'에 포함시키고 있는데, 이 관계는 이른바 소설의 공간성과 관련된 광범위한 문제로서, 이 책에서는 5장의 공간적 형식에 대한 논의에서 일부 다루었다. 시모어 채트먼, 김경수 옮김, 『영화와 소설의 서사구조』(민음사, 1990), 50~51쪽 참조. S. 리몬-케넌, 최상규 역, 『소설의 시학』(문학과지성사, 1988), 36쪽, 츠베탕 토도로프, 곽광수 역, 『구조시학』(문학과지성사, 1987), 101~102쪽 참조.

知)의 스토리에 대한 편집과 같다. 극단적으로 말해, 서술은 시작에서 중간, 결말로 순탄하게, 예측불가능하게 이어지는 일회적 완결이 아니라 '결말로부터 다시 쓰는 것'이며, 그런 의미에서 동일한 스토리의 '반복'이다.[18] 서술자는, 항상 자신 또는 타인에게 일어났거나 경험했거나 들었던 이야기를 담화적 의도, 즉 이데올로기적 의도에 따라 다시 이야기하는 것이다.[19]

그러므로 서사 텍스트를 구성하는 요소들은 원칙적으로 스토리의 순차성에 따라 직접 배열되는 것이 아니라, 항상 서술 작용에 의해 여과된 결과이다. 이로 인해, 사건과 인물 같은 스토리의 모든 요소들은 있는 그대로, 일체의 가감없이 텍스트에 제시될 수 없다. 이는 특히 소설 및 영화, 극과 같은 서사의 핵심적 구성 요소로서 플롯이 수행하는 기능을 고려하면 여실히 드러난다. 플롯은 '인과관계에 의한 사건의 재배열'로 정의된다. 때문에 플롯의 본질적 "기능은 스토리의 사건들을 강조하거나 덜 강조하고, 어떤 사건들은 해석하고 다른 것들은 추측하도록 놓아두고, 보여주거나 이야기해주고, 주석을 하거나 침묵을 지키고, 그리고 하나의 사건 또는 인물의 이러저러한 측면에 초점을 맞추는

18 이야기하기는 반복 형태로 나타나는데 이는 서술이 이야기가 완결된 지점에 이르러 갖게 된 관점에서 다시 체험하는 행위임을 의미한다. 이런 관점은 서사 텍스트 전체에서 중요한 것과 그렇지 않은 것을 구분하고 결정하는 데 작용한다는 점에서 중요하다. 모든 이야기가 결말의 관점에서 이야기되는 것이라면 모든 이야기, 심지어 사실주의적 작품이라도 결국 서술자 혹은 지배 이데올로기에 의해 위조된 거짓말이라는 추론이 가능하다. 제레미 탬블링, 앞의 책, 190쪽 참고.

19 S. Rimmon-Kenan, 「*Narration as repetition : the case of Gunter Grass's "Cat and Mouse"*」(『Discourse in Psychoanalysis and Literature』, edit. S.Rimmon-Kenan, Methuen Co. Ltd, New York, 1987), p.176.

것"[20]이다.

이처럼 스토리 요소들이 플롯이나 초점화 같은 여과 장치를 통해 텍스트에 재현되는 과정에는 의식적이든 무의식적이든 축소, 확대, 은폐, 생략 같은 다양한 여과 작용이 수반되는데, 이 과정에서 여과된 요소들은 어느 형태로든 텍스트에 그 흔적들을 남긴다. 이런 흔적들에 대한 주도면밀한 독서, 즉 '징후적 독서'를 통해서 우리는 '텍스트의 무의식', 달리 말해 서술자의 배후에 있는 이데올로기에 접근할 수 있다.[21] 징후적 독서의 필요성은 텍스트를 작가나 서술자가 전부 의식할 수만은 없는 수많은 요소와 담화들이 미로처럼 얽혀 있는 그물 조직으로 보는 데서 제기된 것이다. 서사 텍스트의 이 그물 조직을 온전히 읽어내기란 거의 불가능할 뿐만 아니라 연구의 초점이 흐트러질 위험이 크기 때문에 관심의 범위를 한정시켜 징후적 독서의 효율성을 극대화할 필요가 있다. 이를 위해 고전 서사학의 출발부터 꾸준히 논의된 스토리, 텍스트, 서술 혹은 스토리와 담화 간의 상호 작용, 즉 플롯과 시점, 인물과 같은 서사 요소들을 서사 텍스트로 구조화하는 과정에서 담화 혹은 서술이 수행하는 반복과 전복의 역학에 집중하여 텍스트의 무의식을 읽어내기 위한 시도는 효과적인 방법이 될 수 있다.

오늘날 서사 읽기는 단순히 그것이 속한 시대 현실의 징후나 특정

---

20 시모어 채트먼, 앞의 책, 49쪽 참조.

21 징후적 독서가 갖는 중요성은 제레미 탬블링의 다음과 같은 설명에서 충분히 짐작될 수 있다. "텍스트의 반은 망각 즉 작가가 의식할 수만은 없는 요소들로 이루어진다. …(중략)… 푸코는 우리에게 텍스트를 한 사회의 이데올로기 내에서 작용하는 서로 다른 담화들의 그물조직으로, 또한 수많은 중심들을 갖는 상호 모순되고 통일성이 없는 텍스트들을 생산하는 서로 다른 담화들로 짜여진 그물 조직으로 볼 것을 권유한다." 제레미 탬블링, 앞의 책, 86쪽, 121쪽 참고.

시기의 역사·문화적 맥락만을 파악하는 데 그치는 것이 아니다. 과거는 물론 현재에 이르기까지 켜켜이 쌓이고 융합된 텍스트의 적층에 대한 총체적 이해를 모색하는, 텍스트의 일반 시학을 지향하는 문화적 실천이다.[22] 그런 점에서 서사의 반복과 전복의 역학에 집중한 징후적 독서를 통해 텍스트의 심층에 좀더 접근할수록 우리는 개별 서사 텍스트와 서사 텍스트 일반이 만나는 서사 시학의 접점을 찾아낼 수 있고, 이에 따라 서사의 본질을 밝히기 위한 궁극적 목표에 좀더 다가갈 수 있을 것이다.

---

22 김열규, 박철희, 이재선 외, 『한국문학사의 현실과 이상』(1996, 새문사), 33쪽 참고.

제2장

플롯 :
스토리 요소의 인과적 반복과 전복

제2장

플롯 : 스토리 요소의 인과적 반복과 전복

1. 플롯의 역학 : 플롯의 전복적 틀짜기

소설의 구성 요소들 가운데 플롯이 언제나 논의의 중심에 있었던 이유는, 소설이 본질적으로 "구별하고 결말을 짓고, 경계를 설정하고, 질서를 부여하는"[23] 양식이기 때문이다. 플롯은 무질서하고 산만한 미가공된 자료(raw material)들을 작가의 의도에 따라 독자가 이해하고 해석할 수 있도록 조직하고 질서화하는 조직화의 선(organizing line) 내지 구상의 끈(thread of design)이다.[24] 넓은 의미에서 플롯은 심미적 효과를 위한 사건의 인과적 재배열이다. 모든 소설에 반드시 플롯이 존재한다는 것은 이해와 해석을 위한 일종의 상수(常數)와 같은 역할을 플롯이

---

23 Peter Brooks, *Reading for the plot*(Random House, Inc., 1984), p.5.

24 Peter Brooks, 앞의 책, p.4.

수행한다는 의미이다. 따라서 플롯이 없는 소설을 독자는 결코 이해할 수 없다. 이런 맥락에서 플롯은 소설의 단순한 구성 요소에 그치는 것이 아니라 소설의 이해 과정에서 작가와 독자가 반드시 공유해야 하는, '세계를 이해하는 방식'이다.[25] 여기에서 일찍이 아리스토텔레스가 플롯은 '행동의 모방'으로서 작중인물과 불가분의 관계를 맺는 모방적인 문학 작품의 정수로 간주하고 문학의 구성요소들 가운데 플롯을 가장 중심적인 위치에 올려놓았던 이유를 충분히 짐작할 수 있다. 그에게 있어 플롯이란 작품의 예술적 성취도를 평가하는 데 중요한 잣대로서 필연성 내지 "인과관계에 의해 엮어진 일련의 사건들"[26]을 의미하였다.

아리스토텔레스의 견해에 대해 포스터는 소설가는 미리 짜놓은 플롯에 맞추어 쓰기보다는 우리들 각자의 '비밀스런 생활'을 다루는 것이라고 반박하고, 소설에서 "우리는 다음에 어떤 일이 벌어지는가를 묻는 것이 아니라 누구에게 일어나는가를 묻게 된다"[27]라고 주장한다. 따라서 "소설에서는 모든 인간의 행복과 불행은 행동의 형식을 취하지 아니하고 플롯을 통하지 않는 다른 표현 수단을 찾으며, 억지로 (플롯의) 흐름과 연결시켜서는 안 된다"[28]는 것이다. 그의 주장대로, "20세기 초엽에 대부분의 비평가들이, 아리스토텔레스와 그의 추종자들이 옹호했던 말끔한 플롯 구조가 소설이라는 이완되고 헐렁헐렁한 괴물에게는 적용될 수 없다는 것을 인정했고"[29], 이에 따라 소설에 대한 논의에서 그간

---

25 Peter Brooks, 앞의 책, p.5.

26 C. 카터 코웰, 이재호·이명섭 역, 『문학개론』(을유문화사, 1988), 17쪽.

27 E.M. 포스터, 이성호 역, 『소설의 이해』(문예출판사, 1993), 49쪽, 93~95쪽 참조.

28 앞의 책, 106쪽 참조.

29 월리스 마틴, 김문현 역, 『소설이론의 역사』(현대소설사, 1991), 116쪽.

플롯이 차지했던 중심적 위상이 흔들리게 된 것은 분명하다.

아리스토텔레스에게서 비롯되었던 전통적인 플롯 개념이, 행동의 통일성이 명확히 나타난다는 이유로 그가 선호했던 특정 장르—그리스 비극—의 분석에서 도출되었던 것인 만큼, 행동의 명확한 동기나 통일성이 와해되고 사건의 인과성이 약화된 현대 소설의 구조를 해명하는 데에는 한계가 있다.[30] 인물이 처한 외적 현실보다 '비밀스런 생활' 즉 인물의 내적 생활을 취급하는 방향으로 관심의 초점이 옮겨감에 따라, 현대 소설에서는 탄탄하게 짜인 인과적 플롯보다는 산만하고 느슨한 연대기적 플롯을 지향하는 경향이 강하다. 더구나 사건들이 우연적이라 할 정도로 인과관계와 무관하게 시간적 연속의 원리에 근거해서 결합되는 경우,[31] '인과관계에 의한 사건들의 배열'이란 기존의 플롯 개념이 흔들리게 된 것은 당연해 보인다.

이처럼 사건과 행동이 스토리와 다름없이 시간적 연속만으로 이어짐으로 해서 인과관계가 와해된 것처럼 보이는 소설 유형을 토도로프는 '이념적 이야기'라 부른다. 그는 이런 유형의 이야기에서조차도 독자는 별다른 연관성이 없어 보이는 각 사건들을 논리적으로 연결할 수 있는, 어떤 '추상적 법칙' 내지 '이념적 조직'을 밝혀낼 수 있으므로 플롯이 없다고 단정할 수 없다고 지적한다. 상식적인 인과관계가 비합리적

30 현대로 올수록 일화적 플롯 내지 느슨한 플롯, 심지어 플롯이 없는 소설들이 점차 일반화되고 있는 추세라는 것은 많은 논자들이 지적한 바 있다. 이를 사건이 인과적 연쇄보다는 거의 시간적 연쇄만으로 이루어짐으로 해서 필연성보다는 우연성을 구성 원리로 활용하는 것이라는 주장을 뒷받침하는 근거로 제시하는 경우도 있는데 이 책에서는 이 문제에 대해서는 다루지 않았다. 시모어 채트먼, 앞의 책, 54~55쪽. S. 리몬-케넌, 앞의 책, 34쪽 참조.

31 츠베탕 토도로프, 앞의 책, 86쪽.

인과관계, 심지어 반(反)인과관계로 바뀌었다고 해도, 이는 여전히 인과관계의 영역에 속하는 것이기 때문에, '인과관계를 통해 사건을 배열하는 원리'로서 기존의 플롯 개념을 완전히 배제할 수 없다는 것이다.[32]

어떤 소설 텍스트라도 그것을 이해하고 설명하기 위해 필요한 논리적 관계로서 인과관계를 찾으려는 것이 독자의 근본 성향이기 때문에, 소설의 플롯을 그 어떤 인과관계의 틀에서 벗어난 것처럼 보이게 하는 회상이나 액자 구성, 병행적인 장의 배열, 작가의 침입 같은 그 어떤 기법도 플롯의 인과관계를 완전히 말살할 수 없다는 주장[33]도 이와 맥락을 같이 한다. 오직 시간적인 순서에 의해서만 배열된 사건들이라 해도 거기에서 모종의 인과율을 찾으려는 독자가 이를 함축적 플롯(implicit plot)으로 변화시키기 위해 어떤 인과관계를 보충한다고 해도 이를 말릴 수 없다고 한 리몬-케넌의 주장도 이와 맥락을 같이 한다.[34] 특히, 포스터가 중시한 '비밀스런 생활'이란 것도 결국 텍스트에서는 서술될 수밖에 없기 때문에, 어떠한 방식이든 모종의 줄거리나 논리, 즉 플롯의 틀로써 형상화될 수밖에 없다는 지적은 플롯이 서사 연구의 본질적 원리로서 배제될 수 없음을 간파한 것이다.

오늘날 상식처럼 통용되는 플롯 개념은, 사건들의 연대기적 배열 즉 스토리의 사건들에 동기를 부여하고 그것들을 인과관계에 의해 재배열한 것이다. 이처럼 플롯은 스토리 본래의 순서가 작가, 혹은 내포

32 츠베탕 토도로프, 앞의 책, 89~91쪽 참고.

33 에릭 라브킨, 「공간 형식과 플롯」(『현대소설의 이론』, 김병욱·최상규 편역, 대방출판사, 1984), 234쪽.

34 S. 리몬-케넌, 앞의 책, 34쪽.

작가나 서술자의 해석에 의해 변형·왜곡된 스토리이지만, 이런 변형·왜곡은 스토리 본래의 '순서'만을 바꾸는 것에 의해서만 생겨나는 것은 아니다. 그러나 대부분의 독자는 바로 이 '순서'에 집착하기 쉽다. 연속된 사건들의 순서에서 인과 관계를 발견함으로써 독자는 자신의 일상적 기대나 믿음에 부응하는 메시지를 전달받음으로써 만족감을 얻게 되기 때문이다. 플롯의 주된 목표가 인과성과 감동의 창출, 그럴듯하고 흥미로우며 진실되다는 독자의 반응 창출에 있다는 것은 이런 의미에서이다.[35]

그러나 플롯이 본래의 스토리를 배열하고 결합하는 서술 원리라고 할 때, 작가는 사건의 자초지종을 다 말할 수 없으므로 서술 과정에서 사건의 순서만이 아니라 무엇인가 빠지거나 부재한 것, 또는 숨기는 것이 발생하게 마련이다. 플롯은 '전개하고 해결하는 원리'이기도 하지만 '감추고 드러내는' 원리의 총체이기도 하기 때문이다.[36] 이처럼 빠지거나 숨겨진 요소들을 프랭크 커모드(Frank Kermode)는 '비밀(secret)'이라 부르는데, 이는 작가를 비롯한 내포 작가나 서술자에 의해 '전경화'된 순서나 메시지보다는 '후경화'된 것들에 주의를 기울일 때 밝혀질 수 있다는 것이다. 바꿔 말하자면, 비밀은 텍스트의 분석이나 해석에서 사건 전개 과정의 중대한 분기점으로서 뚜렷하게 눈에 띄는 핵사건(kernel)보다는 부차적이고 장식적인 기능을 담당하는 위성 또는 촉매사건들에 근거를 두고 있다는 말이다. 그러나 이런 사건들이 때때로 핵사건을 능가할 정도로 중요한 기능을 수행하는 경우가 종종 발생한다. 이는 그것

35 최시한, 『소설, 어떻게 읽을 것인가』(문학과지성사, 2010), 115쪽.

36 최시한, 앞의 책, 115쪽 참고.

들이 전경화된 플롯을 보조하는 기능에서 벗어나 오히려 그것을 위태롭게 하고 뒤엎을 수도 있는 그것들만의 연합체, 즉 '또다른 플롯' 내지 '배반의 텍스트'를 구성할 경우이다.[37]

플롯을 분석하기 위한 가장 기초적인 작업은, 일반적으로 행위나 사건들 간의 위계 관계 설정, 즉 행위나 사건들 전체에서 핵사건과 위성 혹은 촉매사건을 가려내는 것이다. 그런데, 이 행위나 사건의 개념을, '철수가 영희를 때렸다'라거나 '영희가 철수를 만났다'라는, 가시적이고 물리적인 '상태 변화'로만 한정하는 것만으로는 불충분하다. 행위나 사건은 어떤 상태 내지 상황의 물리적 변화만을 지칭하는 개념만으로 한정할 수 없기 때문이다.[38] 이런 맥락에서 행위 개념은, "주인공이 처한 외적 정황이라 부를 만한 것—즉 주인공이 처한 상황이나 그의 운명—에 가시적인 변화를 일으키는 주인공의 행위 이상의 것"이라고 폭넓게 정의될 필요가 있다. 이렇게 확장된 행위 개념은 "인물들의 도덕적인 변화 및 성장과 교육, 복잡한 도덕적·감정적 존재로 입사해 들어가는 것"이고, 이보다 더 미묘한 형태로는 "순수한 내면적 변화들, 즉 감각과 감정의 시간적 진행에 영향을 주고, 궁극에는 자기 반성에 의해 영향을 받을 수 있는, 최소한도로 조직적이고 의식적인 층위에까지

37 주네트, 리쾨르, 화이트, 채트먼 외 지음, 앞의 책, 72~73, 76~79쪽 참고.

38 이와 관련해서 채트먼은 '1)철수가 병이 들었다. 2)그가 죽었다. 3)그에게는 친구도 친척도 없었다. 4)단 한 사람만이 그의 장례식에 참석했다.'라는 일련의 사건들로 구성된 플롯을 제시하고, '3)그에게는 친구도 친척도 없었다.'처럼 얼핏 봐서 행동이나 사건과는 무관해 보이는 상태 진술(인물의 특성 가운데 하나를 묘사하는 기능을 갖는 진술)도 플롯의 구성 요소로 간주할 수 있다고 주장한다. 왜냐하면 이 진술은 철수라는 인물이 외로웠으리라는 함축적 의미를 나타내는 동시에 '4)단 한 사람만이 그의 장례식에 참석했다.'라는 후행 사건의 원인으로 해석될 수 있기 때문이라는 것이다. 시모어 채트먼, 앞의 책, 50쪽 참고.

나아가는 그런 변화들까지도 포함"[39]한다. 이런 비가시적이고 내면화된 행위는 뚜렷하게 포착되는 구체적인 사건 내지 "행동의 형식을 취하지 않는" 만큼, 대개 플롯의 전개에 별다른 영향을 미치지 않는 위성이나 촉매로 간주되기 쉽다. 그럼에도 불구하고 우리가 작품의 스토리 요약이나 플롯 기술을 할 때 다양한 편차가 발생하는 이유가 바로 이 위성이나 촉매 같은 변수들 때문이라는 사실[40]을 상기한다면, 인과관계에 기초한 전경화된 플롯 못지 않게, 비연속적이고 사소한 서사 단위들로 이루어진 후경화된 플롯 즉 '배반의 텍스트'가 존재할 가능성을 항상 염두에 두어야 한다.

이런 맥락에서 플롯 분석의 첫 번째 대상으로 선정된 작품이 이상의 「날개」인데, 이는 다른 어떤 작품보다 플롯의 전복적 재현이 효과적으로 구현된 사례이다. 특히 「날개」에 대한 기존 논의들에서 심대한 해석적 편차가 빚어지고 있다는 것은 그만큼 이 작품에 전복적 요소들이 풍부하다는 증거이기도 하다. 따라서 「날개」의 사건과 행동, 서술 차원에서 의미심장하게 반복되는 요소들을 중심으로 전경화된 플롯을 추출한 다음 그것을 전복시킬 만한 해석적 잠재성을 갖는 후경화된 플롯의 윤곽을 잡아봄으로써 서사적 재현에서 반복과 전복의 역학이 서사 해석에서 담당하는 위상과 역할이 무엇인지를 개진해보기 위한 전초 단계로 삼고자 한다.

---

39 Paul Ricoeur, *Time and Narrative* vol.2(trans by K. McLaughin & D. Pellauer, Univ. of Chicago Press, 1985), p.10.

40 스티븐 코핸·린다 샤이어스, 임병권·이호 옮김, 『이야기하기의 이론』(한나래, 1997), 86~89쪽 참고.

2. 「날개」의 플롯 구성

1) 해석학적 약호를 통한 플롯 구성

소설의 플롯을 추출하는 작업은 사건과 행위, 모티프, 제재 등과 같은 서사적 단위들로부터 추상화되는 중심 관념, 즉 주제를 확정하기 위한 것이라는 점에서 모티프 기술이나 줄거리 요약, 또는 작품의 '쉽게 풀어쓰기(paraphrase)'와는 엄연히 구별된다. 숄즈와 켈로그는 플롯을 고정되고 정형화된 도식적 틀이 아닌 역동적이고 연속적인 요소로 간주하는데 이는 플롯의 단위인 행위 혹은 사건이 인물의 성격이나 특성과 불가분의 관계를 맺는다고 보기 때문이다.[41] 또한 작품을 구성하는 다양한 요소들에서 플롯을 추출하기 위해서는 추상적인 범주들이 필요하지만 가령 '이것은 행위이다'나 '이것은 정신반응이다'라는 지나치게 일반적인 범주들만으로는 충분치 않다. 보편적인 서사 범주와 개별 텍스트의 특정 내용들 사이에 놓인 '의미의 피라미드'[42]에는 어떤 중개 지역이 존재하며, 거기에 속한 요소들이 플롯의 추출 과정에서 중요한 역할을 수행한다. 이런 중개 요소들에는 도전, 협상, 처벌, 금지, 약속,

41 숄즈와 켈로그는 플롯의 역동성에 관한 하나의 예로 서사시 〈일리아드〉을 든다. 이 작품의 플롯은 행동이나 인물 구성에 공통된 주제로 '아킬레스의 분노', 즉 '그의 분노가 어떻게 진정되었는가에 관한 것'이라고 규정한다. 행위와 인물 구성을 긴밀하게 연관시켜 분석하는 이들의 플롯 추출 방식은 플롯 연구에 매우 유용한 전범이 될 만하다. 로버트 숄즈·로버트 켈로그, 임병권 옮김, 『서사의 본질』(예림기획, 2001), 274쪽.

42 이같은 표현은 사건들 간에도 핵과 위성 같은 위계관계가 있는 것처럼 하위 범주들 위에는 더 폭넓은 상위 범주들이 피라미드 구조처럼 위계관계를 형성한다는 것을 의미한다. 이재선 편, 『문학적 주제학이란 무엇인가』(민음사, 1996), 280쪽.

배반, 기만, 보복 등과 같은 전통적인 서사적 관념들이 있으며, 플롯은 일반적으로 이런 관념들의 중개에 의해서 이해될 수 있다.[43]

「날개」의 플롯을 "창부인 아내에 기생해 사는 남자의 이야기"[44]라고 규정할 때, 이는 서사적·주제적 관념들을 포함하지 않기 때문에, 엄격한 의미에서 플롯 기술로 보기 어렵다. 이는 단지 「날개」의 후속 사건이나 행위의 시발점, 즉 서술자이자 주인공인 '나'가 처한 불안한 평형 상태[45]에 대한 요약으로 보는 것이 더 적절하다. 따라서 「날개」의 플롯은 "창부인 아내에 기생해 사는" 문제적 상황보다는, '아내의 직업이 무엇인가'라는 '나'의 수수께끼 내지 의문이 왜 일어나고 어떻게 해결되는가로 초점을 옮길 때 더욱 더 적확하게 기술될 수 있다. 실제로 「날개」의 주제적 관념들을 보다 명확하게 구체화시키는 계기는 '나'와 아내 간의 기묘한 부부 생활을 위태롭게 만들게 되는 갈등인데, 이것이 아내의 직업에 대한 '나'의 의문에서 시작된다는 데에는 의심의 여지가 없다.

> 아내에게 직업이 있었던가? 나는 아내의 직업이 무엇인지 알 수 없다. 만일 아내에게 직업이 없었다면, 같이 직업이 없는 나처럼 외출할 필요가 생기지 않을 것인데—아내는 외출한다. 외출할 뿐만 아니라 내객이 많다. (325쪽)

---

43 이재선 편, 앞의 책, 280쪽.

44 최혜실은 이상의 〈날개〉 이외에도 〈지주회시〉와 〈봉별기〉의 플롯을 이처럼 규정하고, 남(기둥서방)/녀(매춘부) 간의 위계 역전의 불균형을 회복하기, 즉 균형잡기가 작가/독자 간의 균형잡기로 확대되어 작가가 자신의 욕된 삶을 한껏 희화화하여 제시함으로써 독자를 작가의 자굴감을 연출하기 위한 도구로 삼는다고 주장한다. 최혜실, 『한국 모더니즘 연구』(민지사, 1992), 154~160쪽.

45 이 평형 상태는 후속 사건들을 촉발함으로써 언제든지 깨뜨려지고 말 잠재성을 품고 있다는 점에서 '불안한' 상태이다.

> 아내에게 내객이 있는 날은 이불 속으로 암만 깊이 들어가도 비 오는 날만큼 잠이 잘 오지는 않았다. 나는 그런 때 아내에게 왜 늘 돈이 있나 왜 돈이 많은가를 연구했다. (325쪽)

> 나는 우선 내 아내의 직업이 무엇인가를 연구하기에 착수하였으나 좁은 시야와 부족한 지식으로는 이것을 알아 내이기 힘이 든다. 나는 끝끝내 내 아내의 직업이 무엇인가를 모르고 말려나 보다. (326쪽)

> 왜 아내의 내객들이 아내에게 돈을 놓고 가나 하는 것이 풀 수 없는 의문인 것같이 왜 아내는 나에게 돈을 놓고 가나 하는 것도 역시 나에게는 똑같이 풀 수 없는 의문이었다. (327~328쪽)[46]

작품 곳곳에 반복되는 이런 '나'의 의문에 주목할 때, 플롯이 소설의 의미를 생성하기 위한 경제적 전략으로 '해석학적 약호',[47] 즉 작품 해석이 일종의 의문/해답의 원리에 토대를 두고 있다는 롤랑 바르트의 논의를 고려하지 않을 수 없다. 작품 해석을 적절한 의문을 제기하고 그 답을 찾는 과정이라고 단순화한다면, '아내의 직업이 무엇인가'라는

46 이 책에서 「날개」를 비롯한 이상의 소설들은 모두 『이상문학전집』2(김윤식 엮음, 문학사상사, 1994)에서 인용한 것이다.

47 해석학적 약호는 롤랑 바르트가 『S/Z』에서 텍스트 분석을 위해 제시한 다섯 가지 약호 중의 하나로 서사 텍스트에서 독자로 하여금 '다음에는 무슨 일이 일어날 것이고, 왜 그런가'라는 질문을 제기하게 만듦으로써 독자의 특정한 기대치를 결정하도록 이끈다. 다시 말해 이 약호는 수수께끼를 제기하고 해답의 지연을 통해 결말에서 최종적 해답을 얻을 것이라 기대하는 독자의 욕망을 구조화한다. 브룩스는 "해석학적 약호를 일반화된 금언적 약호로 해석한다면, 즉 좁은 의미에서 수수께끼와 그 해결이 아니라, 폭넓은 의미에서 여러 행위들이 그 요점이나 목적, 취지 등에 대한 의문들을 통해서 기호학적으로 어떻게 구성되는가를 우리가 이해하는 것에 관심을 둔다면, 우리는 플롯을 독서 역학의 한 부분으로 개념화하는 데 바르트가 기여한다는 점을 깨닫게 될 것이다"라고 주장하여 해석학적 약호가 플롯의 분석과 해석 과정에서 매우 중요함을 강조한다. 스티븐 코핸·린다 샤이어스, 앞의 책, 174~175쪽. Peter Brooks, 앞의 책, p.18.

의문에 대한 답을 찾아가는 과정이 이 소설의 플롯을 추출하는 데 결정적인 역할을 수행한다는 것에는 이론의 여지가 없을텐데, 문제는 그 답을 찾기가 결코 쉽지 않다는 데 있다. 해답을 지연시키거나 방해할 뿐 아니라, 심지어 해결 불능 상태로 몰아넣는 요소들이 도처에 산재해 있기 때문이다. 그렇다고 해도 이 의문이야말로 「날개」에서 핵사건과 위성 사건 간의 위계 관계, 인물 간의 갈등 관계 등과 같은 서사 요소들 간의 관계를 파악하는 유력한 단서이므로 해답을 찾기 어렵다는 이유로 경시되거나 배제되어서는 곤란하다. 사건 단위들 내지 그보다 규모가 더 큰 시퀀스나 스토리-선 같은 각 구성 단위들 간의 위계 관계를 확정하는 일, "스토리 구조의 한 유형, 즉 사건들을 등위 관계가 아닌 종속 관계에 놓는 것"[48] 즉 사건들 간의 위계 관계 파악이 플롯을 추출하는 데 반드시 선결되어야 할 작업이기에 더욱 그렇다.

그러나 「날개」의 사건 혹은 각 구성 단위들 간의 위계관계를 확정하는 기준을 '아내의 직업이 무엇인가'라는 의문만으로 설정하기에는 상당한 어려움이 따른다. 왜냐하면 이같은 의문을 '나'의 진술만을 바탕으로 중대한 해석학적 약호로 상정하기에는 석연치 않은 부분들이 텍스트 도처에서 발견되기 때문이다. 다음은 그 대표적인 예이다.

> 그 三十三번지란 것이 구조가 흡사 유곽이라는 느낌이 없지 않다.
> 한 번지에 十八가구가 죽— 어깨를 맞대고 늘어서서 창호가 똑같고 아궁지 모양이 똑같다. 게다가 각 가구에 사는 사람들이 송이송이 꽃과 같이 젊다. 해가 들지 않는다. 해가 드는 것을 그들이 모른 체하는 까닭이다. 턱살 밑에다 철줄을 매고 얼룩진 이부자리를

48 스티븐 코핸 · 린다 샤이어스, 앞의 책, 90~91쪽.

> 널어 말린다는 핑계로 미닫이에 해가 드는 것을 막아 버린다. 침침한 방안에서 낮잠들을 잔다. 그들은 밤에는 잠을 자지 않나? **알 수 없다. 나는 밤이나 낮이나 잠만 자느라고 그런 것은 알 길이 없다** (강조 필자, 319~320쪽).

인용한 위의 소설 도입부에서 확인할 수 있듯이, 자신이 거주하는 곳을 "흡사 유곽"과 같다라고 진술함으로써 그 곳에 거주하는 아내를 포함한 "꽃과 같이 젊"은 여인들의 정체가 무엇인지 이미 알고 있다는 태도를 취한 '나'가 뒤이어 아내의 직업이 무엇인지 알지 못한다고 잡아 떼는 것은 납득하기 힘든 일이다. 더구나 자신의 거주지 구조를 "흡사 유곽"과 같다고 진술하다가 이내 그곳에 모여 사는 여자들이 정작 "밤에는" 무슨 일을 하는지 "알 수 없다"고 시치미를 떼는 것은, 1인칭 서술자 '나'의 신뢰성을 의심케 하는 논리적 모순이다.

내가 아내의 직업을 '알면서도 모른다'라는 식으로 논리적 모순을 보이는 진술들은 「날개」 도처에 반복된다. 이런 논리적 모순이 반복될수록 서술자의 신뢰성은 그에 비례하여 더욱 떨어질 수밖에 없다. "서술자의 신뢰성이 떨어지면 떨어질수록, 서술자는 규범과 관계없거나 규범을 파괴하는 것으로 보이는 것을 더 많이 말할 수 있"고, 이렇게 되면 텍스트의 의미는 복잡해지고 커모드가 말한 '배반의 텍스트'가 발생할 가능성은 더욱 증폭되게 마련이다. 따라서 「날개」의 플롯을 이해하는 데 있어 이런 논리적 모순을 구성하는 '비연속적 요소들', 즉 플롯의 본류에서 벗어난 것처럼 보이는, 촉매나 위성과 같은 요소들을 주목하지 않을 수 없다.

2) 전도된 의문과 자기 기만의 플롯

앞에서 강조했듯이, '나'의 서술이 논리적 모순투성이임을 반복적으로 드러내는 이런 요소들은 「날개」의 플롯을 추출하는 데 핵심적인 의문 즉 '아내의 직업이 무엇인가'를, '과연 내가 아내의 직업을 모르는가'라고 뒤바꿔놓을 수 있는 잠재력을 갖기에 충분하다. 이처럼 핵심 의문의 방향 수정을 뒷받침하는, 논리적 모순과 관련된 반복 요소들을 정리해보면 다음과 같다.

> (a) 十八가구에 각기 별러 들은 송이송이 꽃들 가운데서도 내 아내는 특히 아름다운 한 떨기의 꽃으로 이 함석 지붕 볕 안드는 지역에서 어디까지든지 찬란하였다. 따라서 그런 한 떨기 꽃을 지키고 — 아니 그 꽃에 매어달려 사는 나라는 존재가 도무지 형언할 수 없는 거북살스러운 존재가 아닐 수 없었던 것은 물론이다. (321쪽)

> (b) 나는 내 좀 축축한 이불 속에서 참 여러 가지 발명도 하였고 논문도 많이 썼다. 시도 많이 지었다. (323쪽)

> (c) 불장난도 못 한다. 화장품 내음새도 못 맡는다. 그런 날은 나는 의식적으로 우울해 하였다. 그러면 아내는 나에게 돈을 준다. 오십 전짜리 은화다. 나는 그것이 좋았다. 그러나 그것을 무엇에 써야 옳을지 몰라서 늘 머리맡에 던져 두고 두고 한 것이 어느 결에 모여서 꽤 많아졌다. (325쪽)

> (d) 오래간만에 보는 거리는 거의 경이에 가까울 만치 내 신경을 흥분시지 않고는 마지 않았다. 나는 금시에 피곤하여 버렸다. 그러나 나는 참았다. 그리고 밤이 이슥하도록 까닭을 잊어버린 채 이 거리 저 거리로 지향없이 헤매었다. 돈은 물론 한푼도 쓰지 않았다.

돈을 쓸 아무 엄두도 나서지 않았다. 나는 벌써 돈을 쓰는 기능을 완전히 상실한 것 같았다. (329쪽)

(a) →(1) 나는 아내의 직업을 모른다. / 나는 아내의 직업을 안다.

(b)(c)→(2) 나는 잠과 어린애 같은 놀이로 소일한다. / 나는 이불 속에서 온갖 연구를 한다.

(c)(d) →(3) 나는 돈을 쓸 줄 모른다. / 나는 예전에 돈을 쓸 줄 알았다.

이같이 논리적 모순과 관련된 반복 요소들은, 애초에 아내의 직업에 관한 의문들과, 그것들을 해결하기 위한 과정으로 제시되었던 '나'의 반복된 외출이 아내의 직업에 대한 무지나 호기심에서 비롯된 것이 아님을 시사해주기에 충분하다. 이 점을 해명하기 위해서는 무엇보다 나와 아내 간의 스토리-선에서 갈등의 양상이 어떻게 전개되고 이를 통해 갈등의 요인이 무엇인지 파악해야 한다. 플롯은 모두 갈등과 해결에 의거하므로 갈등을 통해서 우리는 플롯을 해석하는 데 필요한 특정한 주제적 관념을 보다 설득력있게 설정할 수 있고, 이를 통해 플롯의 구성 원리에 효과적으로 접근할 수 있기 때문이다.

「날개」의 갈등은, '아내의 직업이 무엇인가'란 수수께끼를 풀기 위해 "인간 사회"와 일체 접촉이 없던 '내'가 5번에 걸쳐 반복하는 일련의 외출이 오히려 나와 아내 간의 평온한 관계를 위태롭게 만드는 내적·외적인 반응 양상들, 그 중에서도 특히 두 사람 간의 '오해'를 촉발, 심화시키는 과정에서 구체적으로 드러난다. 특히 마지막 5차 외출 전까지 거듭된 4번의 외출은, 이런 '오해'를 불러 일으킬 뿐 아니라 증폭시키는 기능을 하므로, 이 반복되는 외출의 전후 맥락을 상세히 검토해볼 필요가 있다.

나는 자신의 "좁은 시야와 부족한 지식으로는" "풀 수 없는" 아내의 직업에 얽힌 의문들을 해결하기 위해 아내 몰래 첫 번째 외출을 감행하지만, 별다른 해답의 실마리를 얻지 못한다. 오히려 자정 전에 귀가하여 아내의 일을 본의 아니게 방해함으로써 아내의 오해와 노여움을 사게 된다. 이런 아내의 오해의 징후들은, 나에 대한 노여움이나 행동이나 태도상의 심상치 않은 변화로 나타나는데, 이런 변화는 내가 아내가 지정해놓은 '자정'이라는 금기를 어긴 데서 비롯된다. 즉 아내는 나의 이런 금기 위반을 의도적인 것으로, 즉 아내가 보면 "덜 좋아할 것", 즉 내객과 아내가 같이 있는 장면을 목격하려는 의도로 받아들인 때문인데, 아내의 이런 오해는 3차 외출 후부터는 극단적인 행동으로 표출된다. 비를 맞고 돌아와 감기에 걸린 나에게 수면제인 "아달린"을 "아스피린"이라 속이고 먹여 한달 동안을 재우는 것이다. 나는 이런 무서운 사실을, 우연히 아내의 방에서 아달린 갑을 발견하고 알게 되는데, 아직까지 아내의 직업을 모른다고 자처하는 나로서는 이런 아내의 처사는 이해될 수 없다. 그래서 '아내가 왜 나에게 아달린을 먹였을까'라는 의문에 대해 연구하기 위해 4차 외출에 나서지만, 역시 별다른 소득을 얻지 못한다. 그저 들고 나간 수면제를 충동적으로 입에 털어놓고 일주일간을 잠들었다가 깨어나서는 기껏 내린 결론이, 아내가 나를 속이거나 살해하려 했던 게 아니라 내가 아내를 오해한 탓이라는 것이다. 그리고는 이제까지 아내를 의심하고 오해한 나의 잘못을 사죄하기 위해 서둘러 집으로 돌아온다.

그러나 집에 들어서자마자 내가 결코 '오해'로 돌릴 수 없는 장면,

즉 내객과 아내 간에 벌어진 "절대로 보아서는 안될 것"을 목격하게 되고, 둘 간의 갈등은 절정으로 치닫는다. 아내의 일이 무엇인지를 직접 눈으로 확인한 '나'에게, 아내는 적반하장격으로 내가 일주일 여를 외출한 동안 도적질을 했는니 계집질을 했느니 하는 엉뚱한 트집을 부리고 나를 할퀴고 물어뜯기까지 한다. 이런 온갖 행패를 부리고 나서는 아내는 내객에게 다소곳이 안겨 들어가는데, 이런 아내에게 나는 단지 "밉다"라는 소극적인 반응을 보이는 것으로 이 일장 희비극은 싱겁게 막을 내리고 만다.

> 우리들은 서로 오해하고 있느니라. 설마 아내가 아스피린 대신에 아달린의 정량을 나에게 먹여 왔을까? 나는 그것을 믿을 수 없다. 아내가 그럴 대체 까닭이 없을 것이니, 그러면 나는 날밤을 새면서 도적질을 계집질을 하였나? 정말이지 아니다.
>
> 우리 부부는 숙명적으로 발이 맞지 않는 절름발이인 것이다. 내가 아내나 제 거동에 로직을 붙일 필요는 없다. 변해할 필요도 없다. 사실은 사실대로 오해는 오해대로 그저 끝없이 발을 절뚝거리면서 세상을 걸어가면 되는 것이다. 그렇지 않을까?
>
> 그러나 나는 이 발길이 아내에게로 돌아가야 옳은가 이것만은 분간하기가 좀 어려웠다. 가야 하나? 그럼 어디로 가나? (343쪽)

더 이상 '오해'가 아닐 정도로 아내의 직업과 관련된 모든 사실을 확인한 상황에서 정처없이 마지막 5차 외출에 나선 나는 사실을 사실 그대로 받아들이기를 거부한다. 나와 아내는 "숙명적으로 발이 맞지 않는" 관계이며, "사실은 사실대로 오해는 오해대로" 세상을 살아나가면 그뿐이라고 체념해 버린다. 이같은 체념은, 그간 아내와의 갈등을 빚어낸 요인이 아내에게 기생하거나 마치 짐승처럼 사육당하다시피한 부조리한 상황이나 아내의 직업에 대한 나의 무지가 아니었음을 다시 한 번 상기해본다면 그리 새삼스러울 것도 없는 일이다. 그렇기 때문에 마지막 외출에 이르러서 비로소 내가 "어디로 가야 하나"라고 고민하는 것은, 그간 외면했던 '사실' 아닌 사실을 앎으로써 닥쳐올 결과에 대한 두려움, 다시 말해 나와 아내 간의 평온한 생활, "절대적 상태"가 예전같이 유지될 수 없을 것이라는 우려가 현실화된 데서 오는 당연한 귀결이다.

> 내 몸과 마음에 옷처럼 잘 맞는 방 속에서 뒹굴면서 축 처져 있는 것은 행복이니 불행이니 하는 그런 세속적인 계산을 떠난 가장 편리하고 안일한 말하자면 절대적인 상태인 것이다. 나는 이런 상태가 좋았다. (321쪽)

> 내가 제법 한 사람의 사회인의 자격으로 일을 해보는 것도 아내에게 사설 듣는 것도 나는 가장 게으른 동물처럼 게으른 것이 좋았다. 될 수만 있다면 이 무의미한 인간의 탈을 벗어버리고도 싶었다.
>
> 나에게는 인간 사회가 스스로왔다. 생활이 스스로왔다. 모두가 서먹서먹할 뿐이었다. (324쪽)

> 나는 커다랗게 기지개를 한번 펴 보고 아내 베개를 내려 베이고 벌떡 자빠져서는 이렇게도 편안하고 즐거운 세월을 하느님께 흠씬 자랑하여 주고 싶었다. 나는 참 세상의 아무것과도 교섭을 가지지 않는다. 하느님도 아마 나를 칭찬할 수도 처벌할 수도 없는 것 같다. (339쪽)

위 인용문에서 분명해지는 것은, 아내의 직업이나 그런 아내에 기생(寄生)할 수밖에 없는 자신의 무기력함에 대해 익히 자각하고 있음에도 불구하고, 아내와의 그런 생활을 "편안하고 즐거운 세월" "행복"도 "불행"도 아닌 "절대적인 상태"로 위조하려는, 나의 이율배반적인 태도이다. 이를 통해 이 소설에서 갈등의 동인이, 나와 아내 간의 '오해'가 아니라, 바로 나 자신의 왜곡된 심리에 있음을 확인할 수 있다. 즉 아내와 나 사이의 전도된 관계를 바로잡으려 시도하기보다는 오히려 그런 관계를 자신의 불가피한 존립 근거인 것처럼 위조하려는 '나'의 자기 기만에 있음을 알게 되는 것이다.

이런 맥락에서 아내 방에서 아내가 외출한 틈을 타 몰래 돋보기나 화장품 장난으로 소일하는 나의 퇴행적 행태도 자기 기만적 유희로 보인다. 1인칭 서술 상황, 그것도 퇴행적이거나 무지에 가까운 인물의 인식 영역 안에 모든 것을 철저히 봉입시켜 놓을 경우, "창부에게 기생해 사는" 상황에서 아내의 직업이 매춘부임을 모른다는 납득하기 힘든 상황이 어느 정도 개연성을 확보하게 된다. 일단 상황적 개연성이 확보되면 아내의 직업을 모른다는 나의 진술이나 나와 아내 간의 갈등이 모두 오해에서 비롯된다는 진술도 정당화될 수 있다. 이런 정당화의 기저에는 나와 아내 간의 기묘한 부부 생활에 대한 진실—아내와의 전도된 생활, 특히 아내의 매음 행위가 아내의 자발적인 의지라기보다는 나의 무능함에서 기인한다는 것—을 회피하고 은폐하려는 충동이 자리잡고 있으며, 그렇기 때문에 아내와의 전도된 생활을 행복하다고 강변하거나 아내의 직업이 무엇인지를 알 수 없다고 잡아뗀 것은 불가피한 자기 방어 기제였던 셈이다.

결국, 「날개」의 플롯 구성은, 아내의 직업에 대한 지(知)와 무지(無知) 간의 자아 분열만으로 설명될 수 없다. 그같은 분열이 아내의 매춘이 나의 무능함에서 연유된다는 굴욕적 진실을 숨기려는, '나'의 자기 기만에서 비롯된다는 점을 놓쳐서는 안 된다. 이것이 텍스트에 산재한, 위성 혹은 촉매라 할 부수적인 단서들을 통해서 포착되는 후경화된 플롯의 재현 동기이다.

3) 플롯의 이중성과 전복적 효과

「날개」의 플롯은 일단 사건들의 명확한 인과관계를 토대로 재구한다면, '창부에 기생해 사는 남자가 아내의 직업이 무엇인가라는 의문 내지 수수께끼를 제기하고, 이를 해결하려 노력하는 이야기'라고 할 수 있다. 이렇게 볼 때, 이 작품의 플롯의 추동력은 일견하여 아내에 대한 '나'의 의심처럼 생각된다고 하겠는데, 문제는 이런 의심의 주체 즉 서술자 '나'를 믿을 수 없게 만드는 정보들—이들은 물론 나의 진술상의 논리적 모순을 보여주는 위성과 촉매들에서 유추된 것이다—이 엄연히 텍스트 도처에 산재해 있다는 것이다. 이런 부차적인 정보들을 주의깊게 검토해봄으로써 이 작품의 플롯을 생성하는 주제적 관념이 의심에 관련된 것이되, 그것이 아내를 포함한 타자를 대상으로 한 것이 아니라, 의심의 주체가 곧 의심의 대상임이 밝혀지는 자가당착적인 태도에서 비롯된 것임을 밝혀낼 수 있었다.

그렇다면 그런 의심이 어디에서 연유되고 어떻게 플롯의 형상화 원리로 작용하는지가 관건이 된다고 하겠는데, 이는 「날개」의 플롯을 '창부에 기생해사는 남자가 자신의 생활을 정당화하려 노력하는 이야기'라고 방향으로 재설정할 때만이 해결의 실마리가 드러난다. 여기에서 첫번째 외출의 직접적 동기가 된 '내객이 왜 아내에게 돈을 주고, 아내는 왜 그 돈을 나에게 주는가'라는 후자의 의문이 내가 '돈을 쓸 줄 모른다'는 말을 액면 그대로 믿을 때 해결되기 어렵다는 것을 상기해볼 필요가 있다. 더구나 이 '돈을 쓸 줄 모른다'는 나의 말을 곧이 곧대로 믿는다면, 내가 창부인 아내에 기생해 사는 굴욕적인 생활을 굳이 "편안한 세월"이니 "절대적인 상태"니 하는 식으로 합리화하려 든 이유가 무엇인지 도저히 해명될 수 없다.

그러므로 나의 이 말에는 '돈을 쓸 줄 안다'라는 사실이 교묘하게 회피되고 있다는 데 주목해야 한다. 이런 회피는, 나는 "인간 사회"와도 일체 접촉이 없고 "직업이 없는" 무직자이며, 그런 까닭에 아내가 나에게 주는 돈이 매춘의 "보수"나 "대가"로 받은 돈이라는 사실에 "불쾌"해 하면서도 이것을 방임할 수밖에 없는, 부조리한 상황 논리로 귀결된다. 즉 내가 아내의 매춘에 기생할 수밖에 없는 부조리한 상황이 아내의 매춘이 아니라 자신의 무능력에서 연유된 것임을 회피하기 위해, '돈을 쓸 줄 모른다'고 시치미를 떼는 것이다. 아내에게 기생하는 굴욕적인 삶을 행복하고 안온한 삶으로 위조하려는 이면에는, 역설적으로 그런 생활이 자신의 실존적 근거일 수밖에 없다는, 자조(自嘲)와 자기 기만이 자리잡고 있다는 것을 간과하면 안 된다. 이것이 바로 「날개」의 플롯이 빚어내는 전복적 효과이다. 자기 기만이 이 소설의 추동력이라고 한다면 '모든 크레타인은 거짓말쟁이다.'라는 딜레마처럼 1인칭 서술 상황이 갖는 신뢰성을 교묘하게 비틀어놓음으로써 이 소설의 플롯 역시 끝없는 기만의 순환 속에 갇혀 있는 셈이다.

「날개」는 수수께끼의 제기/해결이라는 해석학적 약호를 중심으로 전경화되는 플롯 이면에 텍스트의 '비밀' 즉 위성과 촉매를 바탕으로 후경화된 플롯이 존재할 수 있음을 강력히 환기함으로써 플롯의 이중성 내지 전복적 가능성을 잘 보여주는 흥미로운 사례라고 할 만하다. 이제까지 논의한 플롯의 전복적 가능성이 과연 「날개」라는 특정 사례에만 국한되는 것이 아니라 플롯 구성의 일반적 원리로 확장될 수 있을지, 이상의 다른 소설들의 플롯 분석을 통해 타진해보고자 한다.

3. 이상 소설의 플롯 구성

1) 이상 소설의 전복적 플롯

이상의 소설들이 오랫동안 관심과 논란의 대상이 된 이유는, 그의 소설들이 기존의 소설들에 비해서 다양한 해석의 여지를 제공한다는 데 있을 것이다. 이같은 해석적 다양성이 그의 문학을 일괄하는 특징으로 거론되어온 난해함과 무관하지 않다는 것은 새삼 거론할 여지가 없어 보인다. 이런 난해함이 그의 소설의 심리주의적 경향, 즉 합리적인 측면에서 이해되기 힘든, 두서없으며 때로는 모순되기까지 한 인간 내면을 형상화하려는 시도에서 비롯되었다는 것은 새삼스런 일이 아니다. 인간 내면이 본질적으로 무질서하고 반논리적인 성격을 띠는 만큼 그것을 중심 소재로 다루는 소설들에서 독자가 종종 해석 불능의 상황에 처하게 될 확률은 높아질 수밖에 없기 때문이다.

그러나 논리적으로 설명되기 어려운 것이 인간의 내면이라고 하더라도 그것이 일단 문학적 형상화의 과정을 거치게 되는 이상, 어떤 방식으로든 일정한 논리적 질서가 부여될 수밖에 없다는 데서 해석적 가능성은 엄존한다. 그런 맥락에서 소설이 '미가공된 자료'들을 "구별하고 결말을 짓고, 질서화하는" 양식이라는 자명한 공리를 간과해서는 안 된다. 소설 쓰기란, 서술을 통해서 일정한 줄거리를 부여하는 플롯 구성(plotting) 내지 구조화이다.[49] 이같은 자료들의 질서화 또는 조직화야말로 소설을 존립케 하는 최소한의 근거이다. 그리고 플롯을 구성하는 근본 원리는 두말할 나위 없이 시간순서와 인과관계이다. 아리스토텔레스는 일찍이『시학』에서 플롯을 '인과관계에 의해 엮어진 일련의 사건들'이라 정의한 바 있었는데, 이는 오늘날의 서사 이론에서 서사란 것이 자연적인 시간 순서로 진행되는 사건들, 즉 '스토리'가 인과관계 혹은 필연성의 원리에 의해 재배열된 결과로 보는 것과 크게 다를 바 없다.

따라서 플롯은 인과관계나 필연성의 원리에 의해 재구성된 스토리라 할 수 있다. 그런데 이런 재구성은 단지 스토리 사건들의 본래 시간 순서만을 바꾸는 데 그치지 않는다. 시간 순서의 뒤바꿈 외에도 스토리 요소들의 은폐·생략·강조 등 다양한 변형이 가해지게 되는 것이다. 이렇게 변형된 요소들, 다시 말해 "후경화"된 요소들에 의해 나름의 의미

---

49 플롯이란 넓은 의미에서 심미적 효과를 위한 사건들의 인과적 재배열이다. 플롯은 모종의 작의(作意)에 의한 소설의 근본적인 구성 요소라는 것이다. 따라서 모든 소설에 필연적으로 플롯이 존재한다라고 할 때, 그것은 플롯이 소설의 이해와 해석을 위한 일종의 상수(常數)와 같은 역할을 수행한다는 것을 의미한다. 왜냐하면 플롯 없는 소설을 독자는 결코 이해할 수 없기 때문이다. 그런 의미에서 플롯은 단순한 구성 요소를 넘어서서 작가와 독자가 공유해야만 하는 '세계를 이해하는 하나의 방식'이라는 것이다. Peter Brooks, 앞의 책, p.5

를 생성해내는 숨겨진 플롯을, 커모드는 '비밀'이라 부른다. 나아가 이런 후경화된 플롯 또는 비밀이 표면적으로 드러난, 즉 전경화된 플롯을 위협하고 뒤집어놓을 잠재성을 갖는 텍스트가 있을 수도 있는데, 이럴 경우 그 텍스트에는 또다른 '배반의 텍스트'가 형성된다.[50]

더구나 진기하기보다는 일상적이고 사소한 사건들을, 반복과 병치라는 암시적이고 간접적인 관계에 의해 결합하는 것이 심리주의적 경향의 소설들이 공유하는 특징인 만큼, 중핵과 위성을 정확히 판별해낸다는 것은 쉬운 일이 아니다. 이는 이른바 '이념적 이야기'의 유형이 갖는 전형적인 특성인데, 이런 유형의 이야기에서는 구성 단위들이 인과관계에서 벗어난 우연적이고 개별적인 관계 즉 "비합리적인 인과관계" 심지어 "반(反)인과관계"에 의해 결합되는 것처럼 보이게 마련이다.[51] 그러나 이를 인과관계가 전혀 없다고 섣불리 단정하는 것은 금물이다. 단지 인과관계가 텍스트의 심층에 깊이 숨겨져 있음으로 해서 그것을 발견하기 위해서는 좀더 깊이 있는 추론이 요구될 뿐이다. 따라서 이 '숨은 인과율'을 발견하는 것이 서사 독법에서 면밀하게 고려되어야 할 것으로 보인다.[52]

---

50 쥬네트, 리꾀르, 화이트, 채트먼 외 지음, 앞의 책, 72~73, 76~79쪽 참조.

51 츠베탕 토도로프, 앞의 책, 87~91쪽 참조.

52 브룩스는 인과관계를 너무 중시한다는 이유로, 현대 비평에서 외면당하는 플롯이 실제로는 소설을 이해하게 하는 최소한의 근거이며, 소설을 존립시키는 기본 요건이라고 주장한다. 포스터가 일찍이 소설의 관심은 플롯이 아니라, "우리들 각자의 은밀한 생활"이라고 주장했을 때, "은밀한 생활"이란 것도 결국 텍스트에서 서술되어 플롯으로 구성되는 이상, 일정한 줄거리와 논리를 가질 수밖에 없다는 점을 간과한 데 오류가 있다는 것이다. 리몬-케넌도 포스터가 제시한 유명한 스토리의 예, 즉 〈왕이 죽고, 그 다음에 왕비가 죽었다〉에서 독자가 이 순수한 시간적 연속의 관계를 가령 '왕이 죽어서 그 슬픔 때문에 뒤따라 자살했다'라고 인과관계를 보충한다고 해도 이를 못하게 할 수는 없는 노릇이라고 하여,

시간예술로서 서사, 특히 소설은 하나의 스토리를 이야기하는 것이다. 이때 스토리의 구성 및 의미형성 원리는 시간적 연속의 관계 즉 시간성(時間性)이다. 사건이나 행위 같은 스토리의 각 구성 단위들이 유사하거나 동일한 것으로 남아 있게 된다면, 별 의미가 없다. 그것들이 '차이'나 '변화'를 보여줄 때만이 비로소 의미가 형성되는 것이다.[53] 이러한 변화와 차이라는 시간성의 원리가 의미형성의 근본 토대라는 것을 전제하고서, 앞서 소설이 하나의 스토리를 '이야기한다'고 했을 때 이야기하기, 즉 서술이 정확히 무엇을 의미하는 것인지를 살펴봐야 한다.

서술 또는 이야기하기 역시 스토리와 더불어, 서사 텍스트의 필수 조건임은 말할 나위 없다. 서술 또는 서술자가 없는 텍스트란 생각할 수도 없다. 그런데 서술이란 스토리 즉 이미 있었던 일련의 사건들을 이야기하는 것이라는 점에서, 엄밀히 말해 스토리의 '다시 이야기하기' 곧 스토리의 반복이다. 서술자는, 항상 자신 또는 타인에게 이미 일어났거나 경험했던 것들, 또는 누군가에게 들었던 것을 다시 이야기한

텍스트의 독서 과정에서 인과관계가 배제될 수 없음을 분명히 한 바 있다. Peter Brooks, 앞의 책, p.4. S. 리몬-케넌, 앞의 책, 34쪽.

53 예컨대, 사건이 곧 '상태의 변화'이고 행위는 행위자나 피행위자에게 영향을 끼치는 누군가에 의해 야기되는 '상황의 변화'라는 것은, 소설 텍스트의 의미 생성 원리가 차이와 변화에 있음을 보여주는 것이다. 프랭스의 최소 스토리 개념이나 토도로프의 시퀀스 개념 모두 모두 일련의 사건들 간의 시간적 연속성이나 인과관계, 전도(즉 안정된 상태에서 불안정된 상태나 그 반대로의 완전한 변화)의 원리 등에 토대를 두는데, 이는 곧 소설의 진행 원리가 근본적으로 시간적으로 앞선 사건과 뒤에 온 사건 간의 차이나 변화에 있음을 시사해준다. 특히 토도로프는 반복 관계를 '공간적 관계'에 포함시키고 있는데, 이 부분은 이른바 소설의 공간성과 관련된 광범위한 문제로서, 이 책에서는 5장의 공간 형식에서 간단히 논의하였다. 시모어 채트먼, 앞의 책, 50~51쪽 참조. S. 리몬-케넌, 앞의 책, 36쪽. 츠베탕 토도로프, 앞의 책, 101~102쪽 참조.

다.[54]

그러므로 소설 텍스트를 구성하는 요소들은 스토리 그대로의 시간 순서로 배열되는 것이 아니라, 서술 또는 이야기하기에 의해 재배열되고 재구성된 것이다. 이런 재배열과 재구성의 결과, 스토리의 요소들은 있는 그대로, 아무런 가감없이 텍스트에 제시될 수 없게 된다. 플롯 구성이라는 것도 결국은 "어떠한 이야기 사건들을 강조하거나 덜 강조하고, 어떤 사건들은 해석하고 다른 것들은 추측하도록 놓아두고, 보여주거나 이야기해주고, 주석을 하거나 침묵을 지키고, 그리고 하나의 사건 또는 인물의 이러저러한 측면에 초점을 맞추는 것"[55]이다. 다시 말해, 스토리가 서술자의 서술 행위를 통해서 플롯으로 구조화되는 과정에서 일부 요소들은 항상 의도적이든 무의식적이든 생략되거나 숨겨진다는 말이다.

이런 이유로, 리몬-케넌은 전통적인 의미에서 사실 그대로의 보고 혹은 재현으로 생각되어온 서술이 사실상 스토리의 숨김 내지 은폐일 수 있다고 지적한다. 서술이란 결국 서술자의 주관적 관점이나 이해관계에 좌우될 수밖에 없는 편파성을 띨 수밖에 없기 때문에 진실 그대로를 보고하고 재현한다는 것은 일종의 위장이자 기만일 뿐이라는 것이다. 이런 보고나 재현 과정에서 숨겨진 스토리를 '드러내는' 것이 연행 서술(narration as perfomance)이다. 연행 서술은 스토리의 억압되거나 감춰진 요소들의 흔적이 서술 과정에서 무의식적으로 드러나는 양상을

54 S. Rimmon-Kenan, *Narration as repetition:the case of Gunter Grass's "Cat and Mouse"* (『Discourse in Psychoanalysis and Literature』, edit. S. Rimmon-Kenan, Methuen Co. Ltd, New York, 1987), p.176.

55 시모어 채트먼, 앞의 책, 49쪽 참조.

지칭하는데,[56] 예컨대 서술자의 언표적 모순이나 서술 과정과 스토리 사건들 간의 유사성 등에서 포착되는 경우가 그것이다.[57]

보고나 재현을 표방하는 전통적인 의미에서의 서술은, 그러므로 스토리의 서술 과정에서 의도적이든 무의식적이든 스토리의 요소나 정보들이 생략되거나 재편될 수밖에 없다는 자명한 사실을 은폐한다. 다시 말해 서술 행위가 본질적으로 이미 있었던 스토리를 '반복'한다는 사실, 그 결과 텍스트의 모든 요소들이 필연적으로 서술자의 태도나 관점, 가치관 여하에 따라 재구성되고 재편된다는 것을 교묘하게 은폐한다는 것이다. 물론 이러한 은폐·회피된 것들이 서술자의 신념이나 가치관을 구명하는 데 중요한 정보나 단서가 될 확률은 그만큼 높다.

그러나 이런 은폐 과정이 쉽게 포착되는 것은 아닌 탓에, 은폐된 것들을 드러내기 위한 연행적 측면에서 서술 행위를 분석하는 데에는 많은 어려움이 따른다. 서술을 일종의 연행으로 간주하는 것은, 본래 정신분석학에서 무의식을 이해하기 위한 중요한 방법론적 전제였다. 정신분석가와 환자 간에 대화 같은 언어적 행위는 물론 행동, 몸짓 같은 다양한 비언어적 행위가 오가는 정신분석의 현장과는 달리, 문학 텍스트는 순전히 언어로 구성된다는 제약이 있기 때문이다. 그럼에도 문학 텍스트에서의 연행 서술은 고통스럽거나 회피하고 싶거나 또는 어

56 프로이트는 환자가 자신이 잊어버리고 억압했던 어떤 것을 기억해내기보다는 행동화한다고 말한다. 즉 그는 기억으로서가 아니라 행동으로 재생해낸다는 것이다. 이런 환자의 행동은 언어적이자 비언어적이지만, 문학 텍스트에서는 모두 날말들로 표현될 뿐이다. S. Rimmon-Kenan, 앞의 논문, p.177에서 재인용.

57 이는 서술의 과정과 서술되는 내용 간의 유사성으로, 가령 한 인물이 다른 인물에게 어떤 행위를 하는 것을 자꾸 지연시킨다고 할 때, 이런 행동 지연이 서술상의 지연으로도 나타나는 경우이다. S. Rimmon-Kenan, 앞의 논문, p.177, p.184 참조.

떤 필요로 인해 숨겨진 것들을 서술 과정에서 포착되는 언어적 흔적들을 근거로 설명가능한 일관성 있는 서사로 재구하는 작업을 요구한다. 망각하고 억압하고자 했던 경험이나 행위들을 서술 분석을 통해 포착하고 이런 은폐된 요소들이 텍스트 내의 여러 인식 주체들, 서술자나 초점자, 인물의 행동이나 사고를 해명할 수 있는 심층적 동기임을 증명하는 것이 재구의 핵심이다.

이처럼 서술이 '스토리의 반복'이고, 나아가서 스토리의 숨김과 드러냄이란 이중적 효과를 갖는다는 전제 하에서 텍스트를 분석할 때, 중심이 되는 문제들은 다음과 같이 요약된다. 즉 서술 과정에서 무의식적으로 숨겨진 요소들이 무엇이고, 그런 요소들이 텍스트의 의식적인 구성 요소들과 더불어 텍스트 전체의 의미 생성 과정에 어떻게 관여하고, 어느 만큼이나 중요한 역할을 담당하는지 하는 문제들이다. 이처럼 표면에 드러난 것들보다 숨겨지고 생략되고 억압된 것들이 텍스트의 의미 생성에 더욱 중요한 역할을 수행하는 것으로 판단될 때, 숨겨져 있던 '배반의 텍스트'가 드러나게 될 가능성은 커지게 되는데, 이를 타진해보는 것이 이 장에서 중점적으로 검토할 과제이다.

가장 먼저 주목해야 할 것은 이상의 소설들의 서술 층위에 나타나는 생략과 은폐의 징후, 특히 서술자의 진술에서 논리적으로 모순되는 발언이 강박적일 정도로 반복되어 나타나는 경우이다. 이는 서술자의 신뢰성이 매우 박약하다는 것을 입증하는 유력한 증거이다. 일반적으로 서술자가 믿을 수 없는 것으로 판명될 경우, 서술자의 신념이나 가치관 역시 의심받을 것은 자명하다. 그런 만큼 서술자의 배후에 존재하는 말없는 서술자, 즉 텍스트의 최상위의 규범이라고 할 '내포 작가'의 존재가 감지될 수밖에 없다. 왜냐하면 서술자의 의도에 따른 은폐만이 아니라, 서술자 자신도 미처 의식하지 못하는 내포 작가 내지 당대의 지배적 신념 체계에 따른 은폐가 이루어지기도 하는 것이 서술의 특성이기 때문이다.

당대 사회의 지배적 신념 체계란 흔히 '이데올로기'로 통칭되는데, 구조주의 비평가인 롤랑 바르트(Roland Barthe)는 텍스트 분석의 궁극적인 목적이 바로 이데올로기를 밝히는 데 있다고 주장한 바 있다. 이데올로기란 의식적이기보다는 무의식적인 전제 내지 가설들, 다시 말해 특정 문화권에서 너무도 당연시되는 무의식적 또는 관습적인 사고 방식이다. 그런 만큼 이데올로기는 마치 자발적이고 독창적인 사고 방식처럼 그 자체를 위장하게 마련이다.[58] 텍스트의 근저에 작용하는 이데올로기를 알튀세르는 "사람들이 그들 자신이 처한 현실적 조건들을 상상적 형식으로 재현한다"고 정의한다. 여기에서 말한 사람들의 "현실적 조건들"이란 그들이 처한 실제 환경이며, "상상적 형식"이란 사람들이 그들 자신이 처한 환경을 해석하는 관념화된 방법을 지칭한다. 알튀세르의 정의에서 "재현하다"라는 말은 곧 '서술하다'라는 말과 마찬가

---

58 이 점은 바르트가 상징적 약호의 작용을 고찰할 때 분명해진다. 예컨대 로렌스(D.H. Lawlence)의 「패니와 애니」라는 작품에서 발췌한 하나의 예에서, 패니가 정열적인 여성이라는 언급이 나오고 바로 다음에 이와 대조되는 허약한 남성이라는 대립항이 나오는데, 이는 의도적이라기보다는 너무도 당연한 현상이라는 것이다. 일단 하나의 용어를 생각해내게 되면, 다른 용어는 저절로 뒤따라 나오게 되어 있는 과정인 것이다. 이처럼 당연한 것처럼 생각되고 또한 그것들에 자동적으로 뒤따르는 항목들을 요구하는 이런 상징적 약호에 의한 대립항들은, 문화적이며, 너무도 자동적이고 또한 즉각적인 대립적 반응을 너무도 강력하게 불러일으키기 때문에 당연하고 자발적인 사고 방식인 체 가장하게 되는 관습적인 사고 방식의 일부분이다. 이것이 이데올로기에 대한 실용적인 정의이다. 제레미 탬블링, 앞의 책, 32~33쪽 참조.

지다. 예를 들어, 내가 왜 노동자이고 이 사람은 사장인지를 누군가에게 "재현하는" 데에는 직접적으로 어떤 이야기들이나 서로의 이해관계에 대한 설명이 포함될 수밖에 없다. 이런 면에서 사건들을 있는 그대로 재현한다는 보고로서의 서술은 사실상 존립할 수 없다. 왜냐하면 이 '재현'이란 말에는 우리가 직접 실재하는 것을 보는 것이 아니라 단지 실재에 대한 모방, 복사, 또는 이미지나 상징만을 볼 뿐이라는 의미가 함축되어 있기 때문이다. 따라서 서술은 현실을 '직접' 다룰 수 없고 단지 현실에 대한 그림만을 제시할 뿐이다. 이데올로기가 제공하는 그림은 관념화되어 있다. 그 그림은 어디까지나 '상상'의 영역에 속한다.[59]

이런 점에서 작가 또는 서술자는 항상 어떤 스토리를 서술하는 과정에서 자신에게 유리하거나, 이야기를 듣거나 읽는 사람들에게 유리한 조건들을 재현한다. 그 때 작가나 서술자는 독자들을 의도적으로 오도할 수도 있다. 그러나 이들은 일반적으로 그 재현된 조건들을 완전히 인식하지는 못한다. 일련의 잘못된 인식들 내에 자리잡은 상상적 위치에 얽매일 수도 있다. 독자 또한 이미 이데올로기적인 신념들에 의해 위치가 정해져 있기 때문에, 자신들의 이데올로기적인 가정들에 일치시키는 방법으로 텍스트를 읽게 된다.[60]

그러므로 서술 과정에서 은폐되는 것들이 어떤 이유 때문에 일어나는지를 밝히기 위한 방법으로 서술 행위 자체를 반복으로 이해하려는 이론적 가정은 대단히 효과적인 것으로 보인다. 텍스트에서 지나치게 은폐되거나 반복, 강조되는 특정 요소들이 그렇지 않은 요소들보다

59 제레미 탬블링, 앞의 책, 33~34쪽 참조.

60 제레미 탬블링, 앞의 책, 33쪽.

더 중요한지 그렇지 않은지를 견주어보고, 만약 중요하다면 그런 요소들에 작용하는 텍스트의 무의식적 가설 즉 이데올로기가 무엇인지까지를 밝혀야 할 것이다. 물론 이런 이데올로기의 전모를 밝히는 것 자체가 궁극적인 목적은 아니다. 단지 텍스트 내에서 생략과 은폐가 어떤 이데올로기적 의도에 의한 것인지 점검해보고 그것이 텍스트의 의미 형성 원리를 구명하는 데 어느 정도 적절한 것인지를 가늠해보는 범위 내에서 이루어지는 것이 타당하다.

앞서도 강조했듯이, 스토리의 전복을 주도하는 주체가 서술자라면 전복의 의도가 무엇인지를 추론하게 되는 것은 당연한 일이다. 적어도 서술자는 자신이 이야기하는 대상에 대해 원칙적으로 전지적인데 이는 서술은 근본적으로 이미 있던 것, 또는 이미 경험한 것을 다시 이야기하는 행위이기 때문이다.[61] 오히려 이런 이유로 서술자는 본질적으로 믿지 못할 존재이다. 이미 경험하여 전부 알고 있던 것을 '다시' 이야기한다는 것은 서술자가 녹음기가 아닌 이상 본래의 이야기에 대한 애초

---

61 롤랑 바르트는 상호연관된 두 가지 영역(문양의 바탕), 즉 서사가 갖는 직선적이고 시작에서 끝에 이르는 플롯 층위에서 독서를 구성하는 일단의 두 그물망을 알아낸다. 이 바탕 내지 그물망의 각 지점들이 서로 연결되어 약호들을 이루는데, 약호들은 '단순히 서로 연관된 영역들이며, 특정한 구조 관념을 주는 표시들로 이루어진 텍스트상위의 조직이다....약호는 "데자-루"(이미 읽었던 것)와 "데자-페"(이미 했던 것, 혹은 이미 경험했던 것)의 특정 유형들이다. 즉 약호는 이 "데자(이미)"의 형식인 것이다'. 따라서 약호는 독자를 이미 알고 있고 이미 정의되어 있는 세계로 밀어넣는다. 약호는 '너무도 닳아빠져서 우리가 자연스런 흔적들로 여기게 되는 규칙들의 총체이다. 그러나 만일 서사체가 약호들로부터 이탈하게 된다면, 그 서사체는 즉각적으로 읽을 수 없는 것이 되어버릴 것이다.' 약호가 너무도 친숙해서 자연스런 것처럼 여기게 된다는 관념은, 약호가 이데올로기, 즉 하나의 문화화권 내에서 작용하는 무의식적인 가정들의 일부만큼이나 완벽하게 기능을 한다는 것, 보편적으로 타당한 것으로 인정되고 여겨진다는 의미를 갖는다. 제레미 탬블링, 앞의 책, 53쪽.

의 생각이 어떤 식으로든 변화되었다는 것을 전제로 하기 때문에 있던 그대로 서술된다는 보장이 없다는 사실을 의미하는 것이다. 따라서 재서술 과정에서 서술자가 의식하지 못하는 사이에 본래의 생각과 변화된 생각 사이의 모순과 충돌이 야기될 여지가 커지며, 여기에서 또다른 배반의 텍스트나 플롯이 생성될 가능성은 커지게 된다. 이 장의 목적은 바로 다시 이야기하기로서의 서술 과정에서 드러나는 것과 숨겨진 것 간의 충돌, 즉 반복과 전복의 흔적들을 면밀히 검토함으로써 이상 소설의 플롯 구성 원리가 무엇인지를 밝혀보기 위한 것이다.

2) 자아 분열, 혹은 남녀 간의 속음/속임의 반복에 의한 플롯 구성

플롯은 줄거리 요약이나 '풀어쓰기(paraphrase)'와는 엄연히 다르다. 이상의 대표작 「날개」의 플롯은 '창부(娼婦)에 기생(寄生)해 사는 남자의 이야기'[62]로 요약된다. 그러나 이것이 비록 「날개」의 전체 행위나 사건들의 근원적 원인 내지 향후 일어날 사건들의 진로를 요약적으로 보여주는 기술(記述)이긴 하되, 그 과정이 왜 어떻게 일어나는지를 보여주지는 못한다는 점에서 「날개」의 플롯 요약으로는 충분치 못하다. 더구나 「날개」의 플롯은 중심 사건과 보조 사건들 간의 경계를 불명확하

62 최혜실은 「날개」 외에도 「지주회시」와 「봉별기」의 플롯을 이와 같이 규정하고, 이같은 남/녀의 의미 역전의 불균형의 회복, 균형잡기가 작가/독자의 균형잡기로 확대되어 작가가 자신의 욕된 삶을 한껏 희화화하여 들려줌으로써 독자를 자신의 자굴감을 연출하기 위한 도구로 삼는다고 주장한다. 최혜실, 앞의 책, 154~160쪽 참고.

게 만드는 특성을 갖는 만큼, 사건들의 위계관계를 어떻게 설정하느냐에 따라 전혀 다른 해석이 내려질 수 있는 전복적 가능성을 품고 있다. 이런 「날개」의 플롯 구성적 특징은 프롤로그 다음의 도입부에서부터 그 심상치 않은 징후를 보여준다.

> 그 三十三번지라는 것이 **구조가 흡사 유곽이라는 느낌이 없지 않다.**
>
> 한 번지에 十八가구가 죽—어깨를 맞대고 늘어서서 창호가 똑같고 아궁지 모양이 똑같다. 게다가 각 가구에 사는 사람들이 송이송이 꽃과 같이 젊다. 해가 들지 않는다. 해가 드는 것을 그들이 모른 체 하는 까닭이다. 턱살 밑에다 철줄을 매고 얼룩진 이부자리를 널어 말린다는 핑계로 미닫이에 해가 드는 것을 막아버린다. 침침한 방 안에서 낮잠들을 잔다. 그들은 밤에는 잠을 자지 않나? 알 수 없다. **나는 밤이나 낮이나 잠만 자느라고 그런 것은 알 길이 없다.** (강조 필자, 319~320쪽)

위의 인용은 "三十三번지"의 "구조"를 비롯해 그 거주민들의 남다른 생활 습속을 조감하는 것처럼 보인다. 달리 말해 이야기 세계에 대해 상당한 정보와 지식을 갖춘 이른바 이야기외적(外的) 서술자(external narrator)의 시점에서 서술된 것처럼 보인다는 것이다. 그런데, "三十三번지"의 "구조"를 두고 그것이 "유곽이라는 느낌이 없지 않다"라고 자신의 아내를 포함한 "꽃과 같이 젊은" 여인네들의 직업이 무엇인지를 단적으로 제시했던 서술자는 이내 그네들이 밤에는 무엇을 하는지 잘 모르겠다고 발뺌을 하고 만다. 이러한 서술 태도는 서술자 '나'가 서술 대상에 관한 정보를 사실 그대로 전달하기보다는 뭔가를 숨기려 하는, 이른바 '믿을 수 없는' 서술자임을 드러내는 징후이다. 도입부에서 스토리 세계의 모든 것을 알고 있는 듯 하다가 "유곽과 같은" 三十三번지에 거주하는 "꽃과 같이 젊"은 아내의 직업이 무엇인지 도대체 알 수 없다고 푸념하며, "밤낮 잠만 자"며 어린애와 같은 놀이로 소일하는, 무지한 '나'의 시점으로 전환되는 과정은 이같은 점을 뒷받침한다.

이 도입부 이후의 전개 과정을 할 때, 「날개」의 플롯 구성의 추동력은 '아내의 직업이 무엇인가'라는 나의 의문과 그 해답을 얻기 위한 노력인 것처럼 보인다.

> 아내에게 직업이 있었던가? 나는 아내의 직업이 무엇인지 알 수 없다. (325쪽)

> 나는 우선 내 아내의 직업이 무엇인가를 연구하기에 착수하였으나 좁은 시야와 부족한 지식으로는 이것을 알아내기가 힘이 든다. (326쪽)

플롯이 '해석학적 약호', 즉 수수께끼의 제기와 해결의 원리에 토대를 두고 있다고 한다면,[63] 나의 이런 의문은 「날개」의 중요한 플롯 형성 원리가 되는 셈이다. 그런데 문제는 앞서 도입부에서처럼 나와 아내가 생활하는 곳을 "유곽 같다"고 진술하는 내가 아내의 직업을 모른다고 하는 데 있다. 이는 명확히 서술자 '나'의 신뢰성을 약화시키는 언술적 모순이다. 더구나 이런 언술상의 논리적 모순은 지속적으로 반복되어 나타나는데, 이로 인해 서술자의 신뢰성은 더욱 약화될 수밖에 없다. "서술자의 신뢰성이 떨어지면 떨어질수록, 서술자는 규범과 관계없거나 규범을 파괴하는 것으로 보이는 것을 더 많이 말할 수 있"으며, 이

63 Peter Brooks, 앞의 책, p.18. 스티븐 코핸·린다 샤이어스, 앞의 책, 174~175쪽.

렇게 될수록 메시지는 복잡해지고 '배반의 텍스트'가 발생할 가능성은 더욱 증폭된다.

이렇게 되는 중요한 이유 가운데 하나는, '나'의 자아 분열, 즉 나의 지적 능력이나 행동에 일관성을 찾아 보기 어려운 데다, 자아 분열의 원인이 명확하게 해명되지 않기 때문이다. 이를 해명하기 위한 유력한 방법은, '나'를 서술 자아와 경험 자아로, 즉 자신이 이미 경험한 내용을 회고하고 술회하는 시점(時點)에서 서술을 시작하기 때문에 모든 것을 알고 있는 '서술 자아'와, 과거의 '그때 그곳'이란 제한된 경험 영역 안에 갇혀 있기 때문에 지식이나 인식에 한계를 가질 수밖에 없는 '경험 자아'로 이분하는 것[64]이다.

그러나 1인칭 서술 상황에서 서술 자아와 경험 자아 간의 분리가 필연적일 수밖에 없다는 이론적 전제를 인정한다고 해도, 「날개」의 어느 부분에서도 이 작품이 과거 회상의 자전적 서술 상황임을 증명할 만한 명확한 근거를 찾아보기가 힘들다는 데 문제가 있다.[65] 더구나 1인칭 서술자가 자신이 처한 상황에 대해 알기도 하지만 모르기도 하는 모순적인 서술 상황의 조성을 의도적인 것으로 해석할 가능성도 충분히 있기 때문에, 이 작품의 서술 상황을 딱히 서술 자아와 경험 자아 간의 분열이라 단정하기에는 곤란하다.

어쨌든지 이같은 두 자아의 시점 간의 분리나 착종이 적어도 '나'가 자신이 처한 상황을 인식하고 서술하는 데 있어 무엇인가를 회피하고

64 F.K.Stanzel, 김정신 역, 『소설의 이론』(문학과비평사, 1990), 306쪽.

65 물론 「날개」의 프롤로그를 아내와의 파행적 관계를 겪은 경험 자아에 대한 서술 자아의 회고로 볼 가능성이 충분하지만, 논란의 여지가 많은 이 부분이 이 소설의 플롯을 논의하는 데 꼭 필요하지는 않다는 판단에서 다루지 않았다.

숨기려는 흔적이라는 점만은 분명하다.[66] 이와 같은 은폐의 흔적들은 '아내의 직업이 무엇인가'라는 의문이 플롯의 추동력이 되지 못함을 뒷받침하는 단서들이 되는데, 이것들을 작품에 나타난 순서대로 정리해 보면 다음과 같다.

> ⓐ 十八가구에 각기 별러 들은 송이송이 꽃들 가운데서도 내 아내는 특히 아름다운 한 떨기의 꽃으로 이 함석 지붕 밑 볕 안드는 지역에서 어디까지든지 찬란하였다. 따라서 그런 한떨기 꽃을 지키고—아니 **그 꽃에 매어달려 사는 나라는 존재가 도무지 형언할 수 없는 거북살스러운 존재가 아닐 수 없었던 것은 물론이다.** (321쪽)

> ⓑ 나는 내 좀 축축한 이불 속에서 참 여러가지 발명도 하였고 논문도 많이 썼다. 시도 많이 지었다. (323쪽)

> ⓒ 불장난도 못한다. 화장품 내음새도 못 맡는다. 그런 날은 나는 의식적으로 우울해 하였다. 그러면 아내는 나에게 돈을 준다. 오십전짜리 은화다. 나는 그것이 좋았다. 그러나 **그것을 무엇에 써야 옳을지 몰라서** 늘 머리맡에 던져 두고 두고 한 것이 어느 결에 모여서 꽤 많아졌다. (325쪽)

> ⓓ 오래간만에 보는 거리는 거의 경이에 가까울 만치 내 신경을 흥분시키지 않고는 마지 않았다. 나는 금시에 피곤하여 버렸다. 그러나 나는 참았다. 그리고 밤이 이슥하도록 까닭을 잊어버린 채 이 거리 저 거리로 지향없이 헤매였다. 돈은 물론 한푼도 쓰지 않았다.

66 「날개」의 공간 의식에 대한 논의에서 장일구 역시 서술 주체와 인식 주체(주인공) 간의 분열 양상을 지적하고 있는데, 다만 그의 논의는 이런 분열을 목표나 지향점을 상실한 자아의 공간상실성을 보여준다고 하는 데 집중되고 있어 필자의 논의와는 그 이론적 전제나 관심의 대상이 다르다고 하겠다. 장일구, 「서사적 공간론의 이론과 실제」, 『서강어문』 제13집(서강어문학회, 1997).

돈을 쓸 아무 엄두도 나서지 않았다. **나는 벌써 돈을 쓰는 기능을 완전히 상실한 것 같았다.** (329쪽)

위의 인용문들을 토대로 해서 서술자의 진술에서 논리적으로 모순되는 사항들을 다시 정리해보면 다음과 같다.

ⓐ→나는 아내의 직업을 모른다. / 나는 아내의 직업을 안다
ⓑⓒ→나는 잠과 어린애 같은 놀이로 소일한다. / 나는 이불 속에서 온갖 연구를 한다
ⓒⓓ→나는 돈을 쓸 줄 모른다. / 나는 돈을 쓸 줄 안다

무의식 속에 억압된 것은 언젠가 회귀하게 마련이고, 이런 회귀는 예컨대 꿈이나 실언(失言) 같은 증상들로 반복되어 나타난다고 한다.[67] 이런 관점에서 본다면 예의 언술적 모순들은 의식적이든 무의식이든지 '나'의 내면 깊은 곳에 드러내고 싶지 않은 무엇인가가 있음을 암시해주는 흔적들이라 할 수 있다. 따라서 그 억압당하고 숨겨진 요소가 무엇이고, 그것을 억압하고 은폐해야만 하는 이유가 무엇인지를 구명하는 것이 「날개」의 의미 형성 원리를 구명하는 데 결정적인 문제이다. 이를 위해서는 텍스트에 나타난 또다른 반복 요소들을 살펴볼 필요가 있다.

그런 점에서 앞서의 언술적 모순들의 반복 말고도 내객→아내, 아내→나 간에 오가는 행위의 반복, 곧 '은화(돈) 주고받기의 반복' 역시 의미심장하다. 먼저 내객이 아내에게 주는 돈이 무슨 의미를 갖는지는 다음과 같은 나의 진술을 통해 충분히 짐작된다.

67 엘리자베스 라이트, 권택영 옮김, 『정신분석비평』(문예출판사, 1993), 20쪽.

> 그러나 왜 그들 내객은 돈을 놓고 가나 왜 내 아내는 그 돈을 받아야 되나 하는 禮儀 관념이 내게는 도무지 알 수 없는 것이었다.
>
> 그것은 그저 禮儀에 지나지 않는 것일까. 그렇지 않으면 **혹 무슨 代價일까 보수일까.** 내 아내가 그들의 눈에는 동정을 받아야만 할 한 가엾은 인물로 보였던가.
>
> 이런 것들을 생각하노라면 으레히 내 머리는 그냥 혼란하여 버리고 버리고 하였다. **잠 들기 전에 획득했다는 결론이 오직 불쾌하다는 것**뿐이었으면서도 나는 그런 것을 아내에게 물어 보거나 한 일이 참 한 번도 없다. (326~327쪽)

앞서의 도입부나 ⓐ, ⓓ에서처럼, 적어도 '내'가 아내의 직업이 무엇인지를 어느 정도까지는 짐작하고 있고, 과거에는 돈의 용도나 가치를 알고 있었다는 사실을 고려해볼 때, 내객이 아내에게 주는 돈이 단순히 "禮儀 관념"이 아닌 "무슨 대가"나 "보수"일지 모르고, 그 때문에 "오직 불쾌하다"는 반응을 보인다는 것은 충분히 이해할 만한 일이다. 그런 점에서 '은화 주고받기'는 "매춘을 근거로 한 지불인(내객)—지불(돈)—수취인(아내)의 교환관계"인데, 문제는 이것이 다시 "증여자(아내)—놓고 감, 지불(돈)—수령자(나)의 관계로 이행"된다는 데 있다.[68]

> 왜 아내의 내객들이 아내에게 돈을 놓고 가나 하는 것이 풀 수 없는 의문인 것같이 **왜 아내는 나에게 돈을 놓고 가나 하는 것도 역시 나에게는 똑같이 풀 수 없는 의문이었다.** (327~328쪽)

첫 번째 의문보다는 은화에 얽힌 이 두 번째 의문이 실상은 「날개」의 플롯 구성 원리를 해명하는 중요한 단서이다. 「날개」의 모든 갈등은

68 이재선, 「현대소설의 권태의 시학」(『현대문학』, 1997, 5월호), 400쪽.

"창부에 기생해사는 남자"와 아내 간의 전도된 생활, 즉 아내의 직업이 매춘부라는 데서 비롯된다. 그러나 이보다 더 근원적인 문제는 아내의 매춘의 동기가 무엇인가라는 것이다. 은화에 얽힌 나의 두 번째 의문이야말로, 아내의 매춘의 동기와 더불어 내가 애써 숨기고자 했던 것이 무엇인지를 규명하는 데 결정적인 단서를 제공한다.

> 내가 제법 한 사람의 사회인의 자격으로 일을 해보는 것도 아내에게 사설 듣는 것도 나는 가장 게으른 동물처럼 게으른 것이 좋았다. (324쪽)

> 아내에게 직업이 있었던가? 나는 아내의 직업이 무엇인지 알 수 없다. 만일 아내에게 직업이 없었다면, 같이 직업이 없는 나처럼 외출할 필요가 생기지 않을 것인데— (325쪽)

> 나는 커다랗게 기지개를 한번 펴 보고 아내 베개를 내려 베이고 벌떡 자빠져서는 **이렇게도 편안하고 즐거운 세월**을 하느님께 흠씬 자랑하여 주고 싶었다. (339쪽)

'나'는 "직업이 없"는 데다가 "사회인의 자격으로 일을 해보"겠다는 의지조차 없다. 여기에서 추론되는 중요한 사실은, 아내의 매춘이, 아내 자신의 자발적인 선택인지, 또는 '나'의 강요나 방조에 의한 것인지 상관없이, 무직자인데다가 사회 참여의 의지마저 거세된 '나'에게 책임이 있다는 것이다. 이런 사실이야말로 나로서는 인정하기 싫고 숨기고 싶은 고통스런 것이다. 이런 고통스런 사실을 회피하기 위해서, 나는 아내의 직업을 알면서도 모른 체 하며 아내의 매춘에 모든 것을 의존하는 자신의 생활을 "편안하고 즐거운 세월"이라고까지 자위(自慰)하려 드는 것이다. 나의 유아와도 같은 퇴행적 면모 역시 자신에게 아내의 직업을 알 수 있는 능력이 결여되어 있음을 합리화하려는 위조의 결과인 셈이다.

「날개」의 플롯이 의도적인 무지(無知)에 의해 자신의 외상과 불안을 회피하려는 시도로 구성된다고 한다면, 「종생기(終生記)」의 플롯은 부정(不貞)한 여자에게 속고 마는, 가치론적으로 지극히 사소한 이야기가 서술자이자 주인공인 '나'의 거창하고 화려한 '종생기(終生記)'(이는 가치론적으로 여자에게 속는 이야기보다는 분명 심각하고 중대한 이야기이다)를 구상하게 된 동기라고 하는 다소 의도된 방향으로 이루어진다고 하겠다. '내'가 '종생기'를 구상하는 서술 동기가 세상을 속이고 자신을 미화하려는 데 있다는 것이 명확히 선언되고 있다.

> 나는 내 「終生記」가 天下 눈 있는 선비들의 肝膽을 서늘하게 해놓기를 애틋이 바라는 一念 아래 이만큼 吝嗇한 내 맵시의 節約法을 披瀝하여 보인다…(중략)…그런데 우리들의 레우오치카—愛稱 톨스토이—는 괴나리봇짐을 짊어지고 나선 데까지는 기껏 그럴 성싶게 꾸며 가지고 마지막 五分에 가서 그만 잡쳤다. 자자레한 遺言나부랑이로 말미암아 七十년 공든 塔을 무너뜨렸고 허울 좋은 一生에 가실 수 없는 흠집을 하나 내어놓고 말았다. (375쪽)

그런데 이처럼 거창한 의도에서 구상된 '종생기'가 왜 하필 부정한 소녀와의 속고 속이는 이야기를 모태로 했어야만 하는가? 다시 말해 여자와의 속고 속이는 이야기를 나의 종생이라는 가치론적으로 비교될 수 없는 문제와 등가화하려는 이유는 무엇인가? 물론 그 이유는 이 작품에서 표명된 대로, "톨스토이"로 대변되는 "우매(愚昧)한 성인(聖人)

들"과 같은 우(愚)를 반복하지 않고 자신의 종생을 "쥐꼬리만한 금언(金言)의 추억(追憶)도 가지지 않고 그냥 난데없이 다리를 삐어 넘어지듯이 스스로 죽어가리라"는 결심이다.

이처럼 "난데없이" 죽음으로써 성인의 우를 뛰어넘으려는 '나'의 의도는, "천하(天下)에 형안(炯眼)이 없지 않으니까 너무 금(金)칠을 아니 했다가는 서툴러 들킬 염려가 있다". '우연(偶然)한 종생(終生)을 감쪽스럽도록 찬란하게 허식(虛飾)하기 위'해서 소녀에게 속아넘어간 바로 그 자리에서 난데없이 종생을 맞이한다는 "쓰레기나 우거지 같은" 이야기가, 종생의 동기로서는 오히려 걸맞는 셈이다. 따라서 「종생기」의 플롯을 추동하는 것은, 자신의 종생을 미화하기 위해서는 무엇보다 죽음의 공포를 뛰어넘는 데 있다는 것, 그리고 그것은 세상을 속이기 위해서는 자신을 속여야 한다는 자각으로 나아가는 데 있다고 할 수 있다. 그런 점에서 죽음의 공포를 해소하기 위해서 오히려 그같은 죽음의 모험을 감행[69] 해보야 한다는 역설적인 논리가 성립되는 셈이다.

「동해(童骸)」의 플롯 역시 「종생기」처럼, 한 여자와 두 남자 간의 삼각관계에 대한 이야기이다. 이 작품에서 나의 서술과 행동을 동기화하는 강박적인 충동 내지 욕구는 세 가지로 정리된다. 그 첫 번째는 연적인 윤과 동거하다가 사소한 싸움 끝에 제발로 찾아온 과거의 애인 임과 결혼하여 이를 윤에게 과시함으로써 이전의 애정싸움에서의 패배에 대해 복수하고자 하는 욕구이다. 두 번째는 임의 이전 남자관계가 도덕적으로 부도덕한 것임을 입증하여 임에 대한 자신의 도덕적 우월함을 확인하고픈 욕구이다. 세 번째는 모든 관계에서 벗어나는 최후의 수단으

69 이재선, 앞의 논문, 60~61쪽.

로서 자살충동이다. 그러나 윤에 대한 복수와 임에 대한 도덕적 우월함의 과시가 실패하고, 궁극에는 최후의 수단인 자살마저도 결국 나의 '비겁'함과 자기 연민으로 실현되지 못한다.

이렇듯 계속된 시도가 모두 좌절될 수밖에 없는 이유는, "19세기의 구태의연한 도덕의식"으로 "20세기를 살아가려는" 나의 이율배반적 태도 때문이다. 그런데도 나는 자신의 이같은 이율배반적 태도를 인정하지 않으려 한다. "신선한 도덕"을 견지하지 않으면 안 된다는 것은 20세기가 요구하는 것이기 때문이다. 이런 강박 관념으로 인한 불안과 두려움을 회피하고 은폐하려는 것이 이 작품의 플롯 구성의 추동력이 되고 있음은 다음의 인용에서 잘 드러난다.

> 於此於彼에 일은 運命에 波紋이 없는 듯이 이렇게까지 展開하고 말았으니 내 目的이라는 것을 披瀝할 필요도 있는 것 같다. 그러면—
>
> 尹, 姙이, 그리고 나,
>
> 누가 제일 미운가, 즉 나는 누구 편이냐는 말이다.
>
> 어쩔까. 나는 한 번만 똑똑이 말하고 싶지만 또한 그만 두는 것이 옳은가도 싶으니 그럼 내 禮義와 風丰을 確立해야겠다. (265쪽)

내 "목적(目的)"의 "피력(披瀝)", 즉 "나는 누구 편이냐"라는 의문의 해답은 이 작품 어디에서도 주어지지 않는다. 왜냐하면 "누구의 편이냐" 하는 문제를 공개하는 것이야말로 자신의 "예의(禮義)와 풍봉(風丰)을 확립(確立)"하는 데 결정적인 방법인 위조와 기만을 드러낼 위험이 너무도 크기 때문에 나는 "그만 두는 것이 옳은가도 싶"다는 변명으로 얼버무리고 만다.

「단발(斷髮)」의 플롯은 소녀와의 애정의 유희, 다시 말해 소녀에게 "윗티즘과 아이러니를 아무렇게나 휘두르며 산비(酸鼻)할 연막(煙幕)을 펴는" '그'의 애정 심리에 관한 이야기이다. 보다 정확하게는 '그'와 소녀 간에 벌어지는 애정의 줄다리기에 관한 이야기라고 할 수도 있다. 소녀에게 자신의 애욕에 관해 얘기하다가 소녀가 용납하는 태도를 취하면 자신을 미화하기 위해 재빨리 태도를 바꾸어버리는 그의 "드문 애정의 형식"에 소녀는 그를 경멸하고 그의 허위를 공격하는 일이 반복된다.

이런 소녀가 '그'와의 마지막 승부를 가려보고자 결심하게 되는 것은, 단 하나의 동지(同志)인 오빠가 자신의 친구 E와 함께 동경으로 떠나기로 기약한 것을 알게 되고 처음으로 고독감을 느끼게 되면서부터이다. 소녀는 의도적으로 그의 동물적 행동을 기다려 그에게 결정적인 공격을 가하여 마지막 승부를 가려보고자 하지만 '그'는 또다시 윗티즘과 아이러니를 휘둘러대면서 연막을 피움으로써 승부를 회피한다. 소녀에 대한 육체적 애욕의 충동을 감춤으로써 세상과 자기를 속여 "자기를 얼른 보기에 고귀(高貴)하게 꾸미"려는 의도에서 되풀이되는 '그'의 행동은, 소녀와의 애정의 승부가 판가름나는 것이 두려워 이를 회피하기 위한 지연 술책에 불과하다. 따라서 소녀의 단발이 무엇을 의미하는지에 관해 고심하다가 "단발한 소녀의 얼굴"이 보고 싶다는 유희적 흥미로 다시 빠져드는 그의 심리는, 소녀에 대한 육체적 충동과 이를 숨김으로써 자기를 고귀하게 위장하려는 자기 미화(美化)의 충동 간의 줄다리기가 끝없이 반복될 가능성을 열어 놓는다.

죽음은 食前의 담배 한 모금보다 쉽다. 그렇건만 죽음은 결코 그의 窓戶를 두드릴 리가 없으리라고 미리 넘겨짚고 있는 그였다. 그러나 다만 하나 이 例外가 있는 것을 認定한다.

A double Suicide.

그것은 그러나 결코 愛情의 妨害를 받아서는 안 된다는 條件이 붙는다. 다만 아무 것도 理解하지 말고 서로 서로 「스프링보드」 노릇만 하는 것으로 충분히 이용할 것을 희망한다. 그들은 또 유서를 쓰겠지. 그것은 아마 힘써 華麗한 애정과 염세의 文字로 가득 차도록 하는 것인가보다.

이렇게 세상을 속이고 일부러 자기를 속임으로 하여 本然의 자기를 얼른 보기에 高貴하게 꾸미자는 것이다. 그러나 가뜩이나 愛情이라는 것에 서먹서먹하게 굴며 생활하여 오고 또 오는 그에게 고런 마침 機會가 올까 싶지도 않다. (246~247쪽)

죽음이 결코 자신에게는 찾아오지 않으리라 장담하는 그에게 유독 '정사(情死)'만은 예외이고, 그것마저도 "애정(愛情)의 방해(妨害)를 받아서는 안 된다는 조건(條件)이 붙"는다는 논리는 분명 모순이다. 정사(情死)는 아무런 조건이 불필요한 그야말로 맹목적인 애정에서 비롯된 죽음이기 때문이다. 따라서 여기에 애정이란 단서가 붙지 말아야 한다는 것은, 결국 정사가 아예 불가능하다는, 다시 말해 애정 때문에 죽음을 감행하지는 않겠다는 교묘한 말장난일 뿐이다. 죽음이 "식전의 담배 한 모금보다" 쉽다고 하면서도 정작 죽음의 유혹과 두려움에서 벗어나지 못하고 애정을 서로가 서로를 이용하는 "스프링보드"와 같은 유희쯤으로 여기는 자신을 "고귀하게 꾸미"기 위해서는 애정이 죽음의 동기가 되는 정사를 계획하는 것이야말로 가장 훌륭한 방어 수단인 셈이다.

그의 이런 내밀한 의도를 궤뚫어보고 있는 소녀로서는 그의 정사

제의를 거부하는 것은 당연한 일이다. 소녀와의 정사를 자기 미화의 도구로 삼으려는 '그'의 기만적 행동은 욕망의 이율배반적 원리를 보여준다. 장애가 있으면 욕망하고 장애가 없으면 욕망하지 않는, 말하자면 욕망의 대상이 아닌 욕망하는 그 자체를 욕망하는, 일종의 유희인 것이다. 그런 점에서 이 작품의 플롯은 자기 미화를 위한 욕망의 끊임없는 지연을 그 구성 원리로 삼고 있다고 할 수 있다.

「봉별기(逢別記)」의 플롯은 제목 그대로 금홍과의 반복되는 만남과 헤어짐에 관한 이야기이다. 병을 치료하러 요양하러 B라는 온천에서 나는 금홍이란 기생을 알게 된다. 금홍에게 자기가 아는 여러 친구들을 권하기도 하다가 금홍과 사랑에 빠지게 되고 백부상으로 잠시 귀경하게 되어 금홍과 헤어지지만 결국 부부의 연을 맺는다. 일년 후에 금홍이는 이전의 기생 생활에 향수를 느껴 다른 남자들과 놀아나고 이 일로 다투다 나는 금홍이에게 몹시 얻어맞고 도망간다. 그 사이에 금홍은 다른 남자와 함께 집을 나가버린다. 두 달 후에 금홍이 초췌한 모습으로 다시 돌아오고 나는 그녀를 위로해주지만 또다시 이별한다. 두 주일 후에 나는 금홍이에게 중병에 걸렸다는 엽서를 띄우고, 이 엽서를 받고 돌아온 금홍은 나를 먹여살리기 위해 일하지만 다섯달 뒤에 또다시 집을 나가고 만다. 금홍이가 돌아오기를 기다리다가 세간을 다 팔아치우고 나는 집으로 돌아온다. 그후에 나는 결혼을 하고나서 동경행을 결심하는데 마침 금홍이가 서울에 왔다는 소식을 전해듣고 그녀를 찾아가 마지막 이별의 정을 나눈다.

금홍과의 첫 이별의 이유는 결혼 후에 변화된 금홍의 태도 때문이다. 결혼 전에는 다른 남자와의 관계를 떳떳이 자랑하다가 결혼 후에는 다른 남자와의 관계를 숨기려는 이중성이 바로 그것이다. 아내로서의 정조를 지켜야 한다는 명목으로 "아내다운 예의를 지키는 체"하는 금홍의 태도 변화는 "세상의 모든 여인이 매춘부"라는 신념을 견지하는 나로서는 "천려(千慮)의 일실(一失)"이다. 그러나 이런 신념이야말로 나를 합리화하기 위한 위장막에 불과할 뿐인데, 그것은 나의 무위도식하는 "나태(懶怠)한 생활(生活)"이 결혼 후에도 금홍이 기생의 생활을 계속한 이유이고, 이런 금홍의 사업을 위해 "내 방까지도 개방(開放)"해준 것이 모두 나의 책임에 있다는 데서 분명히 드러난다.

이처럼 「봉별기(逢別記)」는 세상의 모든 여자가 다 매춘부이기 때문에 매춘부를 매춘부로 생각하지 않는다고 하면서도 "남의 아내라는 것은 정조(貞操)를 지켜야" 한다는 예의 이율배반적 논리에 근거한다. 이런 위조와 기만의 논리로써는 더 이상 "이 땅에서의 생존을 계속하기가" 어려워졌다는 위기감이 보다 극명하게 드러나는데, 그런 점에서 이는 이상 소설의 플롯 문법을 비교적 명확하게 파악할 수 있는 작품이다.

「지주회시(蜘蛛會豕)」의 플롯은 아내가 술집 전무에게 떠밀려 층계에서 굴러 떨어진 사건을 계기로 '아내와 남편 중에 누가 거미인가'라는 의문을 해석학적 약호로 삼아, 「날개」와 마찬가지로 "창부에 기생해 사는 남자의 이야기"[70]를 다루고 있다. 물신(物神)이 지배하는 현실로부터 "문을 닫"는 것이 최선이라고 믿는 '그'가 술집에서 일하는 아내가 전무에게 폭행을 당하자 합의금을 제안한 전무와 굴욕적인 타협을 함으로써 그 자신도 전무와 다를 바 없는 속물임을 확인하게 된다. 주목되는

70 최혜실, 앞의 책, 157쪽.

것은 "모든 것에 문을 닫는 것"이야말로 자신의 힘이 된다는 그의 논리이다. 누가 거미인지 모를 현실에 직면해서 "아내야 다시한번 굴러 떨어져"서 돈을 받아내라는 자학적 심리가 이를 증거한다. 현실과의 굴욕적인 타협을 할 수밖에는 상황조차 아내에 기생하는 자신의 무능력한 삶을 정당화하고 실체적 진실을 회피하고 외면하는 행동을 합리화하려는 근거로 삼으려는 점에서, 이 작품의 플롯 구성 양상 역시 다른 작품들과 크게 다르지 않다.

3) 세상 속이기와 자기 속이기를 통한 가치 전복

「날개」에서 내객-아내 사이의 매춘을 대가로 오가는 돈(은화)의 정체와 아내의 직업에 대한 나의 의문은, 이후 5번에 걸쳐 반복되는 외출의 직접적 동기가 된다. 그러나 나의 반복된 외출을 통해서 아내와 내객 사이의 돈의 교환이 성적 대가를 둘러싼 거래임은 뚜렷이 밝혀지지만, 아내가 왜 내게 돈을 주는가라는 지불자(아내)-수령자(나)의 관계에 대해서는 여전히 명확한 해답을 얻지 못한다.

이런 점에서, 내가 반복되는 외출을 통해 아내에 대한 수수께끼를 해결하려 모색하는 과정에서 아내와의 갈등이 심화되기 시작하는데, 그 갈등의 요인을 아내 또는 나의 '오해'로 돌리려는 노력을 거의 강박적으로 보인다는 점에 주목할 필요가 있다. 왜냐하면 이런 오해의 원인을 명확히 밝혀줄 만한 근거나 객관적인 정황 제시—가령 아내의 입장이 어떤 것인지 아내의 말이나 행동에 대한 제시 같은—가 없이, 시종일관 나의 일방적인 관점에서 '오해'일 것이라는 막연한 추측으로 제시되기 때문이다.

> 나는 이불 속에서 아내에게 사죄하였다. 그것은 네 오해라고.....
>
> 나는 사실 밤이 퍽이나 이슥한 줄만 알았던 것이다. 그것이 네 말마따나 자정 전인 줄은 나는 정말이지 꿈에도 몰랐다. (331쪽)
>
> 나는 어느 사람을 붙들고 그 五원 돈을 내어 주어야 할지 갈피를 잡을 수가 없었다. 그러는 동안에 나는 여지없이 피곤해 버리고 말았던 것이다.
>
> 나는 무엇보다 좀 쉬고 싶었다. 눕고 싶었다. 그래서 나는 하는 수 없이 집으로 돌아온 것이다. 내 짐작 같아서는 밤이 어지간히 늦은 줄로만 알았는데, 그것이 불행히도 자정 전이었다는 것은 참 안된 일이다. 미안한 일이다. 나는 얼마든지 사죄하여도 좋다, **그러나 종시 아내의 오해를 풀지 못하였다 하면** 내가 이렇게까지 사죄하는 보람은 그럼 어디 있나? 한심하였다. (332쪽)

1차 외출 후에 자정 전에 귀가했다는 이유로 아내의 노여움을 사게 되자, 나는 때이른 귀가를 나의 고의적인 행동이라고 생각하는 아내의 오해를 어떻게 풀어줄까 고민하다가, 무의식적인(?) 상태에서 아내에게 돈을 주고 뜻밖에도 "三十三번지에서 살기 시작한 이래" 처음으로 아내의 방에서 잠을 자는 호사를 누린다.

> 정신이 한결 난다. 나는 지난밤 일을 생각해 보았다. 그 돈 五원을 아내 손에 쥐어주고 넘어졌을 때에 느낄 수 있었던 쾌감을 나는 무엇이라고 설명할 수가 없었다. 그러나 내객들이 아내에게 돈 놓고 가는 심리며 내 아내가 내게 돈 놓고 가는 심리의 비밀을 나는 알아내인 것 같아서 여간 즐거운 것이 아니다. (333쪽)

이 사건은 2차 외출 후에도 한 번 더 반복되는데, 1차 외출 후의 나와 아내 사이의 은화 주고받기를 술회하는 위의 인용문에서처럼, 나는 내객들이 "아내에게 돈 놓고 가는 심리의 비밀을" "알아 낸 것 같"다는 생각에 즐거워한다. "이런 것을 모르고 오늘까지 지내온 내 자신이 어떻게 우스꽝스럽게 보이는지 몰랐다"고까지 생각한다. 그렇다면 과연 내가 알아 내었다고 생각하는 '쾌감'의 비밀은 무엇일까. 내가 이전에 관찰한 대로라면, 내객들이 아내에게 돈을 주는 이유는 "내 아내와 나도 좀하기 어려운 농을 아주 서슴치 않고 쉽게" 하거나 자정이 지나서는 "보통 음식을 사다먹고" 놀고 가는 쾌감을 즐기기 위해서일텐데, 돈을 준 대가로 나에게 주어지는 것은 단지 아내의 방에서 그저 잠을 자는 것—물론 이를 아내와의 성관계를 암시하거나 그것을 대체하는 심리적 표현으로 이해할 수도 있다—뿐이다. 그럼에도 불구하고 내가 그토록 알고 싶어했던, 아니 정확히 말해, 알고서도 모르는 척 했던 내객의 돈이 성적 교환의 대가라는 사실은 제쳐놓은 채, 나는 단지 아내의 방에서 자는 기쁨만을 누리려는 데 집착한다. 그리고 그 이유를 나는 아내에 대한 애정과 배려 때문이라고 강변한다.

> 내 아내 외의 다른 사람과 인사를 하거나 놀거나 하는 것은 내 아내 낯을 보아 좋지 않은 일인 것만 같이 생각이 들었기 때문이다. 나는 이만큼까지 내 아내를 소중히 생각한 것이다. (320쪽)

> 내객들이 돌아가고, 혹 밤 외출에서 돌아오고 하면 아내는 경편한 것으로 옷을 바꾸어 입고 내 방으로 나를 찾아온다. 그리고 이불을 들치고 내 귀에는 영 생동생동한 몇 마디 말로 나를 위로하려 든다. 나는 嘲소도 苦소도 아닌 哄笑도 아닌 웃음을 얼굴에 띠우고 아

내의 아름다운 얼굴을 쳐다본다. 아내는 방그레 웃는다. 그러나 그 얼굴에 떠도는 일말의 애수를 나는 놓치지 않는다. (327쪽)

이 지점에서 분명해지는 것은, 내객과 아내 간에 오가는 은화(돈)에 대한 나의 의문이, 적어도 아내의 직업이 매춘임을 전혀 몰랐기 때문에 제기된 것이 아니라는 점이다. 그렇기 때문에, 반복되는 은화의 주고받기 과정에서 일어나게 되는 아내의 오해나 그에 따른 심상치 않은 태도 변화[71] 역시 나의 상황에 대한 이중적 해석이 빚어낸 일장 희비극이라 할 수 있다. 그 예로, 내가 다시 3차 외출을 계획하다가, 외출 후에 올 기쁨, 즉 돈을 주고 아내의 방에서 자보는 기쁨을 보장해줄 돈이 없어 애태워하는데, 때마침 아내가 내 방으로 찾아와 돈을 주는 다음 대목을 들 수 있다.

> 나는 이불 속에 똘똘 말린 채 고개도 들지 않고 아내의 다음 거동을 기다리고 있으니까, 엣소—하고 내 머리맡에 내려뜨리는 것은 그 가뿐한 음향으로 보아 지폐에 틀림없었다. 그리고 내 귀에다 대이고 오늘을랑 어제보다도 좀 더 늦게 들어와도 좋다고 속삭이는 것이다. 그것은 어렵지 않다. 우선 그 돈이 무엇보다도 고맙고 반가왔다. (336쪽)

여기에서 "어제보다도 늦게 들어"오라는, 다시 말해 자정 전에는 집에 들어오지 말라는 요구를 단서로 한 것으로 볼 때, 아내가 나에게 돈을 주는 의도는 자명하다. 1·2차 외출 후에 내객과 함께 있는 광경을 나에게 보인 이후부터 나를 가능한 한 집에서 떼어놓기 위한 것이

71 가령 아내가 한 번도 청소하지 않았던 내 방을 청소해준다거나, 자신의 방으로 불러서 밥을 먹이는 행동 등이 그것이다.

다. 그러나 나는 아내의 일이 무엇인지를 이미 짐작하고 있고, 다만 그녀에게 부담을 주지 않으려 나름대로 배려를 한다고 생각하므로, 아내의 이런 의도를 전혀 눈치채지 못한 채, 그저 외출 후에 올 "기쁨"만을 기대하며 외출에 나설 뿐이다. 물론 아내의 입장에서는 아직 내가 자신의 직업을 잘 모른다고 생각하기 때문에 내가 자신의 일에 개입하는 것이 반가울 리는 없다. 그런 점에서 아내가 나에게 돈을 주어 적극 외출을 권유한 것은, '내'가 2번의 외출 후에 자신의 직업을 눈치채고 어떤 식으로든 참견을 할지 모른다는 성급한 판단에서 비롯된 과잉반응이라 할 수도 있다.

그렇기 때문에 이 3차 외출 후에 그간 두 번에 걸친 외출로 나에 대한 아내의 경계심이나 오해가, 극단적 양상으로 치닫게 된 것은 어찌보면 당연할 수 있다. 비를 맞고 돌아와 몸살 감기에 걸려 앓고 있는 나에게 아내는 아스피린을 준다. 그러나 감기 치료약인 "아스피린"으로 알고 한 달 동안을 먹었던 그것이 수면제인 "아달링"임을 나는 우연히 알게 된다. 그래서 나는 아내가 이 사실을 속이고 준 이유가 무엇인가 하는 의문에 사로잡혀 다시 외출을 한다. 그러나 산 속 벤치에 앉아 이 의문에 대해 고심하던 나는, 자신이 한달 간 먹어온 약이 수면제라는 정황이 확실한 데도 이를 나의 '오해'로 돌리려는 석연치 않은 태도를 보인다.

이처럼 내가 아내의 직업에 대한 사실을 알기 위한 명목으로 감행했던 외출 과정에서 오히려 그 사실을 의식적으로 회피하거나, 아니면 강박적일 만큼 자신의 오해로 돌리려는 태도를 이해하기 위해서는, 아내와 나 간의 기묘한 동거 생활을 그간 내가 어떻게 인식했던가를 보여주는 근거들을 검토해볼 필요가 있다.

> 내 몸과 마음에 옷처럼 잘 맞는 방 속에서 뒹굴면서 축 쳐져 있는 것은 행복이니 불행이니 하는 그런 세속적인 계산을 떠난 **가장 편리하고 안일한 말하자면 절대적인 상태**인 것이다. 나는 이런 상태가 좋았다. (321쪽)
>
> 내가 제법 한 사람의 사회인의 자격으로 일을 해보는 것도 아내에게 사설 듣는 것도 나는 가장 게으른 동물처럼 게으른 것이 좋았다. 될 수만 있다면 이 무의미한 인간의 탈을 벗어버리고도 싶었다.
>
> 나에게는 인간 사회가 스스러왔다. 생활이 스스로왔다. 모두가 서먹서먹할 뿐이었다. (324쪽)
>
> 나는 커다랗게 기지개를 한번 펴 보고 아내 베개를 내려 베이고 벌떡 자빠져서는 **이렇게도 편안하고 즐거운 세월**을 하느님께 흠씬 자랑하여 주고 싶었다. 나는 참 세상의 아무것과도 교섭을 가지지 않는다. 하느님은 아마 나를 칭찬할 수도 처벌할 수도 없는 것 같다. (339쪽)

"가장 게으른 동물처럼" 밤낮 잠과 어린애와 같은 놀이로 소일하고 아내에게 "감금"당해 사육당하다시피한 생활을, 나는 "편리하고 안일한 말하자면 절대적 상태"이거나 "편안하고 즐거운 세월"로 받아들인다. 물론 인간 사회에 대한 스스로움, "세상의 아무것과도 교섭을" 하지 않게 된 데는 개인적인 것 외에는 시대·사회적인 문제가 개입되어 있을 가능성이 농후하지만, 어쨌든지 문제의 핵심은 아내와 나 사이의 전도된 생활을 만족하고 자족할 만한 것으로 받아들이는 나의 석연치 않은 태도이다.

결론부터 얘기하자면 이런 태도는, 아내의 직업을 알면서도 알지 못하는 체하는 것, 다시 말해 자기 자신을 속이는 것만이 나와 아내와의 관계를 유지할 수 있는 방편이 된다는 고통스러운 자각을, 되도록 회피하고 억압하려는 일종의 방어기제라 할 수 있다. 그리고 이런 자기방어가 되려 아내의 오해를 사게 되고 점차 나와 아내의 관계를 파국으로 몰아가는 원인임은 두말할 나위 없다. 이는, 앞서 '아내가 왜 나에게 돈을 주는가'라는 의문에 대해 다시 한 번 검토해볼 때, 더욱 분명해진다. 아내가 매음을 하면서까지 돈을 버는 것은, 나에게 돈을 주기 위해서이다. 그런데도 정작 나는 이 돈을 어디에 쓸 줄 모른다고 주장하는데, 이는 내가 예전에 돈을 쓸 줄 알았다는 진술을 감안해보면 명백한 거짓말이다. 따라서 아내가 매음으로 돈을 벌 수밖에 없는 이유는 아내 탓이 아니라, 결국 나의 무능함으로 인해 아내에게 모든 책임을 떠맡길 수밖에 없는 상황 때문이다. 여기에서 비롯되는 굴욕감을 억압하고 회피하기 위한 나의 심리적 방어 기제가 돈을 쓸 줄도, 아내의 직업도 모른다고 잡아 떼는 행위로 반복해서 나타난 것임은 앞서 지적한 바 있다.

결국 그간 나의 유아와도 같은 퇴행적 생활 역시 바로 이런 회피와 기만을 변명하기 위한 의식적 행동일지 모른다는 의심을 사기에 충분하다. 부인하고 싶지만 그럴 수 없는 굴욕적인 상황을 합리화하기 위한 방편은, "세상과 교섭을" 하지 않고 부부답지 않은 부부 생활을 "행복이니 불행이니 하는 그런 세속적 계산을 떠난 가장 편리하고 안일한, "절대적 상태"라고 자위(自慰)하는 것, 아내에 대한 모든 진실을 모르는 체 할 뿐만 아니라 그런 진실이 확실해진 상황에서도 자신의 오해일지 모른다고 둘러대는 것이다. 그렇기 때문에 "부족한 안목과 좁은 시야"

때문에 아내의 직업을 알 수 없다고 했던 내가 아내의 직업에 대한 진실, 곧 아내와 내객 간에 행해진 매춘의 현장을 직접 목격하고는 집을 뛰쳐나와, "사실은 사실대로 오해는 오해대로 그저 끝없이 발을 절뚝거리면서 세상을 걸어 가면" 그뿐이라고 체념하고, 어디로 가야할지 모르겠다라고 뇌까리는 것은, 그간 외면하고 숨기려 했던 굴욕적 현실을 더 이상 회피할 수 없는 상황에 이르자 보일 수밖에 없는 당연한 반응이다.

따라서 「날개」의 플롯은 아내의 직업에 대한 무지(無知)에서 지(知)로의 탐색이 아니라, 나와 아내 간의 관계에서 이미 드러난 진실을 회피하고 지연시키려는 역탐색이라고 할 수 있다. 아내의 직업에 진실을 무지나 오해로 위조하지 않고서는 자신이 처한 굴욕적 상황을 합리화할 수 없는 상황의 절박성은 이런 전복적 플롯에 개연성을 부여한다. 정리하자면, 나의 실존의 근거를, 뒤틀린 부부 관계에서 아내에 대한 모든 진실을 의도적으로 은폐하는 것, 결국 진실이 드러난 순간에서는 '날개'를 희구하는 모습으로 자신을 비극의 희생자로 연출하려는 것, 이것이 바로 「날개」의 플롯에서 추출될 수 있는, 내포된 의도라 할 수 있다.

이처럼 어떤 식으로든 사실을 사실 그대로 받아들이지 않는 것, 더 나아가 상대방을 속이고 자신마저 속이는 것이 남녀 관계의 본질이며, 심지어는 자신의 존재 근거라고 하는 역설적인 실존 논리야말로 이상 소설의 플롯에서 추출되는 가치 규범이며 숨은 '비밀'이다. 이 때문에 이상 소설의 서술자 내지 주인공은 타인과 세상을 완벽하게 속여 넘기려면 스스로를 속이지 않으면 안 된다는 자기 기만의 논리에 강박된 모습을 보인다. 이런 자기 방어 논리가 더 이상 지속될 수 없는 상황에 이르게 될 경우, 서술자나 주인공은 보통 가출(「날개」), 망명(「실화(失花)」), 자살 또는 죽음(「동해(童骸)」, 「종생기」)이란 현실 도피를 떠올린다. 이 때문에 김윤식은 이상 문학의 본질이 "자살과 죽음의 등가사상"[72]에 있다고 지적했던 것이다.

「환시기(幻視記)」는 순영이란 여자를 사이에 두고 송군(宋君)과 '나' 간에 얽히고설킨 삼각관계에 대한 이야기이다. 이 작품에서 반복적으로 서술되는 것은 순영과 나, 순영과 송군 간의 삼각관계를 지도상의 공간적 거리에 비유한 대목과, 나와 송군이 번갈아 겪게 되는 순영의 얼굴에 대한 환시(幻視)의 경험이다.

> 좋은 하늘에 별까지 똑똑히 잘 백인 밤이 사년 전 첫여름 어느 날이었던지? 방송국 넘어가는 길 성벽에 가 기대선 순영의 얼굴은 月光 속에 있는 것처럼 아름다웠다…(중략)…
>
> 그 때 나는 참 이상한 것을 느꼈다. 月光 속에 있는 것처럼 아름다운 순영의 얼굴이 웬일인지 왼쪽으로 좀 삐뚜러져 보이는 것이다.
>
> 나는 큰 犯罪나 한 사람처럼 냉큼 바른편으로 비켜섰다. 나의 그런 不遜한 시각을 訂하기 위하여—
>
> (그리하여) 位치의 不利로 말미암아서도 나는 순영의 입술을 건드리지 못하고 그만 두었다. (실로 사년 전 첫여름 어느 별빛 좋은 밤) 경관이 무엇하러 왔는지 왔다. 나는 삼천포 읍에 사는 사람이라고 그러니까 순영은 회령읍에 사는 사람이라고 그러다. 내 그 인색한 원근법이 일사천리지세로 南北 二千五百里라는 거리를 급조하여 나와 순영 사이에 펴놓는다. 순영의 얼굴에서 순간 월광이 사라졌다. (288쪽)

72 김윤식, 『李箱研究』(문학사상사, 1993), 68쪽.

위에서 주목되는 것은, 순영에 대한 충동적인 애욕에서 소원감—"남북이천오백리"라는 공간적 거리를 급조하자 순영의 얼굴에서 "월광이 사라"진다는 것으로 표상되는—으로 급전하게 되는 나의 심리적 변전 과정이다. 이런 급작스런 변전은, 순영을 향한 "잔뜩 곪은 애정"을, "사랑하지 않는" 아내에 대한 애정으로 돌리고, 순영을 흠모한 나머지 자살소동까지 벌인 "宋군의 고독을 빌어" 순영에게 자신의 애정을 구하려는 '나'의 위선적인 태도를 감안한다면 우연한 일이 아니다. 여기에는, 남녀의 애정이란 서로 속고 속이는 관계에 불과하다는 나의 "삐뚜러"진 확신이 깔려 있다.

> 반년 동안 나는 순영을 잊을 수가 없었다. 그 동안에 十中 다섯으로 아내가 돌아왔다. 나는 이 아내를 맞을 수밖에 없었다. 사랑하지 않는 아내를 나는 전의 열갑절이나 사랑할 수 있었다. 내 순영에게 향하여 잔뜩 곪은 애정이 이에 순영이 돌아오기 전에 터져버린 것이다. (289쪽)

> 나는 이미 순영 앞에서 내 고독을 호소할 수조차 없어졌다. 나는 宋군의 고독을 빌어다가 순영 앞에서 울었다…(중략)…나는 이런 宋군의 불행을 이용하여 내 슬픔을 立證시켜 보느라고 실로 천만語의 단자를 허비했다. (290쪽)

순영과 결혼한 이후, 송군은 순영과의 소원한 관계를 '남북 일만리'란 "굉장한 거리"로 에둘러 표현한다. 이 때 내가 송군에게 건네는 다음과 같은 충고는 남녀 간의 애정의 본질이 서로를 속이는 데 있다라는 나의 확신이 어느 만큼이나 완강한지 여실히 보여준다.

> 마누라 얼굴이 왼쪽으로 삐뚤어져 보이거든 슬쩍 바른 쪽으루 한 번 비켜서 보게나—
>
> 흥—
>
> 자네 마누라가 회령서 났다능 건 정말이던가—
>
> 요샌 또 블라디오스톡에 서 났다구 그러데—내 무슨 수작인지 모르지—그래 난 동경서 났다구 그랬지—좀 더 멀찌감치 해둘 걸 그랬나봐—
>
> 블라디오스톡허구 동경이면 南北이 一萬里로구나 굉장한 거리다—
>
> 자꾸 비뚤어졌다구 그랬더니 요샌 곧 화를 내애데—
>
> 아까 바른 쪽으루 비켜서란 소리는 괜헌 소리구 비켜스기 전에 자네 시각을 訂정—그 때문에 다른 물건이 죄다 바른 쪽으로 삐뚤어져 보이드래두 사랑하는 아내 얼굴이 똑바루만 보인다면 시각의 직능은 그만 아닌가—그러면 자연 그 블라디오스톡하고 동경 사이 남북만리 거리두 베-제처럼 바싹 맞다가스구 말 테니. (294쪽)

순영과 헤어지고, 끝내 아내와도 결별하고 만 나의 처지에서 남녀 간의 사랑에 대해 왈가불가한다는 것은 그야말로 자가당착이라 아니 할 수 없다. 그러나 이런 자가당착은 이 작품의 문면 깊숙한 데 내포되어 있던 나의 가치 규범이 무엇인지를 드러내는 중요한 단서이다. 이 규범은 순영을 보기 전에 먼저 자신의 시각을 정한 다음 "그 때문에 다른 물건이 죄다 삐뚤어져 보이드래두 사랑하는 아내 얼굴이 똑바루만 보인다면 시각의 직능은 그만"이라는 충고에서 극명하게 드러난다. 말하자면 상대방을 속이는 데 그치지 않고 자기 자신을 속여서라도 사랑을 지키는 것이 옳다는 논리인데, 이처럼 자기 기만에서 사랑의 본질을 발견할 수 있다는 논리는 곧 삶과 현실을 바라보는 작가 이상의 근본적인 척도가 무엇인지를 시사해주는 준다는 점에서 의미심장하다.

이 문제적인 애정 논리는 역시 남녀 간의 삼각관계를 다룬 「동해(童骸)」에서도 발견된다. 이 작품은 윤(尹)과 나, 임(姙)이라는 여인의 삼각관계에 관한 이야기이다. 임이 윤과 다툰 끝에 나에게로 다시 돌아오자 임과 벼락결혼을 올리고 이를 계기로 윤과의 애정싸움에서 패배했던 것을 복수하려 들다가 오히려 윤에게 면박만 당하고 자살을 생각하게 된다는 지극히 통속적인 연애담이다.

> 「二着 열번 헌 눔이 아무래두 一着 단 한 번 헌 눔 앞에서 고갤 못드는 법일세, 자네두 그만헌 禮儀쯤 분간이 슬듯헌데 왜 그리 바들짝바뜰짝허나 응? 그러구 그 萬金이니 萬萬金이니 허능 건 또 다 뭔가? 나라는 사람은 말일세 자세 듣게. 女子가 날 싫여허면 헐수록 좋아하는 체허구 쫓아댕기다가두 그 女子가 선불리 그럼 허구 좋아허는 낯을 단 한번 허는 나날에는 즉 말허자면 마지막 물건을 단 한 번 건드리구 난 다음엔 당장 눈앞에서 그 女子가 싫여지는 성질일세, 그건 자네가 아주 바루 正義가 어쩌니 허지만 이거야말루 내 정의에서 우러나오는 걸세, 대체 난 나버덤 낮은 人間이 싫으예 女子가 한 번 제 마지막 것을 구경시킨 다암엔 열이면 열 百이면 百, 밑으루 내려가서 그 男子를 쳐다보기 시작이거든, 난 이게 견딜 수 없게 싫단 그말일세.」(275쪽)

임과 결혼 후에 윤과의 대면에서, 나는 윤의 "일착(一着)"의 논리와, 여자가 싫어하면 할수록 그 여자를 쫓아다니다가 그 여자의 마지막 것을 정복하고 나서는 곧 싫어진다는, 즉 성취된 욕망은 싱겁고 무의미하다는 "신선한 도덕의식"에 압도당한다. 내가 임과 벼락결혼을 한 의도는, 임이 자신의 사람임을 윤에게 확인시켜 윤에게 복수하기 위해서였지만 윤이 이미 임에 대한 미련을 잃어버린 지 오래임을 확인한 이상, 나의 복수는 "완벽으로 흐지부지"해버린 셈이다. 그러나 내가 윤에게 패배당할 수밖에 없는 근본적인 이유는 다른 데 있다. 그것은 내가 윤과 임처럼 20세기의 "신선한 도덕 의식"을 옹호하려 하지만, 정작 여자에 대한 낡은 정조관념에 사로잡혀 "이착(二着) 선수"로서의 자굴감에 사로잡혀 있다는 데 있다.

> 「肉體에 對한 男子의 權限에서의 嫉妬는 무슨 걸레쪼각 같은 教養 나부랭이가 아니다. 本能이다. 너는 이 本能을 無視하거나 그 漏氣揚揚한 教養의 掌匣으로 整理하거나 하는 재주가 通用될 줄 아느냐?」
>
> 「그럼 저도 平等하고 溫順하게 당신이 定義하시는 '本能'에 依해서 당신의 過去를 嫉妬하겠습니다. 자— 우리 數字로 따져보실까요?」
>
> 評—여기서부터는 내 教材에는 없다.
>
> 新鮮한 道德을 期待하면서 내 舊態依然하다고 할 만도 할 貫錄을 버리겠노라.
>
> 다만 내가 이제부터 내 不足하나마 努力에 依하여 獲得해야 할 것은 내가 脫皮할 수 있을 만한 知識의 購買다. (278~279쪽)

나는 여자의 정조에 대한 남자의 집착을 "걸레쪼각 같은 교양"이 아닌 남자의 "본능"이라고 강변하기까지 함으로써 윤이 나에게 우월감의 근거로 내세웠던 "일착(一着)의 명예(名譽)"에 집착한다. 그럼에도 불구하고 임이 갑자기 나를 찾아와 결혼을 제안하자, 결혼반지를 깜박 잊고 온 임의 "왼손 무명지에다 털붓으로 쌍줄반지를 그려 주고" 벼락 결혼을 올린 것은, "구태의연한 도덕 의식"을 가졌다고 하는 사람이 취할 행동으로는 보기 어렵다. 이런 행동은, 임과 결혼한 만큼 "이젠 만금(萬金)을 기울여두 임(姙)의 나체 스냅 하나 보"지 못하게 할 권리를 윤에게 당당히 행사할 수 있으리라는 치졸한 기대감 때문이다. 다시 말해 낡은 도덕 의식에 대한 나의 집착이 "이착(二着)"의 굴욕감을 안겨준 윤에게 패배감을 안겨줄 수단이 결혼이라는 뒤틀린 보복 심리로 이어진 것이다. 물론 이런 낡은 도덕 의식에의 집착을 단순히 이런 보복 심리만으로 보기는 힘들다. 이는 내가 윤과의 대면에서 패배를 절감하고나서, T군과 극장에 갔을 때 T군이 감귤을 깎아 먹으라고 건네준 칼을 살해 내지 자살의 권유로 오인하는 데서 분명히 드러난다.

> 나는 차츰차츰 이 客 다 빠진 텅 빈 空氣 속에 沈沒하는 實果 씨가 내 허리띠에 달린 것 같은 恐怖에 지질리면서 정신이 점점 몽롱해 들어가는 벽두에 T군은 은근히 내 손에 한 자루 서슬 퍼런 칼을 쥐여 준다.
>
> (復讐하라는 말이렷다.)
>
> (尹을 찔러야 하나? 내 決定的 敗北가 아닐까? 尹은 찌르기 싫다.)
>
> (姙이를 찔러야 하지? 나는 그 毒花 핀 눈초리를 網膜에 映像한 채 往生하다니.)
>
> 내 心臟이 꽁꽁 얼어들어 온다. 빼드득 빼드득 이가 갈린다.
>
> (아하 그럼 自殺을 勸하는 모양이로군, 어려운데 어려워, 어려워, 어려워)
>
> 내 卑怯을 嘲笑하듯이 다음 순간 내 손에 무엇인가 뭉클 뜨뜻한 덩어리가 쥐여졌다. 그것은 서먹서먹한 表情의 나쓰미깡, 어느 틈에 T군은 이것을 제 주머니에다 넣고 왔던구. (282쪽)

윤을 찌르든 임을 찌르든, 아니면 자살하든 상관없이, 그 어느 것도 나에게 "어려"울 수밖에 없는 이유는, 그 어느 쪽을 선택하든 나의 패배가 예정된 것이라는 데 있다. 나의 패배는 "19세기의 도덕의식을 가지고 20세기를 살아갈 수밖에 없는" 데서 기인하는 것이기 때문이다. 이처럼 "19세기의 도덕 의식을 가지고 20세기를 살아갈" 수밖에 없다는 불안과 좌절감이, 이상 소설들에 나타난 서술자나 인물이 세상을 속이고 자신을 속이는 데서 실존의 근거를 모색하려는 자조적인 삶의 논리로 수렴되는 요인임을 다시 확인할 수 있다.

「실화(失花)」는 "사람이 비밀이 없다는 것은 재산 없는 것처럼 가난하고 허전"하다는 반복되는 에피그람을 통해 C양과 C군, 연(姸)과 나, 나와 나 자신("李箱 先生"이란 이름의), 나와 피화자(narratee) '당신' 사이에 모종의 '비밀'을 만들고 공유하는 과정을 그리고 있다. C양과 C군 사이의 '비밀'은 C양이 늘 핏기가 없는 입술을 하고 있고, '내' 소설 속의 이상적 사랑을 열망하는 까닭이 C군의 성적인 강건함을 감당치 못하는 데 있다는 것이다. 이런 '철부지' C양에게서 연민을 느끼면서도 그녀에게서 나는 경성에 두고온, "열여섯에 간단히 속옷을 찢은" 姸을 연상한다. 나와 연 사이의 '비밀'은 바로 '철부지' C양과는 반대로 '야웅의 천재'인 연에게 내가 철저히 속고 패배당했다는 것이다. 그렇기 때문에 C양에 대한 나의 연민은, 정작 C양을 향한 것이 아니다. 그것은 C양이 내 소설을 보고 열망했던 순수한 사랑을 더 이상 믿지 않게 되어 버린, 더구나 19세기의 낡은 도덕의식을 혐오함에도 불구하고 그것에 사로잡혀 있음을 인정할 수밖에 없는, 그야말로 아무런 '비밀'도 '재산'도 없게 되어버린 나('李箱 선생') 자신에 대한 연민과 위안으로 전이된다.

그러나 나 자신에 대한 이러한 연민과 위안만으로는 "19세기의 도덕 의식을 가지고 20세기를 살아가는" 자신에 대한 회의와 불안을 불식

시킬 수 없다. 바로 이 때문에 더 이상 비밀이랄 것이 없는 비밀을 '나'는 '당신'에게까지 떠넘기려 든다.

> 그러면 당신께서는 또 무슨 방석과 걸상의 秘密을 그 濃化粧 그늘에 지니고 계시나이까?
>
> 사람이— 秘密 하나도 없다는 것이 참 財産 없는 것보다도 더 가난하외다 그려! 나를 좀 보시지요? (370쪽)

여기에서 '당신'은 적어도 이 소설 스토리 내에 존재하는 인물들과는 다른 차원에, 즉 이미 비밀을 모두 털어놓은 서술자와 동등한 층위, 아니 인물이자 초점자이자 서술자로서 모든 '비밀'의 내용이 드러나버린 이상, 그보다 더 우월한 위치에 있는 피서술자이다. 즉 '재산 없는 것'보다 더 가난한 것은 비밀 없음이라고 공언한 만큼, 더 이상 "비밀의 재료(材料)가 없는" 공인(公人)인 '이상(李箱) 선생'으로서의 나는 은밀한 비밀을 갖고 있는 '당신'에게 위안 받을 처지에 놓인 셈이다. 여기에서 내가 그간 비밀의 주재자로서 누려왔던 위치는 역전되고 만다.

「지주회시(蜘蛛會豕)」는 제목 그대로 남녀 관계를 '거미'와 '돼지'의 관계라는 비유적 이미지로 환치시켜서 그린 작품이다. 주인공 '그'는 술집 여급인 아내에 기생해서 사는 무능력한 인물로, 자신의 "의지가 작용하지 않는" 물신주의(物神主義)가 횡행하는 현실로부터 "문을 닫"아 걸고, 그저 "한없이 게으"른 생활로 소모하는 것이 오히려 '힘'이 된다는 생활 논리를 신봉한다.[73] 그런 그의 생활 논리가 어디로부터 연유하

73 「지주회시」에서 인용한 다음의 대목은 이런 '그'의 결심을 명확하게 보여준다. "아내는아침에나갔다. 사부로가불어왔기때문이다. 경찰서로간단다. 그도오란다. 모든 것이귀찮았다. 다리젓는아내를억지로내어보내놓고그는인간세상의하품

게 된 것인지를 분명히 드러나게 되는 계기는, 어느 날 아내가 술집 손님에게 발길로 채여 층계에서 굴러 떨어진 사건이다. 이 사건은 소설 도입부에서부터 그의 의식 속에 강박적으로 반복되어 나타나는데, 이 사건이 그의 뇌리에 각인될 수밖에 없는 것은, 그의 게으른 생활이 결국 그가 그토록 혐오해 마지않았던 속물근성으로부터 자유롭지 못한 것임을 여실히 확인시켜준 때문이다. 말하자면 아내를 빨아먹는 거미가 그 자신임에도, 그와 아내 가운데 누가 거미인지 모르겠다는 것으로 자신의 생활을 합리화하려 애썼던 '그'가 아내에게 닥친 그 사건을 계기로, 세상에 문을 닫고 살기를 고집하지만 자신의 "골수에" 어느 틈에 "칙칙한" 속물근성이 스며들었음을 자각하게 되는 것이다.

> 뚱뚱신사는바로그의아내가다니고있는카페R회관주인이었다. 아내가또온것 서너달전이다. 와서그를먹여살리겠다는것이었다. 빚「百圓」을얻어쓸때그는아내를앞세우고이뚱뚱이보는데타원형도장을찍었다. 그때유까다를입고내려다보던눈에서느낀굴욕을오늘이라고잊었을까.그러나 그는 이게누군지도채생각나기전에어언간이뚱뚱이에게고개를수그리지않았나. 지금. 골수에스미고말았나보다. 칙칙한근성이—모르고그랬다고하면말이될까? 더럽구나. 무슨구실로변명하여되나. 에잇! 에잇! 아무것도차라리억울해하지말자—이렇게맹서하자.그러나그의뺨이화끈화끈달았다. 눈물이새금새금맺혀들어왔다. (301쪽)

이같은 자각은, 아내가 다니는 술집주인에게 얻어쓴 돈 백원을 '그'

을한번커다랗게하였다. 한없이게으른것이역시제일이구나 첩첩이덧문을닫고앓는소리없는방안에서이번에는정말—제발될수있는대로아내는오래걸려서이따가저녁때나되거든돌아왔으면그리든지—경우에따라서는아내가아주가버리기를바라기조차하였다. 두다리를쭉뻗고깊이깊이잠이좀들어보고싶었다." (312쪽)

에게서 떼먹은 적이 있는 친구 오(吳)의 중재로 경찰서에서 합의하는 과정에서 정점에 이른다. 오는 아내를 폭행한 자가 자기가 운영하는 상점의 전무라는 것을 구실로, 더구나 오와 거래하는 카페 주인은 '그'가 예전에 얻어쓴 돈을 구실로 '그'에게 합의를 종용한다. 그들 마음대로 하라는 말을 남겨놓고 집에 돌아온 '그'는 도리어 세상로부터 문을 닫고 사는 자신의 생활 논리를 고집하기로 굳게 마음을 먹는데,[74] 이런 결심을 굳히게 된 또다른 계기가, 오의 '돼지'인 술집 여급 마유미가 그에게 들려준 말이다.

>「저이가거짓말쟁이인줄제가모르는줄아십니까. 알아요(그래서) 미술가라지요. 생딴전을 해놓겠지요. 좀타일러주세요—어림없이그리지말라구요—이마유미는속는게아니라구요—제가이러는게그야좀반허긴반했지만—선생님은아시지요(알고말고)으쨌든그따위끄나풀이한마리있어야삽니다(뭐?뭐?) …(중략)… 그러니까저를빨아먹는거미를제손으로기르는세음이지요.…(후략)… (307~308쪽)

스스로를 영리하다고 자부하고 마유미를 등쳐먹는 '거미'와도 같은 전형적인 속물인 오를, 마유미는 오히려 자신의 "허전"함을 채워주는 "끄나풀" 정도로 여긴다. 속였다는 것이 정작 알고도 속아준 것이 되는 남녀 간의 이런 희비극적 상황, 그야말로 누가 먹고 먹히는지 모를, 일

---

74 「지주회시」에서 인용한 다음의 대목은 이런 '그'의 결심을 명확하게 보여준다. "아내는아침에나갔다. 사부로가불어왔기때문이다. 경찰서로간단다. 그도오란다. 모든 것이귀찮았다. 다리젓는아내를억지로내어보내놓고그는인간세상의하품을한번커다랗게하였다. 한없이게으른것이역시제일이구나 첩첩이덧문을닫고앓는소리없는방안에서이번에는정말—제발될수있는대로아내는오래걸려서이따가저녁때나되거든돌아왔으면그리든지—경우에따라서는아내가아주가버리기를바라기조차하였다. 두다리를쭉뻗고깊이깊이잠이좀들어보고싶었다." (312쪽)

종의 먹이사슬처럼 뒤얽힌 인간 관계에 대한 환멸과 분노를, '그'는 전혀 예상치 않은 방법으로 해결하려 든다. 거미 같은 그에게 빨아먹혀 말라가는 아내를 깊이 위로하고 사랑하는 대신에, 오히려 굳게 잠근 방 "담벼락을 뚫고 스며든" 세상의 "잔인한 관계"에 무기력하게 굴복할 수밖에 없는 그 자신과 아내를 한층 더 통렬하게 야유하고 모욕해버리는 것이다.

> 전무는한번더아내를층계에서굴러떨어뜨려주려므나. 또二十원이다. 十원은술값十원은팁. 그래도마유미가응하지않거든양돼지라고그래주고 그래도그만이면二十원은그냥뜨는것이다부탁이다. 아내야또한번전무귀에다대이고 양돼지 그래라. 걷어차거든두말말고층계에서내리굴러라. (314쪽)

이상 소설들에 대한 기존 논의들이 주로 인물 내면, 특히 자아 분열 문제에 관심을 집중했던 것은 온당한 처사이다. 그러나 이런 자아 분열의 문제가 어디에서 비롯된 것인지를 텍스트 내적 연구, 가령 플롯이나 시점 같은 내재적 구성 요소를 중심으로 구명하려는 시도는 그리 많지 않다. 그렇게 된 데에는 여러 가지 이유들이 있겠지만 가장 유력한 이유는 이상 소설들이 구성 면에서 일관되거나 통일된 사건의 연속 내지 플롯을 추출하기 곤란하기 때문이다. 그의 소설이 인물의 내면, 특히 남녀 간의 어긋난 애정 관계를 중심으로 그와 연관된 자질구레한 신변사, 두서없는 심리적 반응의 반복과 나열로 점철되어 있는 점을 감안한다면 충분히 이해할 만한 일이다.

그러나 문학적 서사 텍스트의 대표 갈래로서 소설을 연구함에 서사적 구성 요소들을 도외시한 상황에서 의미있는 성과를 기대한다는 것은 힘든 일이다. 이런 점에서 이상의 대표작 「날개」를 필두로 이상 소설에 구현된 플롯 양상들을 중심으로 분석한 결과, 그의 소설들을 통괄적으로 묶어낼 만한 플롯의 구성 원리를, 서로 속고 속이는 혹은 속아주는 것이 남녀 관계의 본질일 뿐만 아니라, 세상을 속이기 위해 자신을 속이는 것을 삶의 본질로 인식하려는, 전복적 가치 규범에서 찾고자 하였다. 이처럼 남녀 간의 속고 속이는 파행적 관계가 식민지 치하의 가치 혼란의 한 양상을 반영하고 있다는 데에는 별다른 이론의 여지가 없어 보인다.[75] 남녀 혹은 부부 관계에 관련된 성윤리의 문제가 사회적으로 극심한 가치혼동기의 파장에 가장 예민하게 반응할 수밖에 없다는 것은 사회사나 풍속사에 비추어보아도 익히 상식화되어 있는 사실이기 때문이다. 그런 만큼 이런 파행적인 남녀관계가 이상에게 있어서 19세기의 "구태의연한" 도덕의식과 20세기의 "신선한" 도덕이 충돌하고 대립하는 구체적인 현장이었으며, 당대 사회의 축도(縮圖)이자 자기 실존의 근거로 인식되었던 것은 결코 의외로운 일이 아닐 것이라고 생각된다.

---

75 이런 점에서 이상 문학에서 가족이 이상한 상호관계의 양상을 지니고 있고, 특히 가족을 구성하는 기본 단위라고 할 결혼문제에 있어서도 전통적 관습이나 제도가 전혀 고려되지 않고, 자녀마저 없으며 순전히 아내와 남편 간의 양분된 종속관계로 나타난다는 이재선의 지적은 매우 시사적이다. 이것이 이상 소설의 남녀 또는 부부관계를 근대의 타락한 자본주의의 산물이라고 보는 논의들의 단초가 되었음은 물론이다. 이는 텍스트 외적인 역사·사회적 맥락까지 확대해서 검토해야 할 광범위한 문제인 만큼 이 글에서는 논의하지 않았다. 이재선, 『한국문학의 지평』(새문사, 1981), 113쪽.

제3장

시점 :
상호 경합하는 지각 혹은 인식의 재현

제3장

시점 : 상호 경합하는 지각 혹은 인식의 재현

1. 시점의 역학 : 스토리의 선별적 여과와 리얼리티

시점이 서사 텍스트를 연구하는 데 중심적인 문제임은 자명한 사실이다. 왜냐하면 스토리는 반드시 서술자는 아니라도 적어도 서술자에 의해 언표화되는 일종의 프리즘, 관점(perspective), 또는 시각(angle of vision)의 중재를 통해서 독자에게 제시되기 때문이다.[76] 그런데 시점 연구의 본질적인 어려움은 시점이 서술자나 작중인물, 배경 등과 같은 여타 서사 요소들과는 달리, 상대적으로 안정적인 요소가 아니라 서술자에게서 인물로 또는 인물에게서 인물로 끊임없이 유동하는 가변적인 요소라는 데서 비롯된다. 시점은 서술자와 인물, 인물과 인물 사이에

76 S. 리몬-케넌, 앞의 책, 109쪽.

맺어지는 상호 관계적 개념이기 때문에 그 전모를 온전히 파악하기가 대단히 어렵다. 이러한 어려움은 또한 시점이란 용어 자체의 모호함에서도 비롯된다. 본래 시점 연구는 소설의 서술 과정에서 '누가 말하느냐'와 '누가 보느냐'라는 문제, 즉 소설의 담화 주체가 수행하는 서술 행위와 이야기 세계 내의 지각 주체에 의해 수행되는 지각 행위 간의 구별이 필요함을 제기하는 데서 시작되었다.

이러한 문제 제기에 착안하여 주네트는 시점 대신에 초점화(focalization)[77]란 용어를 사용할 것을 제안한다. 초점화란 말은 순수한 시각적 의미만을 함축한 용어로, 우리가 흔히 시점 혹은 관점이라 말할 때 그것이 함축하는 정서적이거나 인식적이거나 관념적인 의미, 즉 사물을 보는 어떤 주관적 판단이나 가치 평가를 일단 배제하기 때문에 '누가 보느냐'라는 시점이란 용어가 지닌 본래의 지각적 의미를 명확히 할 수 있는 이점이 있다.[78] 채트먼 역시 이 시점이란 말의 모호성을 지

77 초점화는 서술 행위와 지각 행위를 엄격히 구별하기 위해 쥬네트가 도입한 용어이다. 초점화는 '서술하는' 자와 '보는' 자 간의 이자 관계가 아니라 서술자, 초점자, 초점 대상 간의 삼자 관계에 의해 작용한다. 따라서 초점화라는 용어는 작품에서 인물이 서술자 겸 인물의 역할을 겸함으로써 서술 행위와 지각 행위 간의 혼동이 일어나기 쉬운 경우 이 혼동을 바로잡을 수 있고, 초점자와 초점 대상 사이에서 수시로 변화하는 역동적 관계를 명확히 포착할 수 있는 장점이 있다. S. 리몬-케넌, 앞의 책, 113~115쪽. 스티븐 코핸·린다 샤이어스, 앞의 책, 95쪽 참고.

78 시점 혹은 초점화를 연구할 때 단순히 그것이 갖는 지각적 측면에만 한정하는 것은 바람직하지 않다. 그래서 리몬-케넌은 우스펜스키의 시점 이론을 수용하여 초점화를 지각적 국면에만 한정하지 않고 심리적 국면, 관념적 국면까지를 포괄하는 것으로 수용한다. 랜서가 말한 '시점의 철학'이란 용어도 시점을 의미론적 혹은 주제론적 측면에서 연구해야 할 당위성을 염두에 둔 것이다. S. 리몬-케넌, 앞의 책, 109쪽. Susan S. Lanser, *The narrative act*(Princeton Univ. Press, 1981), p.12 참고.

적하고[79] 지각적 행위로서의 시점과 그 지각 내용을 청중에게 전달하는 표현의 수단이나 화법으로서의 서술적 목소리(voice)를 구분한다.

따라서 소설의 시점 혹은 초점화 연구는 일차적으로 서술되거나 묘사되는 이야기 세계에 대해 서술자나 인물과 같은 지각 주체가 점하는 특정한 지각 위치를 파악하는 데서 시작하는데, 시점의 구성적 측면은 바로 이러한 공간적 위치 설정을 구분하고 그 효과를 논의하는 데서 비롯된다. 지각 위치는 바로 지각 주체의 오감을 통한 순수한 지각 행위가 이루어지는 허구 세계 안팎의 특정 영역을 전제하므로 필연적으로 공간과 시간이란 요인에 의해 제약받을 수밖에 없다.

시점 혹은 초점화란 한 마디로 '누가 무엇을 어떻게 보는가'의 문제이다. 이 때 '어떻게'란 바로 '누군가(지각 주체)'가 '무엇(서사적 대상들)'을 바라볼 때 취하는 특정한 각도 즉 시각(視角)을 의미한다. 이처럼 지각 주체가 대상을 지각할 때 특정한 지각 위치를 선정할 수밖에 없다는 것은, 아무리 순수한 지각 행위로서의 시점 즉 '카메라의 눈' 같은 순수한 시각적 시점이라 할지라도 대상에 대한 감정이나 관념 같은 어떤 지각적이거나 인식적 측면이 개입될 수밖에 없음을 암시한다. 초점화는

79 채트먼은 시점이 일상적 의미에서 (1) 축자적 의미 : 누군가의 눈을 통한 지각. (2) 비유적 의미 : 누군가의 세계관을 통한 이데올로기, 개념적 체계, 세계관 등. (3) 이동적 의미 : 누군가의 관심, 이익에 의한 것이라고 구분할 수 있다고 말한다. 채트먼은 (1)을 지각적 시점, (2)를 개념적 시점, (3)을 이익의 시점이라고 부른다. 쥬네트가 사용한 초점화란 용어는 본래 (1)만을 의미하는 것이지만, 필자는 초점화가 텍스트의 이데올로기에 관여하는 양상을 논의하기 위해서 (1)을 초점화의 구성적 측면으로, (2), (3) 모두를 초점화의 인식적 측면과 관련된 의미로 사용하였다. 또한 기존의 시점이란 용어도 (1)뿐만 아니라 (2),(3)을 포괄하는 측면이 있음을 고려하여 초점화라는 용어와 병행해서 사용하였다. 시모어 채트먼, 앞의 책, 184~185쪽.

항상 눈으로 보는 것이지만, 이는 단지 물리적 시야에만 국한되는 것이 아니라 심리적, 이데올로기적 구성 요소들을 포함할 수 있고 이것이 시점의 인식적 측면이다.[80]

시점 연구에서 유의해야 할 것은, 시점의 구성적 측면과 인식적 측면은 상호 불가침의 것이 아니라 가변적인 잠재성을 갖는다는 점이다. 우리는 스토리 외적 초점자는 외적 서술자와 마찬가지로 무제한적 지식을 갖는다는 것을 인정하지만, 스토리 내적인 인물 초점자의 지식은 우리의 지식과 마찬가지로 제한되어야 할 것이라 생각한다. 따라서 외적 초점자의 규범을 믿을 만한 것으로, 내적 초점자의 규범을 미심쩍은 것으로 간주하는 경향이 있다. 그러나 이런 외부성과 내부성은 서로 교환될 수 있으므로 서사 텍스트에서 초점화는 독자를 교묘하게 조종할 잠재력을 풍부하게 갖고 있다는 것이다.[81] 따라서 특정 소재나 이야기에 대한 지각 위치 즉 시점의 선택은 텍스트의 이데올로기와 불가분의 관계에 있다는 것은 부인할 수 없다. 리몬-케넌의 주장처럼 시점이 인물의 것일 때에는 그것은 스토리의 일부가 되고, 서술자의 것일 때는 그가 다룰 수 있는 수많은 수사적 전략 중 하나라고 한다면, 시점의 선택은 스토리와 담화 사이를 매개하는 데 중요한 기능을 담당할 것이 틀림없다. 따라서 스토리 세계에 관련된 지각 위치의 설정 자체에 이미 스토리 세계에 대한 서술자 또는 인물 등의 인식론적 경합이 내포될 수밖에 없다는 것,[82] 이런 경합이 텍스트의 이데올로기를 어떤 식으로 생

80 패트릭 오닐, 앞의 책, 153쪽.

81 패트릭 오닐, 앞의 책, 153~154쪽.

82 숄즈와 켈로그는 시점은 서사 예술만의 고유한 문제라고 전제하고, 서사 예술에

성하는지를 밝히는 것이 시점 연구가 지향해야 할 궁극적인 목표임을 알 수 있다.

물론 초점화 또는 시점은 어디까지나 작가가 이야기의 제재 즉 미가공된 소재를 다듬는 데 활용하는 플롯, 인물, 배경과 같은 다양한 구성 요소들 중에 단지 하나이므로 초점화나 시점 연구는 단지 작품의 전체 구조나 의미에 접근하기 위한 다양한 방법들 중에 하나임을 간과해서는 안 된다. 시점은 그것이 빚어내는 문학적 효과, 즉 작품의 의미나 주제와의 관계 속에서 연구되어야 하는 요소이다.[83] 따라서 시점 연구는 이야기 세계 혹은 초점화 대상에 대한 초점자의 시·공간적 위치만을 분류하거나 유형화하는 작업만으로 그치는 것이 아니다. 시점은 텍스트를 구성하는 다른 서사 요소들, 즉 플롯이나 인물과 더불어 인과적 동기화 논리를 추동하는 요소로서 궁극적으로 텍스트의 이데올로기를 생성하는 데 어떤 기능을 발휘하는가라는 의미론적 측면에서 연구되어야 한다.

1930년대에 들어와 본격적으로 논의되기 시작한 심리소설은 전대의 소설과는 달리 인간 심리를 그 중심 제재로 취하고,[84] 또한 그것을

는 셋, 혹은 네 가지 종류의 시점, 인물의 시점과 서술자의 시점, 청중의 시점, 작가의 시점이 개입하는데 서사적 아이러니는 이 시점들 간의 불일치에서 비롯된다고 주장한다. 예술가들은 다양한 효과를 창출하기 위해서 이 시점의 아이러니를 이용하므로 아이러니의 통제는 시점의 주요 원리라고 지적한다. 서사적 대상에 대한 시점의 불일치에서 오는 아이러니가 이해의 불일치에서 비롯된다는 이들의 주장은 서술자, 인물, 청중, 작가와 같은 인식 주체들 간의 인식적론 경합이 서사적 효과 내지 의미를 창출한다는 점을 적시한 것이다. 로버트 숄즈·로버트 켈로그, 앞의 책, 312~313쪽.

83 웨인 부스, 최상규 역, 『소설의 수사학』(새문사, 1985), 193~203쪽 참고.

84 어떤 의미에서 인간의 내면 심리를 다루지 않는 소설은 없다. 따라서 심리소설이 단지 인간의 심리를 제재로 삼고 있다는 제재적 측면에서 장르적 변별성을

새로운 소설 기법에 의해서 형상화하였다는 점에서 그 문학사적 의의를 부여받고 있다. 소재적 측면에 주목할 때 심리소설의 장르적 준거는 일단 "한 사람 이상의 작중인물의 의식이 소설의 핵심을 이루는 제재로서 다루어지는"[85] 것으로 이해된다. 이런 이유로 심리소설은 사건이나 플롯보다는 인물 중심의 소설로 간주된다.

인물이 중심이 될 경우 그 복잡하고 미묘한 심리를 깊이 있게, 그리고 효과적으로 포착하기 위한 주된 소설적 장치로 기능하는 것이 바로 시점이다. 지루하게 반복되는 일상사 속에서 두서없는 인물의 내면을 포착하는 데 주력하다보니 사건의 인과적 전개나 인물이 처한 현실에 대한 세부적이고 사실적인 정황 묘사가 거의 없다보니 시점을 통해서 인물의 내면에 영향을 미친 현실의 요인이 무엇인지를 역추적하는 작업이 필수적이다.[86] 1930년대에 들어와 이상을 필두로 본격적으로 대두되기 시작한 정인택, 『단층』 동인 등과 같은 심리소설들을 시점 분석의 대상으로 다루려는 것은 이 때문이다.

이 중 정인택 소설에 관한 기존 논의에서 주목할 점은 그의 소설이 소재 면에서 주로 지식인이란 특정 계층의 심리를 다루는 데 집중했다는 것이다. 정인택을 "지식인의 무기력과 피로와 허무와 동요를 최초의

확보한다고 보기는 힘들다. 이 때문에 험프리는 심리 소설을 '내적 의식성'이나 '작중인물의 심리적 측면을 묘사하기 위한 방법' 정도로 이해하는 것이 타당하다고 주장한다. 로버트 험프리, 이우건·유기룡 역, 『현대소설과 의식의 흐름』(형설출판사, 1989), 10~15쪽 참조. 레온 에델, 이종호 역, 『현대심리소설 연구』(형설출판사, 1983), 10쪽.

85 임화, 『문학의 논리』(학예사, 1940), 385~386쪽 참고.

86 이호, 『현대 심리 소설의 서술 전략과 이데올로기』(이회문화사, 2001), 18~20쪽 참고.

작품으로부터 일관하여 오고 있는 작가"로 평가하고, 그의 작품 경향을 "생활력이 결여된 룸펜 지식청년이 건강의 위협, 비열한 심정과 주체스러운 자의식의 발호 가운데서 자기를 부둥켜 세워보겠다는 노력이 힘없이 좌절되는가를 즐겨서 그리는 것"[87]이라는 평가가 대표적이다. 그런데 문제되는 부분은 지식인이 지식인답지 못한 모습을 보이는 경우가 정인택 소설의 대부분을 차지하고 있다는 점이다. 지식인답게 현실의 본질을 통찰하고 그에 대응하기 위한 합리적인 대안을 모색하기보다는, 현실에의 부적응과 이로 인한 무력함을 지식인의 숙명인 것처럼 합리화하려 든다는 점에서 오히려 지성주의에 반한다는 비판의 여지도 있다.

이와 관련하여 1930년대 심리주의 문학이란 현대 지식인의 자의식의 문학으로, 암울한 현실과의 부조화에서 온 내부 편향의 문학, 특히 1935년 이후 악화되는 조선의 현실과 지식인의 이상 간의 불균형에서 온 불구적인 경향의 표현이라는 평가는 주목을 요한다.[88] 지식인 소설이 당대의 사회 현실 속에서 지식인의 좌절과 고뇌가 당대의 사회 구조와 연관성을 갖고 있다는 자각에도 불구하고 개혁의 의지보다는 비관적이고 자학적인 의지의 표시에 머물렀다고 하면서, 그 이유가 지식인 주인공의 안타고니스트로서의 사회의 입상이 실상화되지 못하고 매우 허상적으로 나타난 때문이라는 지적[89]은 심리주의 소설의 평가와 해석에 하나의 이정표를 제시한 것이라 할 만하다.

87 김남천, 『인문평론』(2권 2호, 인문사, 1940. 2.). 61~62쪽.

88 백철, 『조선신문학사조사-현대편』(백양당, 1944), 369쪽.

89 이재선, 『한국단편소설연구』(일조각, 1986), 229~230쪽.

이러한 비판적 견해들은 공식적 사회 관계에서 벗어나 고립된 개인의 삶, 더구나 무기력한 의식 생활에 초점을 맞춘 정인택의 소설적 경향에 비추어 보면 어느 정도 타당하다고 할 수도 있다. 그러나 그의 작품에서 대사회적 관심이나 심도있는 비판적 사유의 결여, 무기력하고 병적인 자의식의 과잉이란 부정적 요소들만을 문제삼기보다는 그의 소설적 관심이 그런 방향으로 편향된 요인이 무엇인지를 초점화나 플롯과 같은 내재적 요소들을 통해 밝히는 것이 공정한 연구 태도로 보인다.

이런 맥락에서 지식인 내지 인간 심리까지를 폭넓게 다룬 소설에 대한 부정적 견해가 대체로 소설적 리얼리티가 불안정하다는 리얼리즘적 판단 기준에 근거한 것임을 눈여겨볼 필요가 있다. 1930년대 심리소설을 옹호한 최재서조차도 『단층』 동인의 소설을 논하면서 "소설 수법으로서의 심리분석은 … 행동과 심리 사이에 퍽 주밀(周密)한 용의(用意)"가 필요함에도 "허다한 무리와 미숙"을 보이고 있다는 부정적 평가를 내리고 있다.[90] 여기에서 주목할 점은 이런 평가의 이면에 당대를 풍미했던 리얼리즘 중심의 소설관이 자리잡고 있었다는 것이다. 요컨대 행동과 심리간의 '주밀한 용의'란 리얼리즘 소설에서 중시되는 인과적 합리성과 핍진성의 원칙으로서 인물의 행동과 성격 간의 일치를 추구하는 소박한 현실 반영론적인 입장과 동궤에 놓여 있는 것이다.

심리소설의 인물 형상화가 인물의 내면에 집중되는 만큼 특히 시점이 중요한 기능을 담당할 수밖에 없으므로, 소설적 리얼리티가 불안정하다는 평가는 시점의 재현 양상에 대한 면밀한 접근을 필요로 한다.

90 최재서, 「단층파의 심리주의적 경향」, 『최재서 평론집』(인문사, 1961), 185쪽.

그런 점에서 심리소설이 주로 단일 시점의 형식을 취하며, 그러한 시점 주체로 기능하는 중심인물이 대체로 훌륭한 지성을 지닌 인물이거나 비정상적일 정도로 예민한 감성을 지닌 인물로 설정되는 경향이 있다는 지적을 주목할 필요가 있다. 심리소설에 나타나는 시점 조작의 양극적인 특징을 지적한 이 논의에서 우리가 주목해야 할 것은, 시점 주체로 설정된 인물이 어떤 지적 능력을 갖추었는가의 여부가 소설적 리얼리티의 성패 여부를 좌우하는 것이 아니라는 점이다. 인물의 의식을 재현하는 서술 전략이 어떠한 방법으로 독자가 서사적 대상에 대한 서술자 또는 인물의 판단이나 평가를 수용하도록 만드는가에 달려있는가라는 점이다. 특정 인물의 의식이나 경험에 대한 독자의 연루감이나 동일시 정도가 특히 심리소설에서 중요시되는 이유는 바로 이같은 맥락에서 이해할 수 있다.

심리소설의 경우, 시점의 주체로서 서술자 또는 인물이 자신이 처한 외적 정황에 대한 객관적 보고자이기보다는 소설 세계에 연루된 주관적 매개자, 즉 그 나름의 감정, 선입견, 가치관에 좌우되기 쉬운 '믿을 수 없는' 전달자임을 감안한다면, 종래의 소설적 리얼리티의 재현 및 수용 방식과는 매우 이질적이게 될 것임은 충분히 예상할 수 있는 일이다. 심리소설이 인물의 행동과 성격이나 사고 간의 일치를 인과론적으로 엮어내는 합리적인 동기화보다는 극히 비논리적이고 불안정한 인물의 내면을 전면화한다고 할 때 그러한 의식 주체의 신뢰성이 쉽게 보장받지 못함은 당연하다. 따라서 의식 주체의 신뢰성 여부보다는 그의 주도적인 의식 내용에 대한 독자의 몰입과 공감을 어떤 방법으로 이끌어 내는지가 소설적 리얼리티 구축의 주된 과제가 되는 셈이다. 왜냐하면 지속적으로 자신의 내면을 드러내는 의식 주체가 신뢰할 수 있는 존재인가의 여부와 그에 대한 독자의 공감이나 동일시는 별개의 문제이기 때문이다.

따라서 이상을 비롯하여 정인택, 『단층』 동인의 소설에 구현되는 리얼리티 효과가 인물과 현실 간의 구체적이고 합리적인 상호 작용보다는 인물의 개성, 그것도 지극히 불안정하며 비논리적이기까지 한 내밀한 심리를 통해서 구축된다는 점에 주목할 필요가 있다. 인간 심리 자체가 그 속성상 현실 세계에 대한 객관적이고 합리적인 재현에 부적절한 것으로 간주되었던 만큼—인간 심리나 의식을 심층적으로 다룬 소설에 대한 리얼리스트들의 불신이나 적대감은 이러한 맥락에서 이해될 수 있다—, 작가가 인물의 내적 체험에 합당한 리얼리티를 부여하기 위해 어떠한 시점 재현 방식을 사용하는지가 관건이다. 특히 심리적 경향의 소설들에서 서술자나 인물의 지각과 인식을 불안정하고 자의적인 내면 심리에 묶어두려는 시점 설정으로 인해 인물이 처한 현실이나 상황에 대한 구체적이고 객관적인 재현이 희박해질 수밖에 없는 만큼 그러한 시점 재현 방식에 의해 창출되는 리얼리티의 신빙성 내지 적정성을 가늠해보는 작업이 필수적이다.

2. 시점의 전복 효과

「날개」처럼 1인칭 서술 상황에서 서술자가 초점자를 겸할 때 이들 역할 간의 경계 구분이 모호한 경우가 일반적인데 이런 구분을 비교적 명확하게 보여주는 현상 가운데 하나가 요약반복 서술이다.

> 잠은 잘 오는 적도 있다. 그러나 또 전신이 까칫까칫하면서 영잠이 오지 않는 적도 있다. 그런 때는 아무 제목으로나 제목을 하나 골라서 연구하였다. 나는 내 좀 축축한 이불 속에서 참 여러 가지 발명도 하였고 논문도 많이 썼다. 시도 많이 지었다. 그러나 그것들은 내가 잠이 드는 것과 동시에 내 방에 담겨서 철철 넘치는 그 흐늑흐늑한 공기에 다—비누처럼 풀어져서 온 데 간 데가 없고 한참 자고 깨인 나는 속이 무명 헝겊이나 메밀 껍질처럼 뛩뛩 찬 한 덩어리 베개와도 같은 한 벌 신경이었을 뿐이고 뿐이고 하였다. (323~324쪽)

> 아내는 하루에 두 번 세수를 한다. 나는 하루 한 번도 세수를 하지 않는다. 나는 밤중 세시나 네시 해서 변소에 갔다. 달이 밝은 밤에는 한참씩 마당에 우두커니 섰다가 들어오곤 한다. (324쪽)

> 아내는 늘 진솔 버선만 신었다. 아내는 밥도 지었다. 아내가 밥 짓는 것을 나는 한 번도 구경한 일은 없으나 언제든지 끼니 때면 내 방으로 내 조석밥을 날라다 주는 것이다. (326쪽)

일상적으로 반복되는 습관이나 사건들에 대한 이런 서술은 서술자의 서술 행위를 드러내는 표지이다. 스토리 세계 내의 인물로서의 '나'가 경험한, 여러 차례 반복된 사건들을 단 한 번 일어난 것처럼 요약하는 것은 스토리 세계 밖에 있는 서술자의 서술에 의해서만 가능한 행위이기 때문이다. 이처럼 경계가 명확한 서술 현상 못지 않게 관심을 끄는 것은 초점화의 경계를 모호하게 만드는 가변 초점화이다. 가변 초점화가 사용되는 경우 '나'라는 서술자가 초점자는 물론 초점화 대상으로도 자유롭게 지각 위치를 바꿀 수 있기 때문이다. 이처럼 서술자와 초점자가 동일함으로 해서 초점화를 서술자가 마음대로 다룰 수 있는 서술 전략으로 전용된다면 그만큼 초점화는 전복적 효과를 빚어낼 가능성이 커진다.[91]

> 나는 쪼끄만 돋보기를 꺼내 가지고 아내만이 사용하는 지리가미를 끄실려가며 불장난을 하고 논다. (322쪽)

> 나는 허리와 두 가랑이 세 군데 다— 고무 밴드가 끼여 있는 부드러운 사루마다를 입고 그리고 아무 소리 없이 잘 놀았다. (323쪽)

위의 인용에서는 부부 간의 전도된 생활 속에서 유아와도 같은 퇴행적 유희로 소일하는 경험적 자아의 면모가 초점화되고 있다. 이를 뒷받침하는 또다른 근거는 '밉다', '맛이 없다', '재미있다', '좋아하다', '싫다'처럼 유아와도 같은 지적 수준에 한정된 반응을 표현하는 경험적 자아의 언어적 징표들이다.[92] 이는 적어도 스토리 세계 내의 경험 자아로서 나가 서술 자아 '나'에 비해 정서적이나 지적으로 거리가 먼 존재임을 여실히 보여준다. 시점에서 누가 말하는가와 누가 보는가를 구분하는 데 많은 난점을 야기하는 이 거리는 서술자와 서술 대상, 즉 서술되는 사건이나 인물, 혹은 피서술자 간에 발생하는 것으로 멀거나 가까울 수 있다. 이 거리는 시간적인 것일 수 있고, 육체적인 것일 수도, 지적

---

91 S. 리몬-케넌, 앞의 책, 128쪽.

92 1인칭 서술 상황, 특히 유사 자전적 1인칭 서술 상황의 경우 서술 자아와 경험 자아의 분열은 근본적으로 어떤 서술적 동기에 의한 것으로 볼 수 있다. 가령 자아의 변화에도 불구하고 옛날의 자아에서 벗어나지 못하거나 도덕적 인격이 완전히 변화하여 성숙한 단계에서 자신의 삶의 실수와 혼란을 되돌아볼 수도 있다. F.K.Stanzel, 앞의 책, 306~307쪽.

이거나 도덕적인 것, 정서적인 것일 수도 있다.[93] 또한 이 거리는 고정 불변의 것이 아니라 서술자와 인물, 대상을 오가며 수시로 변동함으로 해서 텍스트 해석에 심대한 차이를 빚어낼 수 있다는 점에서 시점의 역동성이 중요한 몫을 담당하고 있음을 확인할 수 있다.

> 돈은 물론 한 푼도 쓰지 않았다. 돈을 쓸 아무 엄두도 나지 않았다. 나는 벌써 돈을 쓰는 기능을 완전히 상실한 것 같았다. (329쪽)

> 나는 불현듯이 겨드랑이 가렵다. 아하, 그것은 내 인공의 날개가 돋았던 자국이다. 오늘은 없는 이 날개, 머릿 속에는 희망과 야심의 말소된 페이지가 딕셔내리 넘어가듯 번득였다. (344쪽)

위의 인용은 서술 자아와 경험 자아만이 아니라 경험 자아 간의 또 다른 분열, 즉 과거의 자아와 현재의 자아 간의 시간적 거리와 지적 거리를 뚜렷하게 드러낸다. "돈을 쓰는 기능을 완전히 상실한 것 같았다."라거나 "오늘은 없는 이 날개" 같은 표현은 현재의 무기력하고 퇴행적인 자아와 엄연히 달랐던 과거의 자아를 환기한다. 이는 현재의 전도된 부부 관계에 대한 묵인이 나의 의지로는 어찌할 수 없는 문제에서 비롯되었다는 것, 이를 통해 자신의 현 상황을 정당화하기 위한 암시이다.

문제는 이처럼 시점 상의 시간적 거리가 곧 지적 거리 내지 차이와 긴밀하게 연관되는 현상을 과거의 자아가 현재의 자아로 변화되었다는 식으로 단선적으로 해석할 수 없는 미확정적인 요소들이 너무도 많다는 데 있다. 가령 「날개」의 프롤로그에서 마치 아내와의 전도된 생활

93 G. 프랭스, 최상규 역,『서사학』(문학과지성사), 27쪽.

을 '윗티즘'이니 '아이러니'니 하는 현란한 용어들을 동원해서 지적으로 통찰하는 자아가 모든 것을 경험하고 난 이후에 지난 생활의 의미를 숙고하는 서술 자아인지, 아니면 과거의 희망과 야심을 잃어버린 채 이불 속에서 아내의 직업을 연구하고 논문과 시를 쓸 줄 알기도 하는 경험 자아인지 판단할 근거가 전혀 없다. 이런 시점의 미결정성은 서술 자아와 경험 자아 간의 분열이 개인의 의지로는 극복할 수 없거나 드러내놓고 말할 수 없는 모종의 현실적 문제에서 비롯된 것으로도, 아니면 서술 자아의 기만적 의도, 즉 서술 자아가 실제와는 다른 경험 자아를 상상으로 꾸며내어 아내의 매춘에 기대어 사는 현상황이 자신의 책임에 있음을 은폐하고자 하는 책략으로도 해석될 수 있는 전복적 가능성을 끊임없이 제기한다. 「날개」가 종래의 소설에서 찾아볼 수 없는 기이한 의식을 창조해냈다는 평가를 받는 것은 이런 시점의 전복 효과에서 기인한 바가 크다.

정인택 작품의 초점화 양상을 구성적인 측면에서 검토해보면 가장 두드러진 특성이 삼인칭 외적 서술이든 일인칭 제한적 서술이든지 주로 단일 초점자에게만 초점화 권리를 부여하거나, 적어도 서술자가 그와 동일한 시공간적인 위치를 점하는 고정 초점화 형태를 취하고 있다는 것이다. 더구나 3인칭 외적 초점화를 채택하고 있는 소설들에서조차 서사적 대상에 대한 지각, 관찰, 판단, 평가가 권위 있는 외부 서술자보다는 주로 스토리 내에 속한 특정 인물-초점자 혹은 '삼인칭 의식의 중심'을 통해서 제시되는 경우가 대부분이다.

이러한 양상을 뒷받침하는 대표적인 사례가 「범가족(汎家族)」인데, 여기에서는 '봉재'라는 인물이 허구적 대상들을 지각하고 관찰하는 단일 초점자이자 주동인물의 역할을 수행한다. 따라서 작품의 이야기 세계에 대한 지식과 정보는 봉재의 시점에 기대어 전달된다. 시·공간적 수준에서 서술자는 봉재의 지각 영역 내에 있는 대상들만을 초점화할 뿐이다. 이와 더불어서 심리적 수준의 시점까지도 봉재에 한정되어 있다. 즉 내면 심리가 제시되는 인물은 대부분 봉재에 한정되어 있을 뿐, 여타 인물들의 심리적 상태는 봉재의 시선을 통해 포착되는 인상이나 그들의 외적 행동 양상을 통해 봉재가 유추하거나 평가한 범위에서 제시된다.

이처럼 지각자일 뿐 아니라 동시에 서술자에 의해 지각되기도 하는 인물이라는 점에서 봉재는 반영자(反映者)이다. 즉 봉재의 지각 내용은 그가 지각하는 대상에 관한 것도 알려줄 뿐 아니라 그 지각을 하는 당사자로서의 자신에 관한 것도 알려 주는 이중적인 기능을 수행하는 셈이다. 그러므로 우리가 반영자인 봉재를 이해하려면 서술자의 인식 내용이 아니라 그가 다른 인물들을 지각하고 판단하는 태도를 통해서 추론할 수밖에 없다.

> ① 밤낮 무능하고 기백이 없다고 봉재만 보면 욕지거리하는 옥희이나, ② 내심으론 핀둥핀둥 놀고 있고 술만 먹을 줄 아는 어리석은 오빠를 옥희는 무척 존경하고 따른다. ③ 봉재에게 있어도 또한 옥희는 역시 어리석은 누이에 지나지 않았으나 ④ 이상하게도 나어린 누이의 욕지거리가 하나의 격려로 변하여 이러단 옥희의 웃음거리가 되겠다고, 반성할 때마다 매질할 때마다 옥희의 커다란 눈과 납작한 턱을 생각하는 것이다. (번호와 밑줄 표시는 필자, 129쪽)

바른 대로 대답하고 옥희는 소리내어 사내같이 껄껄껄 웃었다.

봉재는 문득 그 웃음소리 속에서 ⑤다 자란 한 여자로서의 누이를 발견하고, 아아, 인제는 당할 수 없다고 기가 막혀 혀를 절레절레 내흔드는 것이다. (밑줄 필자, 130쪽)[94]

위의 인용문들에서 이른바 '시점의 어법적 수준'에서 시점과 목소리 간의 복합적인 상호관계를 명확히 엿볼 수 있다. ①의 목소리와 시점은 모두 서술자의 것으로, 옥희가 봉재에 대해 취하는 습관적인 행동을 제시한다. 그런데 ②에서 지각된 또는 초점화된 내용은 봉재의 누이로서 옥희만이 말할 수 있는 "어리석은 오빠"라는 어법으로 미루어 볼 때 옥희의 것이지만, 그러한 내용을 말해주는 목소리는 어디까지나 서술자의 것임이 분명하다. 이를 통해서 우리는 옥희가 봉재에게 습관적으로 "무능하고 기백이 없다고" 욕지거리를 일삼는 행동을 보이지만, 그것이 "재심으로"는 그를 존경하고 따르는 진심어린 애정에서 우러나온 것임을 알게 된다. 이러한 옥희를 "나어리"고 "어리석"게 여기는 봉재의 태도는 외형적으로 옥희를 단지 자신의 "누이"로서만 여기는 손윗사람의 자격으로서 당연히 취할 수 있는 상식적인 판단선상에 있다. 그러나 봉재 역시 내심으로는 "이상하게도", "나어린" 누이임에도 불구하고 그녀를 생각할 때마다 자신의 나태함과 무능함을 부끄러워하고 질책하게 된다는 사실을 밝힘으로써 서술자는 결국 옥희가 봉재와 서로 남다른 유대관계와 동질감으로 맺어져 있음을 그들의 외형적 행동과 내적 심리를 번갈아 대비시켜 제시하고 있다.

⑤ 역시 서술하는 목소리는 서술자의 것이되, 그 지각 내용은 봉재

94 정인택 작품 인용은『북으로 간 작가 선집8－정인택, 최명익』(을유문화사, 1988)을 저본으로 하였다.

의 것이다. 옥희가 취직하지 않고 집안 어른의 의사와는 상관없이 결혼을 결행하겠다는 결심을 봉재에게 말한 직후 그녀를 "다 자란 한 여자"로 인식하는 자는 그녀를 "누이"라 지칭하는 것으로 미루어서 봉재임을 알 수 있기 때문이다. 이와 같이 이전에 어리고 어리석다고 여긴 누이에게서 "다 자란" 여자의 모습을 발견하는 식으로 즉자적이고 주관적인 판단 변화를 보일 수 있는 것은 허구 세계에 관여하지 않은 채 대상과 일정한 거리를 두고 조망하는 스토리 외적 서술자가 아닌, 그 세계 내의 '연루된' 초점자인 봉재의 몫인 것이다.

특기할 점은 작품 전체를 통털어 봉재 외에 다른 인물을 초점화하는 경우는 옥희의 진심이 드러나는 ②의 대목뿐이라는 사실이다. 이처럼 옥희 외에는 다른 가족 구성원들, 즉 봉재가 냉소하고 조롱하는 봉수나 어머니의 내적 시점은 전혀 제시되지 않는 데 반해 오직 옥희에 한해서만 내면 제시가 이루어지는 이유는 무엇일까. 그것은 옥희가 유일하게 봉재와 한 가족으로서의 유대감과 동질감을 공유하다는 점 이외에도, 미래에 대한 희망이 없는 무기력한 가족의 울타리에서 벗어나 자신의 생을 개척하려는 적극적 의지와 행동력을 갖추고 있다는 점 때문이다. 이러한 점을 통해서 볼 때 봉재 외의 다른 인물의 내면을 제시하고자 할 때 서술자가 봉재의 입장을 기준으로 선별적으로 제시한다는 것을 알 수 있다.

이같은 주도적인 초점자로서 봉재가, 소설을 쓰기 위해 일확천금을 꿈꾸는 형이나 몰락한 양반의 후예로서 장독이 깨진 것을 집안의 몰락을 암시하는 흉조라고 믿는 구시대의 표본인 어머니와는 달리, 주어진 현실을 예리하게 통찰할 수 있는 현실 감각의 소유자이며 스스로의 무기력을 자각하고 반성할 줄 아는 건전한 현실 감각을 갖춘 인물이란 점은 매우 시사적이다. 말하자면 이는 서술자가 단순히 구성적인 측면에서만 봉재의 시점을 전경화한 것일 뿐만 아니라 인식적 측면 곧 텍스트의 규범과 가치관의 대변자로서 봉재를 인정하고 그에게 동조하고 있음을 단적으로 보여주는 것이다. 특히 봉재가 옥희와 장래를 약속한 최군을 만났을 때, 그에게서 "신념을 궤뚫을 강철 같은 의지"나 의욕을 찾아볼 수 없다는 것에 실망하면서도 자신 또한 최군과 같은 나약한 인간임을 반성하고 옥희의 결혼을 축하한다는 점에서 봉재가 서술자 못지 않게 스토리의 리얼리티를 재현하는 데 신뢰할 만한 존재임을 확인하게 되는 것이다.

이처럼 외적 초점화의 형식을 취한 작품에서조차 특정 인물에 시점을 봉입함으로써 부자연스러운 시점 설정이 나타나는 경우가 있는데, 다음은 그 전형적인 예이다.

> 춘홍이가 한 말 마디마디에서, 춘홍이의 태도에서, 덕수는 약빨리 모든 것을 감득(感得)하고, 아아 그들의 출발부터 불행했었다고 괴로운 회상의 실마리를 더듬어 보는 것이다. 그들의 출발은 확실히 불행했다. 비록 모든 사람이 반대는 했으나 그래도 그럴 줄은 모르고 그들의 결혼식장에 나타났을 때 그들의 기다리고 있었던 것은 한 사람의 목사와 한 장의 축전과—그것은 그때 덕수가 친 것이었다—그리고 찬 바람이 돌도록 싸늘하게 텅 비인 식장과 그것뿐이었다. (「연연기戀戀記」, 74쪽)

중심 초점자인 덕수가 3년전 절친한 친구였던 윤과 춘홍과의 불행한 결혼을 회상하는 이 대목은 표면적으로는 덕수의 시점에서 조명되는 것처럼 제시되지만, 실제로는 언제든지 필요에 따라 전지적 능력을 발휘할 수 있는 서술자의 시점이 개입된 것이다. 비록 이 결혼식장의 상황을 묘사한 대목을 덕수가 상상한 내용이라고 할 여지는 있지만 "분이었다"는 단정적 표현이나 또 덕수가 결혼식장에 참석한 적이 전혀 없다는 사실로 미루어 볼 때 이 장면의 묘사는 오직 서술자의 시점으로밖에는 달리 볼 수가 없다. 이처럼 시종 덕수의 초점화에 봉입되어 이야기를 전개해왔고 또한 덕수의 초점화가 지속되는 상황에서조차 이러한 시점상의 혼란이 일어나게 된 것은, 서술자가 자신의 외적 초점화에 대한 권위를 의도적이든 그렇지 않든 배제한 때문이다.

이처럼 시점의 일관성이 흔들린 것은 작가 또는 서술자가 이야기 세계의 외부에 위치하는 외적 초점화 형식을 채택했으면서도 자신의 권위있는 시점에 대한 경계 한정을 그다지 효과적으로 제어하지 못했다는 점을 암시하고 있다. 따라서 이야기 세계에 대해 서술자가 자신의 외적 초점화의 권위를 포기하면서까지 굳이 특정 인물의 시점을 고수하려 한 목적이 무엇인가 하는 문제가 제기될 수 있다.

이러한 의문에 대한 해답을, 중심 초점자 이외의 인물에 대한 내면 제시가 간간히 일어나긴 하되 그것이 지극히 한정적으로 이루어진다는 점, 또한 그 제시된 여타의 지각 내용마저도 중심 초점자에 호의적이고 동조적인 성격을 띠고 있다는 점에서 찾아볼 수 있다. 다시 말해, 일인칭이니 삼인칭이니 하는 시점의 인칭 대립항이나 외적 초점화나 내적 초점화의 형식과는 무관하게 서술자나 초점자가 단일한 관념적 존재 내지 인물에게 한정되어 있을 뿐만 아니라, 그러한 인물의 가치 판단이나 세계관의 적정성을 검증할 기준이 될 만한 서술자의 권위있는 논평과 주석, 또는 그에 대립적인 입장을 취하는 여타 인물들의 판단이나 견해는 독자에게 완전히 차단되어 있다. 이 때문에 정인택 작품들에서 권위를 획득한 견해는 단지 주동적 초점자로 설정된 특정 인물의 그것에 한정되는데, 문제는 그러한 견해마저 인물의 불안정하고 주관적인 내면에 봉입되어 있기 때문에 신뢰성의 정도가 매우 빈약하다는 것이다.

이처럼 중심 초점자의 신뢰성이 취약함에도 불구하고 서술자가 인물 초점자에 맞서 반박하지도, 또 그에 대한 비판적 거리마저도 취하지 않는다는 것은 결국 서술자가 인물의 가치 판단과 규범 즉 인식적 측면에 동의한다는 것을 암묵적으로 시인하는 셈이다. 일단 서술자가 특정 인물 초점자의 지각과 인식의 영역만을 집중적으로 제시함으로써 그의 심리나 도덕적 규범, 가치관에 대해 암묵적으로 동의하기를 촉구하게 되는 것이다. 정인택 소설에서 대체로 이야기 세계 내의 지각 주체의 경험 순서에 따른 사건 배열이 잘 지켜짐으로써 시간적 역전이 거의 일어나지 않으며, 설사 그런 역전이 일어나더라도 그 회상되는 내용과 회상 시점(時點) 간의 시간폭이 인물 내면의 심리적 시간 감각으로 인해 실제보다 훨씬 더 단축되는 느낌을 주며, 또한 이야기와 서술 사이의 시간폭이 비교적 좁은 것도 이 때문이다.

그러나 서술자와 인물 간의 지각 범위가 일치되는 단일·고정 초점화의 상황이라고 해도 인식적 거리는 얼마든지 불일치할 수 있다. 즉 서술자와 시공간적·심리적 거리가 일치되는 인물이라고 해도 그것이 서술자의 견해나 규범과 반드시 일치되라는 법은 없다는 것이다. 초점화의 이런 상대성 내지 전복성은 특히 시점 분석에서 주의깊게 검토해야 할 문제이다.

> 오십이 멀지 않았으나 그는 조금도 상하지 않은 자기의 심장과 건장한 두 다리를 믿어 왔다. 그러던 것이 오늘은 바삐도 자긍을 잃어버린 건강일까. **나를 진단한 의사의 량심을 의심하여 이전과 달리 허리를 굽히고 거름을 걷는다.** 집으로 도라가는 도한 씨는 몇번인가 기침을 하며 구두바람에 얼어붙은 어름뎅저저를 문질렀다. 뒷목에서 땀이 흘으도록 노새처럼 뛰어보고 싶으나 황막한 설야에 장난감 비슷이 솟아있는 이 조고마한 도회지는 그다지 반기지도 않으며 멀리 바라뵈는 중첩한 산맥에 뢰곤한 인생사리가 느껴질 따름이다. (「失碑銘」, 110쪽)[95]

위의 인용에서 주동인물인 도한 씨의 내면은 서술자에 의해 외적으로 초점화되지만 강조한 대목처럼 도한 씨에 의한 내적 초점화 형태로 제시되기도 한다. 그런데 초점화가 인물에 의해 내적으로 초점화되는 것처럼 보이는 경우조차 초점화에 대한 권위는 여전히 서술자에 의해 장악되는 부자연스런 상황이 연출되는데 다음이 그 대표적인 사례이다.

> 집은 얼마쯤 옛날을 말하는 담이 떨어지고 기와 끝에 바람이 새어드는 묵은 건물에 불과하였다. **현재 의학 전문에 다니는 아들 명하를 그 집에서 낳았다고 하며 거기 살아 입때 불측한 일은 많이 보이지 않았다고 한다.** 그러나 그의 안해가 죽은 곳은 그 집이였다. (111쪽)

아버지인 도한 씨가 자기 집에서 아들 명하가 태어났다는 사실을

95 〈단층〉 동인인 김성집의 소설 「실비명」은 『단층』(단층사, 1938. 3) 제3책에서 인용하였다.

모를 리가 없으므로, 위의 강조된 대목은 서술자의 초점화임에 분명하다. 그런데 이야기 세계에 관한 모든 것을 알고 있는 서술자가 도한 씨조차 익히 알고 있는 사실을 마치 누군가에게 전해들은 것처럼 '-다고 한다'라는 간접 인용의 형식을 사용한다는 것은 논리적으로 맞지 않는다.

> 이튿날 아침 그러나 도한 씨의 입에서는 어디 가정교사 갈 곳이 있냐는 말이 나오지 않았다. 아들 편에서 역시 그러한 것을 유심히 물어보지도 않았다. 뿐만 아니라 **그뒤 일주일이 지나 ××에 마즈막 출근하는 날이 와 절박한 감정에서 가정교사가 어떻다는 이야기가 나올 듯도 하였으나 그러한 소식을 다시금 들을 수 없는 것 같았다.** 그러나 하루ㅅ날 사실은 자기 일을 탄하는 걸 아들에게 말하던 가정교사를 교섭하기 위해 찾아가는 곳이 있었다. (112쪽)

도한 씨는 곧 직장에서 해고될 것이라는 사실을 아들에게 숨기고 앞날을 대비하기 위해 가정교사를 할 생각이 없느냐고 은근히 아들에게 의사를 타진한 적이 있었는데, 강조된 대목은 가정교사직에 관해 아버지 도한 씨에게 소식을 듣게 될 아들의 초점화인 것처럼 보인다. 그런데 아들은 도한 씨가 직장에서 해고될 것이라는 사실을 전혀 모르기 때문에 아버지가 가정교사직을 권유한 이유가 아버지의 "절박한 감정"에서 비롯된 것임을 알 수 없다. 따라서 강조된 대목은 아들이 아닌 서술자에 의한 외적 초점화라 할 수 있는데 문제는 서술자가 익히 알고 있어 직접 서술할 수도 있는 사실을 굳이 아들의 관점에서 사태를 인식하는 것처럼 초점화하였는가라는 것이다.

이 문제를 해명하기 위한 가능한 추론은 아버지의 애정과 배려를 아들이 전혀 인정하고 받아들이고 있지 않는다는 것이 향후 도한 씨가 자살하게 된 또다른 이유임을 서술자가 중시한 것은 아닐까라는 것이다. 도한 씨가 직장에서 해고될 것이란 사실을 아들에게 말하지 않은 이유는 자식을 책임져야 하는 아버지로서의 도리를 제대로 하지 못하는 데 대한 죄책감은 물론, 그 사실을 알았을 때 가뜩이나 서먹한 관계에 있는 아들이 자신을 냉담하게 대할 것이 두려웠기 때문이다. 그런 절박한 심정에서 도한 씨는 해고된 후에 아들의 장래 생활을 대비할 목적으로 아들을 평소 친분이 있던 지인 집에 가정교사로 들이고, 집을 팔아 금광에 투자할 돈을 마련한다. 그러나 동업자에게 사기를 당해 투자한 돈을 전부 탕진하고 아들의 냉대와 자책감을 이기지 못해 정든 옛집 담장 밑에서 음독 자살을 하고 만다. 결국 서술자는 도한 씨의 비극적 죽음이 직장에서 해고당한 사건이나 도한 씨 자신의 판단 착오라기보다는 아들에게조차 외면당하는 현실의 냉혹함 때문이라는 것을 제시하려 했고, 이것이 부자연스러운 인물 초점화로 나타난 것으로 보인다.

> 그는 근호 씨와 금광을 하러 가기로 하였다. 첫번에는 명하의 거처할 곳이 근심스러워 선우경에게 그러한 이야기를 할가 말가 하고 주저한 즉 다른 사람의 사정을 살피는 선우경은 자기 집에 아들쯤 거할 방이 있으니 안심하고 떠나도 좋다 한다. 도한 씨는 무척 감사할밖에 없었다. 그러나 자기가 떠나는 것을 보고 선우경이 머리를 좌우로 흔들며 모처럼 친한 사람도 아닌 그에게 금광 이야기를 한 것은 취담이었다고 뉘우침은 몰랐다. **그것은 열이면 아홉은 실패하기 쉬운 금광에 황급히 달녀드는 사람을 내게 상관이 없는 일이니 하고 말리려 하지 않은 심리도 그때에 와서는 모순이었다.** (119쪽)

위의 인용에서 주목할 것은 취중에 무심코 한 말 때문에 “열이면 아홉은 실패하기 쉬운” 금광 사업에 뛰어든 도한 씨를 차마 말리지 못하고 미안한 마음에 아들의 거처를 약속한 선우경의 내심을 전혀 모르는 도한 씨의 어리숙함이 강조되고 있다는 점이다. “친한 사람도 아닌” 선우경의 말만을 믿고 금광 사업에 뛰어든 도한 씨에게 사실을 고백하지도 뉘우치지도 않는 원인 제공자로서 초점화된 선우경의 모순된 심리에 면죄부를 부여한 것은 도한 씨의 이 맹목성이다. 여기에서 서술자가 지각적 측면에서는 도한 씨에게 지속적으로 초점을 맞추지만 인식적 측면에서는 도한 씨의 어수룩함과 맹목성에 대해 비판적 거리를 취하고 있음을 확인할 수 있다. 이처럼 초점화의 거리 조정과 서술자와 인물들 간에 빚어지는 이해 관계의 어긋남을 통해 도한 씨의 비극적 죽음에 대한 책임 회피가 정당화되는 현실의 비정함을 전복적으로 부각시키는 효과가 연출된다.

3. 객관적 거리의 소멸과 내향적 리얼리티

앞에서 살펴봤던 것처럼, 정인택의 소설에서 초점자의 가치 판단의 자의성과 현실적 문제에 대한 무관심은 일차적으로 시점의 봉입 내지 밀폐라는 구성적 특성과 긴밀한 상응 관계를 맺고 있음을 알 수 있다. 바꿔 말하면 외적인 초점화 형식이 그 본연적인 기능상 서사 대상에 대한 전지적이거나 혹은 그와 반대로 몰개성적이고 객관적인 전망을 보장하는 양식임에도 불구하고 실제로는 시종 내적 초점화의 ‘연루된', 즉 선입견과 편견에 좌우되기 쉬운 시점 여과 방식을 취하고 있을 뿐더러, 더구나 이 믿기 어려운 인물 초점자의 가치 기준에 대해 서술자가 옹호하고 동조하는 태도로 일관한다는 것이다.

여기서 제기되는 문제는 이처럼 지속적인 내적 시계(視界)를 보여주는 서술자나 인물에게서 신뢰할 수 없을 정도의 차이가 빚어지기 쉽다는 것인데, 일반적으로 인간의 심리 속으로 깊이 들어갈수록 독자는 공감을 잃지 않으면서도 신뢰할 수 없는 인물을 받아들이게 된다는 점을 감안한다면[96] 내적 시계의 비신뢰성과 정서적 공감 간의 불일치를 작가가 어떠한 시점 구성의 전략에 의해 효과적으로 조정하는가가 소설적 리얼리티를 보장하는 관건이 되는 셈이다. 그것에 내포된 재현 원리와 그것이 지향하는 문학적 효과가 무엇인지를 살펴보는 것이 이 장에서 다룰 주된 논점이다.

이 장에서는 주로 내적 초점화 형식을 취함으로써 이야기 세계 내에 위치를 점할 뿐만 아니라 지속적으로 내적 시계만을 드러내는 연루된 서술자—초점자로서의 1인칭 '나'의 신뢰성 여부가 시점 조작으로 어떻게 구축되는가를 살펴보기로 하겠다. "본래 개인적인 1인칭 서술에서 서술자는 최고로 능동적이다. 그가 말하는 이야기가 그의 경험으로서 발언이나 설명, 반응이나 감정과 판단의 표현을 가지고 주어지기 때문이다."[97] 이처럼 직접 경험에서 우러나온 자기중심적이고 개성적인 가치 판단을 정당화하기 위해서는 서사적 대상에 대한 감정적·심리적 반응의 즉자성이 강화되어야만 한다. 말하자면 서술자로서의 '나'는 원

---

96 김병욱 편, 최상규 역, 『현대소설의 이론』(대방출판사, 1983), 352쪽.

97 김병욱 편, 최상규 역, 앞의 책, 410쪽.

칙적으로 과거에 일어난 이야기를 이미 경험하고 익히 알고 있는 상황에서 서술함에도 서술적 권위를 최대한 억제함으로써 이야기 세계 내의 바로 그 때의 상황에 위치한 경험자로서의 시점을 유지할 필요가 있다는 것이다. 이러한 경험적 현재성에 밀착된 시점의 양상이 구체적으로 드러난 경우들을 살펴보기로 하겠다.

(1) 죽어두 집엔 안 간다구 맹세한 거 잊어버리지 않았우?…응, 나는 아무 생각없이 무심코 끄덕거리다가, 응? 하고 되물으며 무슨 말 끝이었는지를 얼른 머릿 속에서 찾으려 애쓰면서 '집엔?' 하던 그 심상치 않은 말의 의미를 나는 황막한 벌판 같이 생각하고 응? 그리고 가만히 고개를 쳐들어 최근에 이르러 별안간 돋기 시작한 유미에의 두 볼의 주근깨를 귀엽다 생각하고 있을 때.…(「미로」, 41~42쪽)

(2) 의례히 한시만 되면 기계와 같이 정확하게 집에 돌아오는 유미에가 그날에 한하여 왠일인지 두시가 넘도록 돌아오지 않아서… 유미에는 스시 뭉치를 내 앞에 내미는 것이나 그보다 나는 뜻밖에 유미에의 입에서 술내가 나는 것을 깨닫고, 술은 왜 먹는 거야…유미에가 현재 어떤 처지에 있는지 그것은 나는 생각할 여지가 없었고, 다만 아내가 남편 모르게 술을 먹고 돌아와서도 태연하게 사죄할 생각도 안한다는 그 한가지 행동만이 노여워 나는 버럭 악쓰려 하였으나 그 순간 번개같이 내 머릿속을 스치는 한 개의 비루한 상념은 콱 내 말문을 눌러닫고 말았다. (47~48쪽)

(3) 나는 세수하다 말고 찬물에다 머리를 담그고 아침에 한바탕 웃고 났으나, 조금도 맑아지지 않는 흐리멍텅한 생각 속에서, 응, 주근깨가 자꾸 생기더니, 그래서 그랬군 그래,… 두달만 더 있으면 무척 배가 불러질 걸,… (51쪽)

아무런 생각 없이 바라보고 귀엽다고 느낀 유미에의 주근깨가 유미에에게 임신 사실을 알리고 나서야 임신의 징후였음을 알게 되는 식으로 경험적 순서에 입각하여 서술된 (1), (3)이나, "그날에 한하여"라는 시간 지시사를 통해 지난 일을 회고하는 "나'의 서술자로서의 지위가 환기됨에도 불구하고 "왠일인지" 늦게 귀가한 유미에가 술먹은 것을 다른 남자와 놀아난 것으로 오해하게 되는 (2)는 '나'가 이미 경험했던 사건이나 상황들을 이미 알고 있으므로 해서 이야기 세계에 대한 일반화나 주석, 논평을 제공하는 서술 자아로서가 아니라, 시종 제한된 지각과 무지의 상태에 있는 경험자로서의 시점에 머무르고자 하는 시점적 특성을 잘 드러내는 대목들이다.

이러한 경험적인 의식에로의 한정은 슈탄첼의 용어를 빌려 표현하자면, 일인칭 유사(類似) 자전적 서술 상황에서 서술 자아보다는 경험 자아가 전경화된 데서 연유한 결과이다. 본래 이러한 서술 상황에서 서술 자아는 자신과 관련된 과거의 스토리를 이야기할 때 과거의 사건이나 상황 또는 그에 연루된 자신의 경험 자아를 숙고하기 위한 반성적 의식의 소산이다.[98] 따라서 이러한 서술 자아가 텍스트의 배면으로 후퇴하고 경험 자아가 전경화되고 있다는 것은 서술자로서의 '나'가 자신의 스토리를 거리화하고 객관화하지 못하고 있음을 의미한다. 이러한 양상은 내적 초점화 형식을 취한 정인택의 작품들에서 공통적으로 나타나고 있는 현상으로 이를 좀더 자세히 살펴볼 필요가 있다.

그러나 때때로는 아직도 너는 아내를 생각하고 있느냐고 스스

98 F.K. Stanzel, 앞의 책, 306~307쪽 참고.

로 저 자신을 꾸짖고 욕하는 것이다 도리어 생각하면 그것은 꼭 내가 아내 앞에 손을 짚고 절하고 있는 것만 같아 더욱 저 자신이 초라해 보이도 고달파 보이어—아내가 내 옆에 있는 동안은 아무리 무지하고 보잘 데 없는 아내였으나 적어도 내가 절망만은 느끼지 않았었다고, 이때나 저 때나 불치(不治)의 병과 비뚤어진 사고에 변함은 없어도 아내 옆에 있다는 사실이, 아내 옆에 있을 수 있다는 사실이 그때는 그렇게도 마음을 가볍게 하여 나는 순간 순간만을 바라보며 살아왔었으나——그렇다고 물론 달아나서 아까운 아내라는 것은 결코 아니다…나는 아내를 어떻게 대접하고 어떻게 맞이해야 할 것인가, 얼른 그런 것을 머리 속으로 헤아려 보면서 바보, 천치, 아직도 너는 그 부정한 아내가 돌아오기를 바라며 기다리고 있는 것이냐고 자기의 이외의 고집 센 마음에 몸서리까지 치는 것이다… (「우울증」, 265~266쪽)

위의 예문은 서술자-인물인 '나'가 가출한 아내의 생각으로 번민하는 대목이다. 여기에서 '나'는 작품에 인격화된 서술자로 내적 초점자이다. 따라서 그에게는 다른 인물의 내면을 통찰할 수 있는 전지적 특권은 없이 단지 자신의 내면만을 제시할 수 있을 뿐이다. 아내의 가출을 계기로 '나'는 아내가 "순간 순간"의 위안이었지만 "결코 달아나서 아까운" 존재는 아니라고 강변한다. 가출한 아내에 대해 집착하면 할수록 그러한 자신의 모습은 "초라해 보이고 고달퍼 보일" 뿐이기 때문이다. 그럼에도 '나'는 아내가 돌아올지도 모른다는 막연한 기대감을 품고 있는데 사실 이러한 소망은 "의외의 고집 센", "바보, 천치"의 미련에 지나지 않는다. 확실한 것은 나의 이런 반응이 아내에 대한 애착과 상실감의 정도가 어느 정도인지를 강조한다는 것만은 분명하다.

그런데 흥미로운 것은 아내가 가출하게 된 전후 사정이나 이유는 구체적으로 드러나지 않는다는 점이다. 물론 '내'가 가족의 반대를 무릅쓰고 아내와 결혼함으로써 가족과도 절연한 채 고립된 삶을 살아온 만큼 아내의 가출이 나에게 무엇보다 강렬한 심리적 충격을 유발한 것은 당연하다. 그러함에도 아내의 가출 동기가 밝혀지지도 않을 뿐더러 내가 이를 이해하려는 태도를 보이지 않는 것은 내가 과거의 사건이나 상황을 반추함으로써 통찰력을 발휘할 수 있는 서술 자아로서의 의식보다는, 단지 '그때 그곳'의 상황에 갇혀 제한적 지식이나 편견에 사로잡히기 쉬운 경험 자아로서의 의식에 봉입되어 있기 때문이다.

따라서 경험 자아의 의식에 초점을 맞춘 유사(類似) 자전적인 서술 상황의 구축은 철저하게 주어진 상황의 내부, 그것도 인물의 내면에서 현실을 조망하려는 서술 전략에서 비롯된 것이라 할 수 있다. 이러한 전략으로 인해 결국 자신과 관계된 대상이나 문제의 본질을 포착할 수 없는 인물 개인의 인식적 한계나, 현실적 문제를 해결하려는 적극적 의지나 노력이 좌절되고 무력화될 수밖에 없는 상황적 특수성이나 불가피성이 자연스럽게 수용되며, 그 결과 '나'의 경험과 인식에 대한 공감과 동조가 이루어질 가능성이 커지게 된다.

뚜렷한 목표 없이 "공부를 핑계삼아" 무작정 동경으로 건너와 하루 한끼를 걱정할 만큼 극도로 궁핍한 생활에 시달리는 동경 유학생 '나'와 하숙집 하녀 유미에와의 사랑 이야기를 다룬 「준동(蠢動)」에서도 이러한 초점화 양상은 뚜렷하게 나타난다. '나'는 자신의 무기력한 "생활에 혐오와 치욕을 느끼"면서도 몸살을 앓게 되자 그것을 일종의 '밥벌이' 수단으로 삼아 설마 병을 앓는 사람을 몇 달씩 밀린 월세 때문에 내쫓기야 하겠는가 하는 뱃심으로 버텨보기까지 하는 몰염치한 행태를 보이기도 한다. 이런 '내'가 자신의 행동에 부끄러움을 느끼게 되는 것은 가족을 부양할 "무거운 책임을 짊어"지고 생활력이 강한 하숙집 하녀인 "십칠세의 가냘픈 소녀" 유미에가 자신에게 베푸는 맹목적인 호의 때문이다. 이러한 부끄러움은 "주위엔 나 하나밖에 없"고 "심신이 극도로 위축되"어 오직 자신의 "주위에서 허무를 찾으려 애"쓰는 나에게 처음으로 "사람의 두터운 후의와 애정"을 보여준 유일한 인물이 유미에라는 점에서 당연한 반응이다.

그럼에도 불구하고 '나'는 유미에가 일본인인데다 '하숙집 조추'라는 미천한 신분에 교양 없는 여자라는 이유로 그녀를 경멸하기도 한다. 유미에에 대한 이러한 상반된 반응은 그녀가 '나'를 진심으로 이해하고 사랑할 수도 없는, 현실적 타산에 얽매인 속물적 부류의 인간과 별다를 것이 없다는 '나'의 일방적 의심과 편견에서 비롯된다. 아무런 대가 없이 누구도 애정과 호의를 베풀 리 없다라는, 그간의 궁핍한 생활에서 체득한 자신의 경험적 진실에 대한 확신에서 벗어나지 못하는 것이다. 그렇기 때문에 '나'는 유미에가 자신을 진심으로 사랑한다는 것을 확인한 상황에서도 단지 "불 일 듯 하는 정욕만을 느끼고", "주는 건 받아야지"라는 몰염치한 생각에 그녀를 범하기까지 한다. 그리고 나서도 나는 "나 자신조차 속이고" 유미에에게 "죽으면 고만이지"라는 자포자기적인 태도로 자신의 행동을 합리화하려 드는데, 이는 자신의 잘못을 냉혹한 현실로 인해 겪었던 좌절감과 피해 의식을 내세워, "제법 악인이나 된 듯" 현실과 타인에게 전가하려는 위악(僞惡)과 기만일 뿐이다.

"죽으면 고만이지, 죽으면 고만아냐?" 이렇게 외치고 영문을 몰

> 라 쳐다보는 유미에의 빰을 힘껏 내려치며—그러나 그때 내가 잠깐 눈물을 흘린 것을 유미에는 꿈에도 생각 못할 것이다. "암, 그렇지. 죽으면 고만이지." 죽기는 했지만 염병은 나았다는 격으로—동물같이 사는 것보다는 오히려 소극적이나마 철저히 하는 것이 의의(意義)가 있을지 모르나 욕할 사람은 하나도 없다 생각할 제 지금의 나로서는 오직 그것만이 고맙다. 역시 밑바닥은 있었던 모양이군! 인제는 더 떨어질 곳도 없구나 생각할 때 나는 일조의 반동으로 자포(自暴)에 가까운 안심을 느끼고,—그럼 지금 죽으러 가는 셈이지. 그러나 나는 나 자신조차 속이고 여전히 대답을 못한다... 억지로 내 손으로 죽을 수도 없었으나 죽을 필요도 없었다. 그렇지 않더라도 머지않아 죽음은 올 것이다. 동경이 나를 살려둘 리는 없다. 그때까지 버티고 사는 것도 또한 흥미없는 일은 아니다. (「준동」, 184쪽)

유미에를 범한 데 대한 죄책감을 "죽으면 고만이지"라는 자학으로 무마하려 들었다가도 머지않아 동경이 나를 죽일 것인데 굳이 죽을 필요가 없다는 식으로 생각을 되돌리는 일련의 심리적 전이 과정은 '나'의 기만적인 행태를 여실히 보여준다. 이처럼 최소한의 자존심과 양심마저도 내던져버린 채 자신의 몰염치한 행각을 합리화하는 데 급급한 '나'의 행위와 의식에 독자가 동조하기는 쉽지 않다.

그러나 분명한 사실은 이 작품의 초점화 상황이 '나'의 의식을 통해서만 독자가 이야기 세계에 접근할 수 있도록 설정되어 있어 '나'의 의식을 지속적으로 접할 수밖에 없는 독자의 입장에서 도덕적 차원에서 동조하기 어렵다고 해도 정서적인 차원에서 연민이나 공감을 느낄 가능성이 크다는 것이다. '나'에게 인간 이하의 삶을 강요하는 극한적인 궁핍이라는 한계 상황이 빚어내는 개연성과, 철저하게 그 상황의 내부에 제한되어 대상을 판단할 수밖에 없는 '나'의 체험적 진실성이 시종 강조되는 것도 그런 맥락에서이다. 그 결과, 서술 의식의 개입이 희석되어 마치 그 사건이나 상황을 지각하는 바로 그 동시적 순간에 반응하고 판단하는 내적 경험의 현재성 내지 직접성의 효과가 부각되는데, 바로 이러한 경험적 의식에의 봉입이 내적 인물 초점자의 납득하기 힘든 판단과 가치 규범마저도 개연성 있는 것으로 받아들이게 만드는 유인으로 작용할 확률이 커지게 된다. 따라서 외적 현실 자체의 부조리나 정황이 구체적으로 드러나지 않아도 인물의 내적 체험의 진실성이 상대적으로 전경화됨으로써 핍진성과 박진감을 강화되는 효과가 빚어진다.

결론적으로, 정인택의 소설에서 문제의 본질을 회피하려는, 초점자 인물의 편파적 인식에도 불구하고 그것이 핍진성을 확보하게 되는 것은 초점자의 내면에 모든 것을 봉입시켜 판단하도록 유도한 초점화 방식 때문이다. 초점자가 자신이 처한 경험적 영역을 벗어난 지각 위치를 봉쇄하고, 한정된 상황 속에서 제한된 인식에 경험 자아로서의 인식에 봉입된 이상 개인의 경험적 진실에 보편적 진실로서의 리얼리티가 어느 정도 확보될 수 있는 것이다. 요약하자면, 외향적이고 객관적인 상황 제시보다는 감정적 공감과 연루를 이끄는 내면에 집중함으로써 주관적이고 내향적인 리얼리티를 구축하려는 것이 바로 정인택 소설에서 나타난 시점 조작의 주요한 재현 원리임을 확인하게 되는 것이다.

외적 초점화에 의한 서술 상황에서도 서술자에 의한 초점화를 배제하고 시종 인물 초점화를 통해 스토리 세계를 재현하는 작품으로 이휘창의 「기사창(騎士唱)」을 들 수 있다.

① 一回公演의 여부없는 검토를 한 그들은 극히 坦坦한 二回公

演 三回公演의 앞길을 찾아내고 얼마나 가슴을 내밀었던 것인가. 변식은 찬란한 산이 거치없는 앞길을 내다보았을 때 얼마나한 생의 충일과 기쁨을 느꼈던 것인가. **이런 것을 생각할 때 차라리 나는 여기서 붓을 놓아버리고 싶다. 그러나 나의 붓은 여기서 놓아질 것인가?** (48~49쪽)

② 그러나 **독자들이 너무나 거리가 먼 두 현실 짬에 들은 변식이가 당황했다든가 환멸을 느꼈겠다든가 따위 생각을 했다면 그것은 독자들의 부끄러움을 나타내는 것밖에는 아모 것도 못될 게다.** 사람에게는 그가 그의 행복의 절정에 달하였을 때에 어떤 큰 불상사가 닥쳐오면 그 불상사라는 것이 그의 행복을 완전히 깨치지 못할진대 그 불상사가 크면 클사록 그만큼 그의 행복을 대조적으로 북돋아 주는 수단으로 씨여지는 때가 있다. 변식이도 처음에 전보를 받아 쥐였을 때는 무던히 당황도 하였으나 그것은 극히 순간이었고 조곰 후에는 그의 차거운 리성은 행복을 가득 안은 두 팔을 벌리고 창 밖에 지붕들을 기쁜 눈으로 나려다 보고 있었다. 마치 병이라든가 어머니라든가는 지금의 자기와는 뚝 떠러진 彼岸에 놓여 있다는 듯이. (50쪽)

③ **독자 제군 나는 여기서 독자 제군을 한 번 불러본다.** 제군 몇-페지 전에 동경에 발커우니에서 부사산의 리상을 높이 노래하든 변식에게 이렇듯 이러날 법하지도 않은 일이 이러났다고 이야기하는 필자를 얼토당토않은 꿈소리를 한다고 이 글을 당장에 내던질 게다. **그러나 제군 人間生活이란 것이 도시 이러날 법하지도 않은 일이 쑥 이러나는 때가 있고 또 얼마나 많은가고 나는 웨치고 싶다.** …〈중략〉… 그것이 어느 순간에 어데로 어떻게 기여드러 어떻게 이러난다는 것은 나도 모르고 변식이 자신도 모르고 누구나가 모른다. 그러나 그런 일이 人間의 死와 함께 수많이 있었고 지금도 이러나고 있다는 것만은 아는 者는 確實히 알 것이다. 이 確實히 안다는 사실만에 필자의 권리가 있고 독자의 자격이 있고 또 그럴 수밖에

없다. (54~55쪽)[99]

위 인용문들에서 보듯이 서술자가 직접 '나'로 인칭화되어 독자에게 직접 말을 건네는 서술 방식은 적어도 근대 소설에서는 거의 찾아보기 힘들 만큼 이례적인 것이다. ①, ②는 변식이가 기획한 연극 공연이 일본 동경에서 대성공을 거두어 변식이 행복의 절정감을 맛보고 있을 때 조선에 있는 어머니가 위독하다는 전보를 받음으로써 변식의 행복이 깨어질 불길한 전조임을 암시한다. 그런데도 서술자 '나'는 ②에서 불길한 전보를 받았음에도 변식이 자신의 앞길에 성공과 행복이 계속되리라 확신하고 있음을 강조한다. 행복의 절정에 있을 때 어떤 불상사도 그것을 막을 수 없다고 믿는 것이 인간의 보편적 행동 양식이라는 일반화의 형식으로 강변하기까지 한다.

그런데 변식은 귀국하여 죽음을 앞둔 어머니의 죽음을 거부하는 굴종적 태도를 지켜보면서 점차 자신이 확신했던 삶의 행복에 회의를 품게 되는 "일어날 법하지 않은 일"이 일어나자 서술자는 ③에서처럼 자신은 이미 일어난 것이 확실한 사건에 책임을 질 뿐, 그것이 왜 어떻게 일어났는지를 설명할 책임이 없다고 변명한다. 서술자의 이런 태도는 변식의 회의가 무엇 때문에 일어났는지를 밝히지 않으려는, 아니 밝힐 수 없다는 어떤 상황을 염두에 두고 있음이 분명하다.

실제로 이런 식의 초점화 전략은 바로 일제 강점기라는 당시의 역사적 상황을 고려한다면 변식을 비롯한 조선 민족의 굴종적이고 무비판적인 삶의 태도에 대한 비판적 의도를 숨기려한다는 점에서, 역설적

99 이휘창의 소설 「기사창」은 모두 『단층』(단층사, 1937.4) 제1책에서 인용하였다.

으로 뻔히 '드러나는' 은폐이다. 외적 초점자로서 서술자는 변식의 그런 심리 변화가 어디에서 연유하는지를 뻔히 알고 있음에도 이를 밝히지 않고 자신을 '나'로 인칭화하여 '독자 제군'을 언급하면서까지 자신의 해명 책임을 노골적으로 회피하려 든다. 그런 점에서 이 작품은 서술자의 등 뒤에 있는 이데올로기가 어떤 방식으로 시점 재현의 양상과 그에 따른 리얼리티를 부여하는지를 시사하는 흥미로운 사례로 꼽을 만한다.

4. 시점의 리얼리티

이제까지 진행된 논의를 요약하면, 시점을 통한 재현이 초점자가 초점 대상을 '그때 거기'의 외부적 상황보다는 대상의 내면에 초점을 맞춰 조명함으로써 내향적 리얼리티를 구축하는 효과에 집중한다고 할 수 있다. 이런 효과를 성취하기 위해서는 초점자의 의식에 동화하기를 요구할 수밖에 없는데, 심리소설의 경우 이러한 경험에의 동화 정도에 따라 작품의 성패 여부가 좌우되는 만큼 허구적 자아와 경험적 자아 간의 거리를 극소화하고, 이에 따라 이야기의 여과 내지 중개도를 최소화하는 데 시점의 역할이 집중된다는 데 주목할 필요가 있다.

이처럼 서술자가 이야기 세계의 일부로 존재하는 인물, 즉 경험 주체의 현재적 체험과 의식 양상을 직접적으로 반영한다는 인상을 독자에게 부여하고, 인물의 의식 세계에 대한 공감을 유도하려면 철저하게 이야기 세계에 귀속되는 개별적이고 특수한 상황 논리에 몰입하도록 촉구해야 한다. 정인택 소설의 서술자나 인물이 자신이 속한 사회와 현실에 대한 깊이 있는 관심이나 통찰력이 거의 없이 시종 독단적인 사견(私見)에 집착함에도 불구하고 그 나름의 리얼리티를 확보하게 되는 이유는, 인물이 처한 상황의 절박성이 주는 박진감이나 '그때 거기'에서는 그럴 수밖에 없다는 상황적 개연성에 힘입어 보편적 진실인 것처럼 극화되기 때문이다.

이처럼 내적 경험을 중시하고 인간 정신의 내부에서 외부 현실을 조망하려는 시점 조작은 필연적으로 작가와 작품의 거리를, 달리 말해서 작가의 경험적 자아와 허구적 자아의 거리를 좁히게 되어 작가의 자전적 요소를 반영할 소지가 많아지게 되는데, 『단층』 동인과 정인택의 작품들이 자신의 신변사를 주된 소재로 삼는 내성적인 신변소설의 범주에 속하는 것으로 논의되어온 것은 이러한 맥락에서이다. 이런 시점상의 특성을 현실의 비판적 재현을 억압하는 당대 식민지 현실의 제약으로 환원해버리는 것은 개별 서사 텍스트의 생동하는 역학을 외면하는 처사이다. 시점 연구의 폭을 좀더 넓혀 작가의 주관적 경험과 객관적 관찰 간의 거리, 작가와 작품 간의 분리 정도[100]가 시점의 다양한 재현 양상을 통해 작가가 이야기 세계를 다루는 방식이나 그것에 리얼리티를 부여하는 방식에 어떠한 영향을 미쳤는지 소설사적 맥락에서 재검토해야 할 것이다.

---

100 작가가 아무리 자신의 작품을 자신과 분리하려 노력한다고 해도 작품 속에 주입한 정신의 편린은 작품 속에 남아 있게 된다는 에델의 지적은 작가를 배제하고 작품 그 자체만을 중시한 형식주의 연구의 한계에 대한 온당한 반발로 보인다. 또한 숄즈와 켈로그가 서사의 의미는 서술되는 이야기에 대한 작가, 서술자, 인물, 청중 간의 시점의 불일치에 의해 생성되고, 서사 예술은 본질적으로 이런 불일치를 의도적으로 활용한다고 주장한 것도 에델의 지적과 상통한다. 레온 에델, 앞의 책, 196쪽. 로버트 숄즈·로버트 켈로그, 앞의 책, 312~313쪽.

제4장
인물 :
성격 혹은 특성 재현의 방식과 인물 형상화의 이데올로기

제4장

인물 : 성격 혹은 특성 재현의 방식과 인물 형상화의 이데올로기

1. 인물의 역학 : 인물 형상화의 이중성

소설의 인물이란 "실제 인간의 허구적 재현"[101]이다. 이 단순한 정의를 통해서 인물과 관련된 두 가지 핵심적 문제를 제기할 수 있다. 첫째는 '재현'이란 말이 시사하듯이 허구적 인물이 어느 만큼 실제 인간의 모방이 될 수 있는가, 두 번째는 인물을 허구적으로 재현하는 언어적 수단이나 이와 연관된 허구화 요소들이 무엇인가라는 문제이다. 이 두 문제를 종합하면 인물 연구가 직면한 어려움이 명확하게 드러난다. 실제 인간의 재현인 동시에 다양한 언어적 수단들로 구성되는 가공의 존

101 Katie Wales, *A dictionary of Stylistics*(Longman Inc., New York, 1989), pp.60~61.

재[102]라는 인물의 이중성을 어떻게 처리할 것인가라는 문제가 그것이다.

인물을 실제 인간의 재현 내지 모방으로 보는 리얼리즘적 관점은 허구적 인물과 실제 인간 간의 종적 차이를 무시한다는 데 문제가 있다. 이런 관점을 지나치게 고집하게 되면 텍스트에 제시된 범위를 넘어서서 인물의 과거와 미래까지를 추론하려는 과대 해석의 위험성을 초래할 수 있다. 반면 인물을 서사적 구성 요소의 하나로 다루는 경우 인물은 시점이나 배경처럼 다른 서사적 구성 요소와 별다른 차별성을 갖지 못하는 문제가 발생할 수도 있다. 인물과 관련된 이런 문제를 해결하기 위한 유력한 대안은 인물을 텍스트 층위에서는 언어 구상물의 일부로, 스토리 층위에서는 비언어적 추상물로 보는 것이다.[103] 텍스트 층위에서 인물은 인물을 제시하는 언어적 표현 방법과 분리될 수 없다. 그러나 스토리 층위에서 인물은 텍스트에 흩어져 있는 정보들을 독자가 결합하여 끌어낸 구성물이다. 이처럼 인물을 인간적 존재인 동시에 언어적 구성물로 다루려면 소설의 구조적 층위를 고려한 세심한 관찰이 요구된다는 것만은 분명하다.

인물과 관련해서 제기되는 또다른 문제는 인물이 행위에 종속되는가 아니면 행위와 독립된 자율성을 갖고 있는가라는 것이다. 인물은 그가 하는 말과 생각, 행위 등에 의해 드러나는 도덕적 기질과 동기, 성격 등 여러 요소들로 형성된다. 특히 성격의 요소는 그것이 허구적 인물뿐만 아니라 그의 모델이 되는 실제 인간에게조차 고정불변하고 일관된

---

102 인물이 언어, 즉 지면 위의 낱말들의 배열로서 단지 언어적 구성물로 용해되는 존재라는 주장이 대표적이다. Mark Spilka, ed., "*Character As a Lost Cause*", 『Novel』(Spring, 1978), p.198.

103 S. 리몬-케넌, 앞의 책, 54~55쪽 참고.

다는 이유로 가장 중시되었다. 그 결과 성격이란 요소는 아예 인물을 가리키는 대명사로 굳어지기에 이르렀다.

이는 아리스토텔레스가 비극의 모방 대상은 행위의 모방으로서 플롯과, 행위의 원인으로서 성격과 사상이라고 단언한 고전적 인물 개념에서 확인된다. 그에 따르면, 성격은 개인의 선택을 명백히 하는 것으로 이때 개인의 선택이란 행위자의 의지나 기피를 담은 행위이다. 이 행위는 특정한 도덕적 목적을 위한 어떤 움직임을 시작하는 의지적 행동을 의미한다는 점에서 그 윤리적 특성을 명확히 드러낸다. 성격은 그리스어로 에토스(ethos), 즉 도덕성으로 아리스토텔레스에게 성격 개념은 매우 윤리적인 것이다. 따라서 행위자로서 인물은 자신의 행위를 통해서 에토스의 변별 자질들, 즉 도덕성이나 사상(또는 지적 인식)을 보여준다. 중요한 것은 성격은 오직 행위를 통해서만 드러날 수 있다는 사실이다. 행위가 명확히 표출되지 않는다면 성격은 존재할 수 없는 것이다. 아리스토텔레스에게 "성격은 어디까지나 행위와 연관된 특수한 도덕적 요소이지, 개성이나 개아(個我) 같은 근대적 관념들과 같은 막연하거나 광범위한 개념이 아닌데—특히 개아 개념과 전혀 같지 않다—, 그 이유는 에토스라는 것이 인간의 일반적 특성들, 이를테면 선과 악에 관련된 문제이기 때문이다".[104]

이처럼 인물의 성격이란 요소가 인간성의 보편적 차원에서 윤리적 목적에 따른 특정 행위와 일치해야 한다는 주장은 성격이 '행동의 모방', 즉 행동의 필연적·인과적 배열로 정의되는 플롯에 종속되어야 한

104 제레미 탬블링, 앞의 책, 52쪽.

다는 것을 의미한다. 아리스토텔레스가 대표적인 사례로 든 그리스 비극 『오이디푸스 대왕』은 인지 또는 발견의 플롯에 집중되어 있다. 극의 종결부에서 주인공 오이디푸스가 친부 살해와 모친과의 결혼이란 무지로 인한 죄를 인지하게 됨으로써 제기되는 도덕적 딜레마는 비극의 윤리성을 강조한다. 인물의 성격이 자유 의지와 책임 결정론 간의 대립이란 윤리적 문제와 관련된다는 점에서 인물이 현실적 인간의 모방이 아니라 오히려 윤리적 이데올로기라는 관념의 구현임을 보여준다. 이 대목에서 인물의 성격은 단지 플롯의 요구에 충실히 봉사하는 작위적 구성체에 불과함을 간파할 수 있다. 아리스토텔레스의 인물 개념에 대한 반론은 바로 여기에서 연유된다.

E.M. 포스터의 반론은 소설이란 미리 계획된 플롯에 맞춰져서 진행되는 것이라기보다는 인간의 '비밀스런 생활'을 다루는 것이고, 소설에서 "우리는 다음에 어떤 일이 벌어지는가를 묻는 것이 아니라, 그것이 누구에게 일어나는가를 묻게 된다"는 것이다. 행위나 사건 자체가 인물에 의해 외면적으로 구현되는 것만이 아니라 그것이 구현되는 데 작용하는 내면적 움직임까지를 면밀하게 고려해야 한다는 주장[105]은 인물 연구의 새로운 방향을 제시해준 것이다. 인물 형상화의 핵심 요소를 인물의 내면 생활로 고려할 때, 인물이 실제 인간에 가깝다는 핍진

105 헨리 제임스는 이를 뒷받침하는 한 예로, 한 여자가 탁자 위에 손을 얹은 채 어디인가를 응시하는 장면을 들고 있다. 그에 의하면, 이 장면은 연극에서 사건이 될 수 없지만, 영화나 소설에서는 사건이 될 수 있다고 한다. 그 이유는 이 장면의 본질이 인물의 심리에 있다는 것이다. 연극에서는 오직 대화와 행위를 통해서만이 인물을 드러낼 수 있지만, 영화는 클로즈업 같은 기법을 사용하여 인물의 표정과 몸짓을 통해 내면을 전달할 수 있고, 특히 소설에서는 다양한 서술 방법에 의해서 인물의 내적 삶이야말로 접근 가능한 요소가 된다. 로버트 숄즈·로버트 켈로그, 앞의 책, 221~222쪽.

성의 환상이 충족될 여지는 커질 것이며, 이에 따라 인물을 행위에 종속된 일종의 윤리적 매개체로 보는 고전적 견해는 수정될 수밖에 없다. 현대 소설가들이 인물 형상화의 방법으로 말하기(telling)보다 보이기(showing)를 선호했던 것도 이 때문이다. 인물의 내면을 무의식의 차원까지 재현하려는 의식의 흐름 기법조차도 모방적 충동의 소산이라는 주장도 이와 맥락을 같이 한다. 물론 인물의 내면 재현을 인물 형상화의 성패를 가늠하는 필수 요건으로 고려해야 한다는 타당성은 없다. 인물 형상화는 플롯, 논평, 묘사, 인유, 수사법 등 다양한 방법들에 의해서도 얼마든지 이루어질 수 있기 때문이다.

이런 이유로 인물 형상화는 반드시 인물의 성격과 정확히 대응될 필요가 없다. 어떤 작품에서든 인물이 단일한 성격을 부여받는 경우라 해도 인물 형상화는 단일한 방법으로 이루어지지 않는다. 이는 인물의 성격이 현실의 모방임이 공공연하게 표명되는 때조차도 그 성격이 현실에서처럼 고정불변하다거나 유동적이고 복잡하다라고 못박는 것이 순진한 착각임을 여실히 입증한다. 따라서 가치 있는 인물 이론은 전통적인 인물 형상화의 관습들과 함께 그 이후에 대두된 새로운 인물 형상화의 방법들을 포괄적으로 설명할 수 있어야 한다. 인물의 개념 및 형상화 방법이 바뀌었다는 것은 모방의 대상, 즉 인간의 성격이 실질적으로 변화했다라기보다는 그것에 대한 인식이 변화했다라고 보는 것이 온당하기 때문이다.

플롯이나 스토리의 분석 단위로서 행위나 사건은 저절로 일어날 수 없음이 당연하므로 항상 대행자, 즉 인물을 요구하기 마련이다. 인물은 모종의 행위나 사건을 대행함으로써 플롯이나 스토리에서 일정한 기능을 수행하게 마련인데 이를 행위항(actant)이라 일컫는다. 인물은 문장에서 명사가 서술어와 관련하여 기능하는 것처럼 스토리에서 행위나 사건들과 관계를 맺으며 통합적 기능을 수행함과 동시에 시간적 연쇄의 통합축에서 벗어난 계합적 기능을 수행하기도 한다.[106] 인물은 이 같은 제반 기능의 통합적 구성물이다. 이같은 기능론적 인물 개념은 구조주의 이론가들에 의해 강력한 지지를 받았다.

구조주의에 입각한 기능론적 인물 개념을 정교화한 것이 바르트의 약호 이론이다. 그가 서사 분석에 활용한 다섯 가지 약호 가운데 인물의 기능과 긴밀하게 연관된 것이 행위적 약호와 의미소적 약호이다. 먼저 행위적 약호는 "원칙적으로 텍스트의 가독성을 결정하며, 구조 분석의 토대"[107]이다. 이 약호는 사건들을 시간 순서에 따라 선형적 연쇄로 조직할 수 있는 잠재성을 서사체에 부여한다. 각 행위는 저마다 결과들을 초래하기 때문에 제각기 총칭적 이름들을 부여받는다. 서사적 시퀀스는 이런 이름들을 부여받음으로써 존재하며 이 이름이란 서사에서 사건 혹은 사건의 결과를 지칭하는 전통적 관념들을 의미한다.

예를 들어, 서사 텍스트에서 '외출'이란 이름의 행위 내지 사건은 '그는 외출한다'로 요약되거나 서술되는 단일 행위나 사건의 이름일 수도 있고, 일련의 행위들의 연쇄, 즉 시퀀스 단위의 이름일 수도 있다. 왜냐하면 '외출'이란 단일한 행위라기보다는 일반적으로 세수를 하고 머리를 빗고 옷을 입고 만날 사람이 있을 경우 전화를 걸어 약속한 시간과 장소를 확인하는 등 일련의 행위 연쇄를 포함한 행위이기 때문이

106 스티븐 코핸·린다 샤이어스, 앞의 책, 103~104쪽.

107 스티븐 코핸·린다 샤이어스, 앞의 책, 170쪽.

다. 이처럼 단일 행위와 행위들의 연쇄를 명확히 구분하여 이름짓기가 힘든 경우가 대부분인 만큼 행위의 일관성이 유지되려면 행위나 사건의 수행자로서 인물의 일관성이 유지되어야 한다. 따라서 인물의 성격은 행위의 시퀀스나 플롯의 통합적 진행과 부합될 필요가 있다.

스토리의 최소 단위인 행위나 사건을 약호화하는 것이 행위적 약호라면 인물의 최소 단위인 특성(trait)[108]을 약호화하는 것은 의미소적 약호이다. 의미소적 약호는 특성의 기반을 제공하는 약호로, 동일한 고유 명칭을 여러 번 반복하고 그 명칭에 동의하는 것으로 보이는 동일한 의미소들을 의미소 집합의 총칭적 특성—예컨대 무분별함, 수다스러움, 거만함 등등—으로 반복한다.[109] 인물이 여러 특성들의 계합적 집합이라는 점에서 의미소적 약호는 이야기의 통합축을 따라 이름을 부여하는 행위적 약호와 달리, 이야기의 계합축에 따라 작용함을 알 수 있다. 바로 이 때문에 인물이 행위의 인과적 연쇄로서 플롯에 종속되는 존재인 동시에 반복되는 의미소들의 계합적 집합으로 플롯과 분리된 독자적 측면이 있음을 지적할 수 있다.

여기에 더해서 인물을 행위나 사건의 수행자로만 환원할 수 없는 근거로 행위나 사건의 또다른 특성을 들 수 있다. 행위 혹은 사건은 일반적으로 '상태 내지 상황의 변화'로 정의되는데 이때 상태 혹은 상황을

108 채트먼에 의하면, 특성은 서사적 형용사와 같은 것으로 인물의 개별적 자질을 나타내고 스토리의 부분 혹은 전체에 걸려 지속된다. 따라서 인물이란 특성들의 계합체이다. 유념할 것은 특성은 어떤 본질적이고 보편적인 인간성을 토대로 한 것이 아니라 특정 시대, 특정 문화권에서 인간성을 표상할 때 사용하는 가치 범주들이기 때문에, 시대에 따라 변화한다는 사실이다. 시모어 채트먼, 앞의 책, 146쪽. 스티븐 코핸·린다 샤이어스, 앞의 책, 108~109쪽 참고.

109 스티븐 코핸·린다 샤이어스, 앞의 책, 172쪽.

굳이 물리적이고 가시적인 것으로만 한정할 필요는 없다는 것이다. 일반적으로 인물의 내면 상황이나 그와 관련된 행위[110]는 현실태는 항상 가능태보다 우선적인 것이라는 아리스토텔레스의 형이상학에서 소홀히 취급되어 플롯 구성에 부적절하거나 별다른 역할을 수행하지 않는 요소로 간주된 면이 있다.

그런데 아리스토텔레스가 플롯의 핵심 요소로 제시한 인지와 역전 가운데 인지는 인물의 내면성과 관련된 것이라는 점에서 주목을 끈다. 그가 인지를 플롯의 중요한 요소로 상정한다는 것은 인물을 순전히 기능, 즉 행위항으로만 환원할 수 없다는 것을 시사한 셈이다.[111] 이는 서사에서 인물과 행위는 불가분한 것이지만 그만큼 불일치한다는 것을 의미한다. 헨리 제임스가 인물의 내면적 움직임을 사건이나 행위에 포함하려 한 것도 이런 이유에서이다. 인물의 행위나 "사건은…외면적인 것만큼이나 인물의 내면적 드러냄이란 측면에서 정의할 수 있는 것이다."[112]

이처럼 인물의 내면성을 포함한 행위는 상황의 외적 변화를 일으키지 않는 정적인 것이라는 이유로 플롯의 전개 과정에서 보조적이거

---

110 이와 관련해서 행위나 사건을 "주인공이 처한 외적 정황이라 할 만한 것, 즉 주인공이 처한 운명이나 상황에 가시적 변화를 일으키는 주인공의 행위 그 이상의 것"이라는 리쾨르의 정의는 귀기울일 만하다. 구체적으로 이런 행위 개념에는 "인물들의 도덕적 변화 및 성장과 교육, 복잡한 도덕적·감정적 존재로 입사해 들어가는 것"에서 "순수한 내면적 변화, 즉 감각과 감정의 시간적 진행에 영향을 주고, 궁극에는 자기 반성에 의해 영향을 받을 수 있는, 최소한도로 조직적이고 의식적 층위에까지 이르는 그런 변화들까지도 포함"한다. Paul Ricoeur, 앞의 책, p.10.

111 월리스 마틴, 앞의 책, 168쪽.

112 제레미 탬블링, 앞의 책, 56쪽.

나 사소한 역할에 그치지 않는 것으로 간주되기 쉽다. 다시 말해 중핵 사건보다는 위성 사건으로 여기기 쉬운데 기존에 묘사라는 개념으로 묶인 것들이 이 위성적 행위 요소로 이를 토마체프스키는 '정적 모티프'로, 바르트는 '정보소(informant)' 혹은 '지표(indicator)'라고 불렀다. 만일 이런 요소가 인물 형상화에서 주도적 역할을 수행하게 되면, 인물은 더 이상 플롯에 종속된 기능으로 머물지 않게 된다. 인물은 동기화에서 플롯이 요구하는 범위를 넘어서서 광범위하게 확대된다.[113] 이렇게 되면 플롯을 추동하는 중핵적 요소들, 즉 플롯과 관련해서 명확하게 드러나고 반복되고 지속되는 특성들만을 인물의 성격을 구성하는 것으로 고려할 수 없다. 이는 텍스트에서 인물이 플롯에서 기능하는 층위는 물론, 인물 특성을 제시하는 방식, 즉 서술 층위에서 인물을 종합적으로 파악해야 된다는 것을 뜻한다.

2. 인물의 내면 재현과 전복 효과

소설가는 실제 현실에 대한 직접 혹은 간접 경험을 바탕으로 나름의 허구 세계를 구축한다. 경험에 바탕을 두고 구축된 것인 만큼 허구 세계는 실제 현실과 절연되어 있는 세계일 수 없으며, 어떤 형태로든 실제 현실의 모습이 반영될 수밖에 없다. 물론 소설이 적어도 '실제로 일어난 것'을 이야기한다고 해도 일어날지도 모르고 일어나야만 하는

113 윌리스 마틴, 앞의 책, 173, 175쪽 참고.

것, 즉 개연성과 필연성의 법칙에 따라 가능한 것을 말한다는 점에서 변용의 가능성을 염두에 두고 실제 세계와 구분해야 함은 당연하다.

소설가는 작품을 통해 허구 세계를 구축하는 과정에서 언제든지 실제 세계에 대한 변용, 즉 모종의 조작이나 변형을 가할 수밖에 없다. 이때 '조작'과 '변형'은 현실을 임의대로 바꾼다는 것을 뜻하지 않는다. 허구로서의 소설이 사실적이라고 말하는 것은 단순히 우리가 소설을 사실같이 경험한다는 것은 아니다. 그것은 다른 서사체에서는 삶을 관습적으로 재현하여 묘사하지만 소설에서는 삶을 있는 그대로 묘사한다는 것을 의미한다. 사실적인 것이란 추상적인 것과 대립되는 개념으로 구체적이고 개별적이며 단일한 것이다. 그런 만큼 '있는 그대로'란 말을 단순히 현실을 있는 그대로 기록한다는 의미로 이해해서는 안 된다. 그것은 현실을 주관적인 것, 예컨대 선입관이나 편견 따위를 배제한 채 객관적으로 재현하려는 것을 의미하며, 따라서 일어난 일이 이야기되기보다는 대화 같은 극적 제시를 통해서 독자가 직접적으로 그 일을 경험하는 것처럼 느끼게 만드는 서술 방식과 연관된다.

따라서 우리는 소설을 해석하거나 분석하는 작업에서 그것이 무엇을 소재로, 현실의 어떤 측면을 보여주려 하는가보다는 현실에서 취집된 어떤 소재를 사실적으로 재현하는 데 작용하는 요소들이 무엇이고 어떤 역할을 하는지를 고려해야 하는데, 박태원의 「소설가 구보씨의 일일」(이하 「구보」라 약칭)은 이런 맥락에서 각별한 주목을 요한다. 소설 속의 공간적 배경이 1930년대 경성에 실재하는 장소들이라는 것, 소설 주인공 '구보'가 작가인 박태원의 호라는 점, 더구나 이 작가의 분신이라 할 주인공이 소설가로서의 자의식과 이른바 '고현학(考現學)'[114]이란 소설 쓰기의 방법까지를 스스럼없이 드러낸다는 점에서, 이 작품이 소설로서 구축해낸 허구적 현실과 작가가 경험한 실제 현실 간의 상응 정도나 작가의 경험적 토대로서 현실 그 자체보다는 현실을 변용하거나 재현하고자 하는 '작가적 인식'을 전경화하려는 작의(作意)를 여실히 보여주기 때문이다. 따라서 관심의 초점은 체험이나 인식의 바탕으로서 '있는 그대로'의 1차적인 현실보다는 '고현학'이란 것이 무엇이고, 그것에 의해 구축되고 형상화된 허구적 현실에서 어떤 작의를 읽어낼 수 있는가에 맞춰질 수밖에 없다.

이 작품에 대한 기존 논의들이 대부분 주인공 구보와 작가 박태원을 동일시한 입장에서 구보의 인식 양상을 통해 작가의 인식을 추출하려는 데 관심을 둔 것은 이 때문이다. 이러한 논의들에서 대체로 일치되고 있는 점은, 주인공 구보의 현실 인식이 현실의 객관적 제시나 그에 대한 적극적 비판과 극복의 모색이라기보다는 식민지 사회에 적응치 못한 지식인의 비관적이고 병리적인 세계관의 발현으로 추상적으로 관념적이며, 심지어는 유희적인 면모를 강하게 드러내고 있다는 것이다.[115] 이러한 견해는 명시적이든 암시적이든 허구 속 인물로서 구보의 현실 인식이 필연적으로 그가 몸담았던 식민지 현실의 특수한 사회·경제적 요인들로부터 자유로울 수 없다고 하는, 문학사회학적 전제에 그

114 김윤식은 고현학을 박태원이 자신의 소설 작업을 지칭한 말로, 현대인의 생활을 조직적으로 조사·연구하여 현대의 풍속을 분석·해설하는 학문이라고 규정한다. 김윤식, "고현학의 방법론—박태원을 중심으로", 『한국문학의 리얼리즘과 모더니즘』(민음사, 1989), 130쪽.

115 이재선, 『한국소설사』(민음사, 2000), 372~373쪽 참고.

근거를 두고 있다.

그러나 구보의 인물 형상화를 당대 식민지 현실에서 비롯된 무기력하고 병리적이며 관념적인 것이라 일괄하기에는 다소 무리가 있다. 주인공 구보가 현실 관찰의 방법으로 내세운 '고현학'이나 소설 속에서 자신의 소설가적 면모를 드러내는 '미학적 자의식'을, 식민지 현실에 대한 수동적 반응, 즉 무기력한 지식인으로서의 자조나 체념으로만 받아들일 필연성은 없다. 자조나 체념이란 무기력한 반응 자체보다는 그런 반응을 유발한 원인, 즉 식민지 현실의 억압과 부조리에 초점을 맞출 때, 오히려 구보의 반응은 그가 처한 현실의 억압과 횡포가 얼마나 극심한지를 우회적으로 노출하려는 폭로의 수사학으로 읽힐 가능성을 배제할 수는 없기 때문이다. 이러한 해석의 가능성들이 엄존하는 한 「구보」에 나타난 인물의 형상화 과정을 좀더 면밀하게 검토할 필요가 있다.

이런 문제 의식에서 「구보」가 작가 자신의 소설가로서의 자의식 내지는 그 소설쓰기 과정까지를 의도적으로 드러내는 메타픽션(metafiction)적인 면모를 보인다는 점에 주목한 논의들은 시사적이다. 본래 메타픽션이란 소설의 허구성을 가능한 은폐함으로써 현실과 다름없다는 환상을 창출하려는 종래의 리얼리즘적인 소설 전략을 문제삼는 소설적 경향을 가리킨다. 소설 본연의 허구성을 의도적으로 노출시킴으로써 소설적 리얼리티에 대한 신념을 의심스러운 것으로 만들 뿐 아니라, 더 나아가서는 우리가 처한 일상의 현실까지도 상상의 세계처럼 구성되고 '쓰이는' 것임을 보여주려는 것이 메타픽션의 목적이기 때문이다.

어쨌든 작가와 동일시되는 인물을 설정할 뿐만 아니라 소설 쓰기의 강박 관념을 노출하여 소설적 리얼리티의 환상을 깨뜨리려는 것은 역으로 재현하기에 어려운 무엇인가를 말하려는 충동과 직결됨은 부인할 수는 없다. 이런 충동과 관련된 현실의 객관적 재현에 대한 의심이 「구보」에서 '고현학적' 방법을 표방하여 소설을 쓰려는 인물의 자의식을 전경화하게 된 중요한 동기임에 분명하다. 현실의 혼란스럽고 복잡한 양상을 불과 하루 동안의 일상적 경험, 그것도 인물의 자의식을 통해 농축하여 제시하였다는 점에서, 「구보」는 1930년의 다채로운 소설적 스펙트럼 속에서 독특한 위상을 차지하는 작품이다. 따라서 '미학적 자의식'으로 모호하게 규정되었던 구보의 자의식이 구체적으로 어떤 것인지가 해명되어야 「구보」에 대한 온전한 해석이 가능할 수 있다. 여기에서 자의식이란 현실에 대한 의식보다는 '현실에 대한 의식의 의식'으로서의 자의식을 의미한다. 이처럼 이중으로 간접화된 의식을 탐구하기 위해서는, 작품 속의 인물이 왜 그렇게 행동했는가라는 것에서 왜 그런 의식을 갖게 되었는가라는 해석적 의문으로 방향을 전환함으로써 사소하고 우발적으로 보이는 요소들을 인과의 틀 속에 짜넣는 작업이 필요하다.

1) 일상적 현실의 반복과 자의식적 재현

서사, 특히 실제 작가와 독자를 제외한 내포 작가—서술자—인물—피서술자—내포 독자 사이에 이루어지는 서사적 소통 과정에서 각 소통 주체 간의 관계는 서술, 특히 무언의 서술 행위로서 초점화를 통해서 효과적으로 이해할 수 있다. 그런 점에서 「구보」가 외적 초점화의 형식을 취하고 있지만, 허구 세계의 인물과 사건이 거의 '구보'라는 단일 초점자, 즉 3인칭 의식의 중심 내지 중심 의식(central consciousness)의 시각을 거쳐 제시된다는 데 주목하지 않을 수 없다.

모든 서사적 대상들이 구보의 내면이라는 프리즘에 여과되어 제시되기 때문에 작품 분석을 위해서는 역으로 대상에 대한 구보의 내적 반응들을 면밀히 살펴봄으로써 구보가 지닌 인식의 틀을 재구해보는 작업이 요구된다. 이런 맥락에서 「구보」의 도입부는 주인공 구보가 아닌 다른 인물이 초점자로 제시된다는 점에서 주목된다. 도입부만을 제외한 전체가 구보의 내적 초점화를 통해 제시된다는 점을 고려해볼 때, 왜 도입부에 한해서만 내적 초점화가 구보가 아닌 그의 어머니를 향해 있는가라는 문제는 해명할 필요가 있다.

> 어머니는
>
> 아들이 제 방에서 나와 마루 끝에 놓인 구두를 신고, 기둥 못에 걸린 단장을 떼어 들고, 그리고 문간으로 향하여 나가는 소리를 들었다.
>
> "어디 가니" 대답은 들리지 않았다. …(중략)…
>
> 어머니는 다시 바느질을 하며, 대체, 그애는, 매일, 어딜, 그렇게, 가는, 겐가, 하고 그런 것을 생각하여 본다.
>
> 직업과 아내를 갖지 않은, 스물여섯짜리 아들은, 늙은 어머니에게는 온갖 종류의, 근심, 걱정거리였다. 우선, 낮에 한번 집을 나서면, 아들은 밤늦게나 되어 돌아왔다.[116] (17~18쪽)

위의 인용문에서처럼, 어머니가 아들 구보에 대해 품은 의문은 두

116 이하 작품의 모든 인용은 박태원, 「소설가 구보씨의 일일」(깊은샘, 1994)에서 발췌한 것이다.

가지로, 그 하나는 매일 습관처럼 되풀이되는 아들의 외출 목적이 무엇이며, 또 하나는 아들이 직업과 아내를 갖지 않은 이유가 무엇인가라는 것이다. 어머니의 의문은 스물 여섯이 되도록 가정과 직업이 없는 아들을 걱정하는 모정에서 비롯되었다는 점에서 그 내용 자체로는 특별히 문제삼을 만한 것이 없어 보인다. 따라서 도입부의 의문이 작품 전체 맥락에서 어떤 기능을 담당하는지에 초점을 맞춰 검토할 필요가 있다.

먼저 서술적 특성에 주목할 때, 작품의 도입부가 상당 부분 실제로는 "한 번 이상 일어나지만 한 번만 서술되는 '요약반복 사건(iterative event)'"[117]에 대한 서술로 이루어진다는 것에 유의할 필요가 있다. 어법상으로 도입부의 서사적 진술들이 대부분 현재 시제의 형태를 단 한 번 일어난 사건들을 서술하는 것처럼 보이지만, 실제로 그 전후 맥락에 비추어 보면 거의 매일 또는 여러 번 반복된 사건들을 서술하고 있음이 분명히 드러난다.

> 늙고, 쇠약한 어머니는, 자리도 깔지 않고, 맨바닥에가, 팔을 괴고 누워, 아들을 기다리다가 곧잘 잠이 든다. 편안하지 못한 잠은, 두 시간씩 세 시간씩 계속될 수 없다. 잠깐 잠이 들었다, 깰 때마다, 어머니는 고개를 들어 아들의 방을 바라보고, 그리고 기둥에 걸린 시계를 쳐다본다.…(중략)…
>
> 아들은 잘 때면 반드시 불을 끈다. 그러나, 혹은, 어느 틈엔가 아들은 돌아와 자리에 누워 책이라도 읽고 있는 게 아닐까. 아들에게는 그런 버릇이 있다 …(중략)…
>
> "참 이 애는 장가를 들려구 안하는 겐구."
>
> 언제나 혼인 말을 꺼내면, 아들은 말하였다.

117 스티븐 코핸 · 린다 샤이어스, 앞의 책, 127쪽.

"돈 한푼 없이 어떻게 기집을 멕여 살립니까?" …(중략)…

아들은

그러나, 돌아와, 채 어머니가 무어라고 말할 수 있기 전에, 입때 안 주무셨어요, 어서 주무세요, 그리고 자리 옷으로 갈아 입고는 책상 앞에 앉아, 원고지를 펴 논다.

그런 때 옆에서 무슨 말이든 하면, 아들은 언제나 불쾌한 표정을 지었다. (18~19쪽)

이러한 요약반복적 서술은, 예컨대 아들을 기다리는 어머니의 습관적 행동이나 아들과 어머니 간의 대화가 위에서처럼 언제나 꼭같은 식으로 일어나기란 사실상 불가능하기 때문에, 엄밀히 말해서는 '의사(疑似)-요약 반복(pseudo-iterative)'이라 하겠다. 일반적으로 요약 반복 사건은, "단 한 번 일어나지만 한 번 이상 서술되는 '중첩반복 사건(repeated event)'"[118]과 더불어 이야기 전개의 중요한 분기점인 핵 사건으로 기능하지만, 때로는 지엽적인 위성 사건이 될 수도 있다. 물론 위에서 반복 서술되는 사건들은 모두 평범한 일상사라는 점에서 위성 사건에 해당된다.

그러나 이야기 구조상 위의 도입부는, 구보가 외출을 끝내고 귀가하는 결말부에서 어머니의 의문에 대한 구보의 해답과 관련해서 간과할 수 없는 역할을 수행한다고 할 수 있다.

구보는, 벗이, 그럼 또 내일 만납시다. 그렇게 말하였어도, 거의 그것을 알아듣지 못하였다. 이제 나는 생활을 가지리라. 생활을 가지리라. 내게는 한 개의 생활을, 어머니에게는 편안한 잠을—. 평안

118 스티븐 코핸 · 린다 샤이어스, 앞의 책, 127쪽.

(平安)히 가 주무시요. 벗이 또 한번 말했다. 구보는 비로소 그를 돌아보고, 말없이 고개를 끄떡 하였다. 내일 밤에 또 만납시다. 그러나, 구보는 잠깐 주저하고, 내일, 내일부터, 내 집에 있겠소, 창작하겠소—.

"좋은 소설을 쓰시오." …(중략)…

구보는 좀더 빠른 걸음걸이로 은근히 비 내리는 거리를 집으로 향한다.

어쩌면 어머니가 이제 혼인 얘기를 꺼내더라도, 구보는 쉽게 어머니의 욕망을 물리치지는 않을지도 모른다. (75~76쪽)

도입부에 일종의 해석학적 약호로 제시된 어머니의 의문은, 이제 무의미한 외출을 중단하고 좋은 소설을 씀은 물론, 어머니의 행복을 위해 결혼과 가정을 가질 수도 있다는 구보의 심리적 변화에 개연성이 아닌 불확실성을 가중시킨다는 점에서 주목된다. 구보의 이런 심리 변화가, 도입부의 사건들과 다름없이 매번 습관처럼 반복되는 일상사에 불과한 것이 아닌가라는 의혹을 불러 일으키는 결과를 빚어내기 때문이다. 좀더 확대 해석해보자면, 구보의 그런 심리 변화는 외출을 마치고 귀가하기 직전에 구보가 습관적으로 되풀이하는 무의미한 일상사의 한 부분으로 희석되어버릴 개연성을 충분히 내포한다는 것이다.

습관이나 틀에 박힌 단조로운 일상 생활은 분명 실존의 하부구조를 이루는 것[119]으로, 불가피한 조건이자 우리의 리얼리티 개념을 형성하는 기본 토대가 된다. 그러나 정작 이러한 실존의 조건으로서 일상생활은 결코 단순하게 파악될 성질의 것이 아니다. 그것은 정작 깊이 알려 할수록 또 의식하려들면 들수록 오히려 낯설거나 혼란스럽고 불

119 퍼트리샤 워, 김상구 역, 『메타픽션』(열음사, 1989), 66쪽.

가지(不可知)한 것이 되어버리기 일쑤이다. 그런 점에서 우리의 '삶 속에서 일어나는 많은 사건들 가운데 그 원인을 명백하게 증명할 수 있는 것은 드물다'는 지적은 우리의 일상적 삶이 갖는 복합성과 무작위성, 우연성에 대한 날카로운 통찰이 아닐 수 없다.

「구보」에서의 단 하루 동안의 여정, 즉 구보의 목적없는 배회 동안에 구보가 자신의 감각 기관을 의심하거나 자신의 정신 상태마저도 불신하는 태도를 보이는 것은 바로 이같은 현실 파악의 어려움을 우회적으로 시사해준다. 그렇기 때문에 구보에게 책읽기를 통해 얻은 잡학적인 지식들로 현실과 자신의 관계를 진단하려는 습성은 결코 우발적인 것이 아니다.

소설의 도입부가 수행하는 또 하나의 기능은, 그것이 작품의 전체 '틀거리'로서 독자의 관심의 초점을 유도한다는 것이다. 구보의 외출에 대한 의문이나 그가 직업과 아내를 갖지 않는 이유에 대한 어머니의 의문은, 서사적 경제성을 위해 으레히 작품 초입에 도입되는 '해석적 약호'를 구축하는 데, 이 의문들에 대한 해답을 「구보」의 외출 후의 행적에서 발견할 수 있으리라는 기대가 일단 독자의 주요한 관심사로 자리잡게 된다.

이러한 기대는 바로 어머니의 시점에서 구보의 시점으로 급작스런 전환이 일어나고, 그로써 구보의 심중을 들여다 볼 수 있는 상황이 조성되기 때문에 더욱 증폭되게 마련이다. 그러나 대문 밖을 나서자마자 구보 자신도 실상 자신의 외출이 어떤 목적에서 이루어지는지 알지 못한다고 실토한다. 따라서 구보의 외출 목적과 동기가 무엇인지 알 수 있으리란 기대감은 일단 유보될 수밖에 없다. 독자가 최종 해답을 얻으려면 구보의 하루 동안의 외출 과정이 끝나는 종결까지를 지켜보며 기다리는 수밖에는 별다른 도리가 없는데, 문제는 작품이 종결되어서도 만족스런 해답을 얻을 수 없다는 데 있다.

따라서 도입부에 제시된 의문들에 대한 명확한 해답을 찾으리라는 기대는 일단 좌절되는데, 이 지점에서 어머니가 품은 의문들이 구보가 완강하게 거부하려는 일상적 가치와 맞닿은 것이라는 사실에 주목하지 않을 수 없다. 어머니는 구보가 직업과 아내를 얻어 안정된 생활을 갖기를 원하고 그것을 행복으로 여기지만, 구보의 욕망은 '좋은 소설'을 쓰는 데 있다. 구보가 결말부에서 어머니의 '편안한 잠'을 위해서 어머니의 욕망에 화해의 몸짓을 보이지만, 이를 액면 그대로 받아들이기는 어렵다. 구보에게 좋은 소설을 쓴다는 것은 어머니가 바라는 직업과 가정이란 세속적 가치와 타협할 수 없는 것으로 인식되기 때문이다. 이런 가치 양분론적 태도야말로 구보가 결정적 판단을 유보할 수밖에 없고, 그것이 그의 불가피한 삶의 조건임을 동기화하는 요인이다.

이러한 삶의 불가피성은, 현실의 부조리에 대한 적극적 극복이 아닌, 현실에 대한 거리 두기로서 자의식에 집착하는 행위에 타당성을 부여한다. 이는 일상의 타성에 매몰된 채 '무덤'과 같은 집으로의 낢과 듦을 반복할 수밖에 없는 타인들에게서, 구보 자신도 그런 타성의 굴레에서 벗어날 수 없는 존재임을 확인하는 데서 드러난다.

> 생활을, 생활을 가진 온갖 사람들의 발끝은 이 거리 위에서 모두 자기네들 집으로 향하여 놓여 있었다. 집으로 집으로, 그들은 그들의 만찬과 가족의 얼굴과 또 하루 고역 뒤의 안위를 찾아 그렇게도 기꺼이 걸어가고 있다. 문득, 저도 모를 사이에 구보의 입술을

새어나오는 탁목(啄木)의 단가(短歌)——

누구나 모두 집 가지고 있다는 애달픔이여.
무덤에 들어가듯,
돌아와서 자옵네. (52쪽)

오전 두시의

종로 네거리——가는 비 내리고 있어도, 사람들은 그곳에 끊임 없다. 그들은 그렇게도 밤을 사랑하여 마지않았는지도 모른다. 그들은 그렇게도 용이하게 이 밤에 즐거움을 구하여 얻을 수 있었는지도 모른다. 그리고 그들은 일순, 자기가 가장 행복된 것같이 느낄 수 있었는지도 모른다. 그러나 그들의 얼굴에, 그들의 걸음걸이에 역시 피로가 있었다. 그들은 결코 위안받지 못한 슬픔을, 고달픔을 그대로 지닌 채, 그들이 잠시 잊었던 혹은 잊으려 노력하였던 그들의 집으로 그들의 방으로 돌아가지 않으면 안 된다 …(중략)…

이제 나는 생활을 가지리라. 생활을 가지리라. 내게는 한 개의 생활을, 어머니에게는 편안한 잠을—. (75쪽)

이처럼 속물적이고 타성적인 삶이 불가피한 현실 속에서 자신을 지키기 위한 하나의 방법은 그런 삶으로부터 의식적으로 거리 두기, 현실에 대한 의식이 아닌 현실에 대한 의식을 반성할 수 있는 의식, 즉 자의식적 거리 두기이다. 이것이 다음 장에서 논의될 문제이다.

2) 자의식적 거리 두기의 전복 효과

「구보」는 스토리 내지 플롯이 명확하게 포착되는 소설이 아니다. 이는 「구보」가 별다른 계획과 목적이 없는 배회와 그 과정에서 돌발적으로 마주치는 대상과 사건들을 다루고 있다는 것, 사건 전개의 필연성이나 인과관계를 무시하고, 사건들을 무작위하게 병치한 것처럼 보이게끔 빈번한 시간 역전이 뚜렷한 시간 표지 없이 일어난다는 데에서 기인한다. 그런 만큼 그 다음에 무슨 일이 일어날 것인가라는 데 관심을 두고 스토리—선을 따라가는 단선적인 독서보다는 무엇 때문에, 또 왜 이러한 일이 일어났는가라는 소급적이고 입체적인 독서가 요구된다.

다료에서

나와, 벗과 대창옥(大昌屋)으로 향하여, 구보는 문득 대학 노트 틈에 끼어 있었던 한 장의 엽서를 생각하여 본다. …(중략)… **소설 가다운 온갖 망상을 즐기며, 이튿날 아침 구보는 이내 이 여자[동경에서 구보가 우연히 주웠던 대학 노트의 주인]를 찾았다. 우입구 시래정(牛込區 矢來町). 주인집은 그의 신조사(新潮社) 근처에 있었다. 인품 좋은 주인 여편네가 나왔다. 들어간 뒤, 현관에 나온 노트 주인은 분명히**…… 그들이 걸어가고 있는 쪽에서 미인이 왔다. 그들을 보고 빙그레 웃고, 그리고 지났다. 벗의 다료 옆, 카페 여급. 벗이 돌아보고 구보의 의견을 청하였다. 어때 예쁘지. 사실, 여자는, 이러한 종류의 계집으로서는 드물게 어여뻤다. 그러나 그는 이 여자보다 좀더 아름다웠던 것임에 틀림없었다.

어서 옵쇼. 설렁탕 두 그릇만 주. **구보가 노트를 내어 놓고, 자기의 실례에 가까운 심방(尋訪)에 대한 변해(辨解)를 하였을 때, 여자는, 순간에, 얼굴이 붉어졌었다. 모르는 남자에게 정중한 인사를 받은 까닭만이 아닐 게다.** 어제 어디 갔었니. 길옥신자(吉屋信子). 구보는 문득 그런 것들을 생각해내고, 여자 모르게 빙그레 웃었다. 맞은편에 앉아. 벗은 숟가락 든 손을 멈추고, 빠안히 구보를 바라보았다. 그 눈은, 무슨 생각을 하고 있느냐, 물었는지도 모른다. 구보는 생각의 비밀을 감추기 위하여 의미없이 웃어보였다. **좀 올려오세요. 여자는 그렇게 말하였었다.** (54~55쪽, [ ]는 필자가 내용 이해를 위해 추가한 부분이고, 강조한 부분은 과거의 회상 내용을 나타냄)

위와 같이 과거와 현재의 사건 및 상황을 뚜렷한 통사론적 부호 없이 이처럼 병치하는 기법은, 일련의 사건 및 상황을 시간적 순차성이나 인과관계보다는 외견상 별다른 연관성이 없는 것처럼 보이는 우발적이며 무작위한 병치를 통해 삶의 불확실성과 우연성을 보여주려는, '의식의 흐름' 소설의 몽타쥬 기법을 연상케 한다. 이러한 기법은 일반적으로 과거와 현재, 무의식과 의식의 차원이 끊임없이 혼란스럽게 교차하는 인간 의식의 유동적인 흐름과 입체성을 보여주는 장치로 사용되어 왔다.

그런데 위 인용문의 경우에는 스토리—현재에 속한 사건들 간에 생략된 시간폭이 매우 짧을 뿐 아니라, 그 생략된 틈새를 채우는 과거의 회상과 현재 상황 사이의 교차가 아무런 시간적 표지 없이 사용되어 과거와 현재의 시간적 간극이 감지되지 않는다. 동시성의 효과를 자아내는 이런 과거와 현재의 병치 기법은 현재 삶의 새로운 변화의 의지를 모색하려는 노력이나 시도를 전혀 보이지 않는다는 구보의 태도와 깊은 관련이 있어 보인다.

> 여자는 그가 구보와 알기 전에 이미 약혼하고 있었던 사내의 문제를 가져, 구보의 결단을 빌었다. 불행히 그 사내를 구보는 알고 있었다. 중학 시대의 동창생. …(중략)… 사실 나는 비겁하였을지도 모른다. 한 여자의 사랑을 완전히 차지하는 것에 행복을 느껴야만 옳았을지도 모른다. 의리라는 것을 생각하고, 비난을 두려워하고 하는, 그러한 모든 것이 도시 남자의 사랑이, 정열이 부족한 까닭이라, 여자가 울며 탄(憚)하였을 때, 그 말은, 그 말은, 분명히 옳았다. …(중략)…
>
> 광화문통

그 멋없이 넓고 쓸쓸한 길을 아무렇게나 걸어가며, 문득, 자기는, 혹은, 위선자나 아니었었나 하고, 구보는 생각하여 본다. 그것은 역시 자기의 약한 기질에 근원할 게다. 아아, 온작 악은 인성(人性)의 약함에서, 그리고 온갖 불행이……

또다시 너무나 가엾은 여자의 뒷모양이 보였다. 레인코트 위에 빗물은 흘러내리고 우산도 없이 모자 안 쓴 머리가 비에 젖어 애닯다. (58~59쪽)

과거의 연애 경험에 관한 추억은 현재 결혼과 가정이 없는 자신의 처지에 대한 심리적 위안을 얻으려는 감상적 도피욕의 발로로만 보기에는 어렵다. 이보다 더 유력한 동기는, 과거의 연인이 중학 동창생의 약혼녀라는 것을 구실로 끝내 그녀를 단념하였던 구보 자신의 얄팍한 도덕 의식과 비겁함, 현재의 '온갖 불행'을 자초한 '악의 근원'으로서 구보 자신의 '약한 기질'과 '인성의 약함'을 확인하려는 데 있다. 그렇기 때문에 반복되는 회상을 통해 구보는 현재의 삶에서 기쁨이나 행복을 찾을 수 없는 요인이 자신의 '약한 기질'이나 '인성의 약함'에서 연유한다는, 숙명론적인 논리에서 찾으려 한다. 숙명론을 삶에서 개인의 능력이나 의지만으로는 감당할 수 없는 불가항력적인 사정이 있음을 인정한다는 의미로 이해할 때, 구보의 이런 논리는 현재의 무기력한 삶이 자신만의 책임이 아님을 주장하려는 의도로 보인다.

남자는 여자의 육체를 즐기고, 여자는 남자의 황금을 소비하고, 그리고 두 사람은 충분히 행복할 수 있을 게다. 행복이란 지극히 주관적인 것이다……. (44쪽)

이 사내는, 어인 까닭인지 구보를 반드시 '구포'라고 발음하였다.…(중략)…구보는 자기가 이러한 사내와 접촉을 가지게 된 것에 지극한 불쾌를 느끼며, 경어를 사용하는 것으로 그와 사이에 간격을 두기로 하였다. 그러나 이 딱한 사내는 그것에서 일종 득의감을 맛볼 수 있었는지도 모른다. 그뿐 아니라, 그는 한 잔 십 전짜리 차들을 마시고 있는 사람들 틈에서 그렇게 몇 병씩 맥주를 먹을 수 있는 것에 우월감을 갖고, 그리고 지금 행복이었을지도 모른다. (65쪽)

구보는 펜을 잡았다. 무지는 노는 계집들에게 있어서, 혹은, 없어서는 안 될 물건이나 아닐까. 그들이 총명할 때, 그들에게는 괴로움과 아픔과 쓰라림과…… 그 온갖 것이 더하고, 불행은 갑자기 나타나 그들의 마음을 사로잡고 말 게다. 순간, 순간에 그들이 맛볼 수 있는 기쁨을, 다행함을. 비록 그것이 얼마나 값없는 물건이더라도, 그들은 무지라야 비로소 가질 수 있다. 마치 그것이 무슨 진리나 되는 듯이, 구보는 노트에 초하고, 그리고 계집이 권하는 술을 사양 안 했다. (72~73쪽)

위에서 보는 것처럼 배회의 도정(道程)에서 마주치는 뭇 사람들의 행태에 대한 구보의 반응은 '무지'와 '황금'에 대한 불쾌감과 혐오로 나타난다. 이런 불쾌감과 혐오는, 무지와 황금에 의해 행복을 얻을 수 있는 속악한 현실에 대한 냉소와 조롱으로 이어진다. 주목할 점은, 이런 타락한 행복을 조롱하는 구보의 우월감이다. 즉 황금이 모든 것의 가치척도가 되어 버린 '황금광 시대'에서 무지와 황금으로 얻는 행복을 거부함으로써 무지와 황금을 추종하는 뭇 속물들을 마음껏 비웃고 조롱할 수 있는 자존과 권리가 정당화될 수 있다는 것이다.

이러한 독단적인 가치 전도를 단순히 무직 지식인으로서 자신의 무력한 생활에 대한 구보의 자기 위안이나 합리화만으로 속단하기에는 석연치 않은 점이 있다. 이를 뒷받침하는 것이 '황금광 시대'의 타락한 현실에 타협하기를 거부하면서도 그런 현실에서 '행복'을 찾는 사람들에게 부러움을 느끼기도 하는 구보의 이중적 인물 특성이다. 구보가 대상을 판단함에 있어 판단유보적이고 중간자적이며 심지어 양가적이기까지 한 태도를 견지하려 든다는 기존의 지적도 이런 특성에서 연유한 것이다. 이와 더불어 구보가 부조리한 현실에 휘둘리는 일방적인 희생자로서보다는 오히려 그 현실에 대한 대응으로서 자의식에 집착하는 책상물림의 지식인으로서의 성격[120]을 지니고 있다는 것도 구보가 현실적 무능함을 우월 의식으로 상쇄하려드는 위선적인 인물이라는 일방적 판단을 유보하게 만드는 근거이다. 이는 구보가 '매번 작가와 유사성을 드러내는, 지나치게 날카로운 의식과 지적 능력을 지닌' 인물이며, 따라서 「구보」가 "시대의 복합적 위기의 현실을 우월적 의식을 매개로 해서 재현"[121]하려 든다는 점에서도 분명히 확인할 수 있다.

이러한 자의식의 근거가 무엇인지를 해명하는 것이 구보라는 인물 형상화에서 드러나는 모순적이고 전복적인 특성을 구명할 수 있는 관건이 되는 셈인데, 그런 점에서 구보의 자의식이 현실의 직접 체험만이 아니라 독서를 통해 얻은 잡다한 지식에서 연유되고 있다는 점에 주목할 필요가 있다.

> 그러나, 구보는 다행하게도 중이질환(中耳疾患)을 가진 듯싶었다. 어느 기회에 그는 의학 사전을 뒤적거려 보고, 그리고 별 까닭도 없이 자기는 중이가답아(中耳加答兒)에 걸렸다고 혼자 생각하였다. (23쪽)

---

120 김경수, 『한국세태소설 연구』(서강대 박사학위 논문, 1993), 74~75쪽 참고.

121 위르겐 슈람케, 원당희·박병화 옮김『현대소설의 이론』(문예출판사), 143쪽.

> 그의 앞에 어떤 젊은 여자가 앉아 있었다. 그 여자는 자기의 두 무릎 사이에다 양산을 놓고 있었다. 어느 잡지에선가, 구보는 그것이 비(非)처녀성을 나타내는 것임을 배운 일이 있다. (30쪽)

> 그러나 구보가 그것에 대하여 아무런 대책도 강구할 수 있기 전에, 여자는, 참말, 나이 먹은 남자의 품으로 갔다. 열일곱 살 먹은 구보는, 자기의 마음이 퍽이나 괴롭고 슬픈 것같이 생각하려 들고, 그리고, 그러면서도, 그들의 행복을, 특히 남자의 행복을, 빌려 들었다. 그러한 감정은 그가 읽은 문학서 류에 얼마든지 쓰여 있었다. (31쪽)

> 때마침 옆을 지나는 장년의, 그 정력가형 육체와 탄력있는 걸음걸이에 구보는, 일종 위압조차 느끼며, 문득, 아홉 살 때에 집안 어른의 눈을 기어 춘향전을 읽었던 것을 뉘우친다 …(중략)… 한 분(分)의 동전과 한 개의 주발 뚜껑, 그것들이 17년 전의 그것들이, 뒤에 온, 드리고 또 올, 온갖 것의 근원이었을지도 모른다. 자기 전에 읽던 얘기책들. 밤을 새워 읽었던 소설책들. 구보의 건강은 그의 소년 시대에 결정적으로 손상되었던 것임에 틀림없다…….
>
> 변비. 뇨의빈수(尿意頻數). 피로. 권태. 두통. 두중(頭重). 두압(頭壓). …(중략)… 독서를 게을리 하기 이미 3년. 언젠가 구보는 지식의 고갈을 느끼고 악연(愕然)하였다. (37쪽)

이 인용들은 구보가 내보이는 자의식의 면모와 특성을 명확히 드러낸다. 책상물림의 독서로 습득된 구보의 잡다한 지식들이 거리의 풍물을 직접 관찰하고 수집하기 위한 소설 쓰기의 중요한 방편으로서 '고현학'과 병행되고 있다는 것은, 책으로부터 습득한 선험적이고 간접화된 지식이 배회의 체험을 체계화하기 위한 '고현학' 못지 않게 구보의 자의식의 주된 토대임을 증거한다.

자의식의 자원이 책읽기를 통한 잡다한 지식임을 강조하는 것은, 의도적이든 그렇지 않든 "세계를 모방하거나 재현할 수 없으며 언제나 이 세계를 구성하는 담론들만을 모방하거나 재현한다는 것을 보여준다"[122]는 점에서, 구보의 인식적 한계를 오히려 정당화하는 방편이 된다. 현실을 책 읽기로, 즉 유형화된 관습과 담화들로 인식하는 한, 배회의 체험이라는 구체적인 리얼리티와 합치되기를 기대하기란 어렵다. 더구나 배회의 경험을 고현학적 책쓰기의 방편으로, 선험적이고 관념적인 관습과 규범의 틀로 환원시키려는 태도에서 현실에 대한 객관적 인식을 기대하기란 어렵다.

구보가 현실에 대한 자의식적 거리 두기를 스스럼없이 드러낸다는 것은, 오히려 현실에 대한 그의 대응 방식의 정당성에 대한 확신이 그만큼 공고함을 입증한다. 개인의 힘으로 어찌할 수 없는 현실적 부조리에 직면할 때 개인은 외부 세계로부터 고립되어 자기 내면에로 침잠하게 되는데, 이처럼 외부의 객체를 포기하는 의식은 스스로를 성찰의 대상으로 삼고, 이는 자신의 동일성을 확신하기 위한 자기 의식이 된다. 현실에 대한 패배감을 현실의 부조리보다는 자신에게서 찾으려는 자의식에의 탐구가 구보라는 인물 형상화의 중심 동력인 셈이며, 따라서 배회의 체험과 독서 체험을 고현학적 방법으로 얼버무려 소설을 쓰려는 구보의 시도는, 자의식의 독단성과 파행성을 현실적 부조리로부터 자기 동일성을 지키기 위한 실존의 근거로 전복시키려는 시도이다.

작품에서 빈번하게 언급되듯이, 구보가 자가 진단을 통해서 자신

---

122 퍼트리샤 워, 앞의 책, 134~135쪽 참고.

의 육체적 질병들은 물론 '다변증'이란 정신병리적 징후들까지를 짚어내는 습관적 행위는 "황금광 시대"의 속물적 행태에 대한 구보의 혐오감과 불쾌감의 징후들인 동시에, 타락한 도시적 삶의 우의적인 기표들임을 부인할 수 없다. 그러나 이보다 더 중요한 것은 그러한 병리적 징후들이 구보의 파행적 자의식, 곧 뒤틀린 현실에 대응하는 방법은 현실 자체가 아닌 현실에 대한 자신의 뒤틀린 의식과 정직하게 대면하는 것임을 주장하는 기표라는 데 있다. 그런 만큼 타락한 현실에서 '행복'의 추구를 '고독'한 소설 쓰기와 등가화하는 논리가 이러한 자의식의 편파성을 정당화할 수 있는 유력한 방법일 것이다.

「구보」는 문제적 현실을 문제적 인물 즉 독단적 자의식을 실존적 근거로 삼으려는 작가-반영적 인물을 통해 제시한 문제적 작품이다. 전복적 인물 형상화, 즉 당대 현실의 속악성을 극복하기보다는 그것에 패배당한 인물의 문제적 자의식을 현실에 맞서기 위한 불가피하고도 정당한 대응으로 형상화한 점에서 당대의 불편한 삶의 진실을 독특한 재현 방식으로 포착한 흥미로운 사례로 꼽을 만하다.

3. 인물 형상화의 방식

앞서 논의했던 것처럼, 인물을 여러 가지 특성들의 계합체로 볼 경우, 인물 분석은 텍스트에서 인물과 관련된 특성 요소들을 추출하고 그 특성들의 일관된 목록을 통해 인물의 성격을 재구성하는 과정이라 할 수 있다. 특성은 습관이나 느낌, 기분과 같은 일시적인 심리적 반응에 비해서 비교적 안정되고 지속적이다. 따라서 특성은 원칙적으로 반복되어 나타나야만 하고 그럼으로써 성격적 특성으로 일반화될 수 있다.[123] 물론 특성이 텍스트에서 명시되는 정도나 방법은 다양하다. 특성이 제시되는 방법에는 반복 말고도 유사성, 대조, 함축 등 여러 가지가 있다. 이를 고려하여 특정 인물의 말씨나 행동, 세계관 등으로부터 어떤 공분모를 추출할 수 있다면, 그것은 그 인물의 성격적 특성으로 일반화될 수 있고, 이와 마찬가지로 다양한 특성들이 결합하여 그 인물의 성격을 형성한다.[124]

인물의 특성들을 추출하는 목적이 성격의 확정을 위해서라면, 이

123 예컨대, 어떤 인물이 자꾸 손을 씻고 깨끗한 마루를 또 닦고, 가구의 먼지를 터는 행동을 반복한다면 독자는 그의 행동에서 '강박적 결벽증'이란 특성을 읽어낼 수 있다. 시모어 채트먼, 앞의 책, 147, 152쪽 참고.

124 리몬-케넌은 반복 외에도 인물의 특성을 명시하는 유사성, 대조, 함축의 원리를 예시를 통해 다음과 같이 설명한다. 유사성의 원리는 가령 한 인물이 부친의 죽음을 인정하려 하지 않는 행위와 애인의 시체를 그대로 두는 행위 간의 유사성을 통해 그 인물에게서 '병적 집착' 내지 '시체 애호증'이란 특성을 읽어내는 경우에 해당된다. 대조는, 어떤 인물이 어머니를 자주 찾아가는 행위와, 만나기만 하면 자주 싸운다는 행위 간의 대조를 통해 그에게 어머니에 대한 양가감정이 있다고 일반화할 수 있는 경우이다. 함축의 원리란, 육체적 속성이 심리적 속성을 함축하는 것으로, 가령 'X라는 인물이 손톱을 자주 물어뜯는다.'라는 속성에서 'X는 정서가 불안정하다.'라는 심리적 속성을 읽어내는 경우이다. S. 리몬-케넌, 앞의 책, 61~62쪽. 64쪽 참고.

는 환원론적인 논리지만, 결국 인물이 행동하는 동기나 이유에 관한 합당한 인과성을 발견하기 위한 것이다. '인물의 성격은 그 행동의 원인이 된다'라는 명제는 이를 적시한 것이다. 인물 형상화에서 특성의 범위 한정이 문제되는데 이를 명료하게 도식화된 것이 포스터의 유명한 평면적/입체적 인물의 구분이다. 평면적 인물은 단일한 특성을 기반으로 정적인 상태로 머물며 작품의 처음부터 끝까지 발전을 보이지 않는다. 이에 반해 입체적 인물은 보다 더 복잡한 특성을 보이며, 플롯의 진행에 따라 발전과 변화를 겪는다.[125] 인물이 깊이와 개성, 즉 입체성이 있다는 것은 그가 폭이 넓고 변화의 여지가 많은 특성의 범위를 보여준다는 것을 의미한다.[126] 인물의 입체성은 20세기에 들어와 인물의 내면성에 대한 관심이 증대된 결과이다. 물론 그 이전에도 인물 자신보다 권위 있는 서술자에 의해 제시되는 인물의 내면 생활은 핍진성을 자아내는 중요한 수단이었다. 인물의 내면이 전경화됨에 따라 명확한 인과관계가 희석되는 소설 유형을 '이념적 이야기'라 일컫는다.[127] 20세기 이후 소설에서 의식 내지 무의식의 탐구가 인물을 개성 혹은 도덕적 힘으로 간주한 관점을 대체하게 된 것은 분명하다.[128]

인물의 내면 생활이 중심이 되는 서사에서 플롯을 조직하는 동력은 통합적 원리가 아닌 계합적 연상의 원리이다. 행위나 사건 대신에 인물의 성격과 기능, 동기와 지표가 중시됨에 따라 다의성은 증대되고

125 katie Wales, 앞의 책, p.20.
126 스티븐 코핸·린다 샤이어스, 앞의 책, 111쪽.
127 츠베탕 토도로프, 앞의 책, 89~92쪽 참고.
128 Mark Spilka, 앞의 논문, p.198.

인과성은 희박해진다.[129] 그럼에도 불구하고 특성의 구성에서 시간적 통합 관계를 전적으로 무시할 수 없다. 특성이란 것은 어떤 시간적 지점에서 제시되는가에 따라 시간적 선후 관계에 따라 의미 있는 인과관계를 구축하고 해석의 편차를 유발하기 때문이다.[130] 따라서 특성 구성은 인물의 행위를 인과율에 의해 의미 있게 결합하는 원리, 즉 플롯과 관련되어서만 성립되는 것인데 여기에는 중대한 문제가 있다. 특성이 주로 내면적 속성으로 일관되는 텍스트일수록 플롯이 요구하는 인물의 행위나 기능의 인과성이 붕괴될 위험이 그만큼 커진다는 것이다. 여기에는 여러 이유가 있겠지만 그 근본적인 이유는 특정 인물이 다른 인물과 외견상 구별되는 특성을 갖는 개별적 존재로 보이게 된다고 해도, 특성의 범위나 효력이 고정되고 불변하는 '인간성'의 실체를 그대로 모방한 것이 결코 아니라는 데 있다. 특성은 플롯이 필요로 하는 요건에 적합한 것이라기보다는 텍스트의 심층 구조로 작용하는 역사적·문화적 가설들, 즉 '인간성으로 인식되는 것'이기 때문이다. 특성은 인간의 성격을 고정되고 불변하는 것으로 인식한 19세기의 이데올로기와 반대로, 시대에 따라 변화하는 가치 범주이다.[131] 특성의 안정성과 지속성을 강조한 채트먼조차도, 독자가 특성을 식별하는 과정에는 특성-코드에 대한 지식에 의존한다고 인정한 것은 바로 이 때문이다. 특성을 구별하

129 페터 V. 지마, 서영상·김창주 옮김, 『소설과 이데올로기』(문예출판사, 1996), 40, 60, 65, 70쪽에서 인용 및 재인용함.

130 시모어 채트먼, 앞의 책, 153, 155쪽.

131 이와 관련된 한 사례로, 19세기초 제인 오스틴의 『오만과 편견』에서 리디아 베넷이란 인물의 '건장하다'라는 특성은 현대와 달리 '뚱뚱하고 달갑지 않다'는 의미가 아니라 '굳세고 상냥하다'는 의미로 사용되는 경우를 들 수 있다. 스티븐 코핸·린다 샤이어스, 앞의 책, 109쪽.

고 이름짓는 데 독자는 자신이 속한 문화권에서 인식되는 특성-코드와 동일시한다는 것이다.[132]

스토리의 인물 요소를 텍스트로 구성하는 중개 작용, 즉 서술은 결코 사실을 있는 그대로 전달하는 것이 아니다. 서술은 "서술자에게 가장 유리한 입장에서 진실이라고 생각되는 것을 보이는 것"이므로, 인물이나 사건은 사실 그대로 여과없이 제시되는 것이 아니라 선별되는 것이다.[133] 이 선별에는 서술자의 배후에 존재하는 당대의 지배적인 일상의 신념, 즉 이데올로기가 작용한다. 따라서 인물에 대한 서술에는 그 특성들에 대한 이데올로기적 선별, 즉 포함과 배제가 작용하게 마련이며 여기에는 해당 문화권에서 인물다움의 재현으로 여기는 인간성을 표상하는 데 선호되는 특정한 가치 항목들이 있다.[134]

이처럼 인물의 특성을 배제하거나 포함하는 선별은 서술 과정에 그 흔적을 남기는데, 그 흔적을 잘 드러내는 인물 형상화 방법 가운데 하나가 초점화이다. 다음 장에서 주로 인물의 내면에 집중하여 '의식과잉자의 세계'[135]를 그렸다고 평가받는 최명익의 소설을 대상으로 초점화에 의한 인물 형상화 양상과 그 의미를 검토해보고자 한다.

132 시모어 채트먼, 앞의 책, 150~151쪽.

133 제레미 탬블링, 앞의 책, 1, 4쪽 참고.

134 19세기나 20세기 소설에서 인물 유형보다는 개성에 관심을 두는 것은 이 때문이며, 따라서 역사적으로 다른 문화권에서 산출된 중세 소설들, 사회적 유형이나 도덕 관념처럼 사전에 정의된 범주들에 의해 인물을 재현하는 소설들과 다르다. 인물의 특성 구성은 정체성의 개념을 구성하는 특수한 문화나 가치에 역사적으로 구속을 받는다. 특성은 심리적 자질이 아니라 의미론적 자질이고, 의미론적 자질은 본질적이고 보편적인 인간 본성이 아니라 "허구적 인물을 구성하는 일단의 육체적·행동적·심리적·언어적 속성들을"을 뜻한다. 스티븐 코핸·린다 샤이어스, 앞의 책, 109~110쪽 참고.

135 이재선, 『한국소설사』(민음사, 2000), 533쪽.

1) 초점화와 인물 형상화

최명익 소설의 인물은 대체로 소시민적 지식인, 아니면 평범한 서민으로 양분되는데, 그의 소설에서 주목을 요하는 것은 지식인적인 인물의 입상이다. 이런 유형의 인물들은 현실의 속악성에 남달리 예민하여 자폐적인 삶의 양식을 고집하므로, 이들의 내면에는 현실과 삶의 부조화에서 비롯된 강박적 심리가 숙명처럼 자리잡고 있다. 삭막하고 치열한 생활 현장의 주변자로 머물고 있는 데 대한 소원함, 뚜렷한 목표의식 없이 안일하게 살고 있는 데서 비롯된 무력감, 관념적 삶의 허상에 사로잡혀 타인과 현실을 도외시하는 데 대한 자책과 자성이 그것이다.[136]

한 마디로, 인물이 추구하는 관념적 삶과 현실적 삶의 괴리에서 비롯된 내적 갈등을 중심축으로 삼고 있는 것이 최명익 소설의 인물 형상화의 특성이다. 이런 인물 형상화에서 중요한 역할을 담당하는 것이 시점 내지 초점화 사용 방식이다. 최명익 소설에서 시점은 1인칭 내적이든 3인칭 외적이든 시공간적 차원에서 특정 인물에 집중되어 있다. 가령 3인칭 외적 초점화의 경우 서술자는 전지적 특권을 대부분 특정 인물에만 고정시켜 그의 내면을 투시한다.

136 이재선은 최명익의 문학이 식민지 상태라는 음울한 현실 파악을 전제삼아 운명적으로 불행한 생활 상실자인 지식인들의 우울과 염세의 징후를 제시하는 데 집중되고 있다고 평가한다. 따라서 소설의 인물들은 대부분 삶의 의욕을 잃어버리거나 현실과 타협해서 살려는 의지력을 갖지 않는 자포자기적이고 정신적인 결벽성을 지닌 지식인임을 지적하면서 그의 문학을 '의식 과잉자의 세계'라 규정하고 있다. 이재선, 앞의 책, 533쪽 참고.

> 병일이는 다시 쇼오윈도 앞으로 돌아서서 연하여 하품을 하면서 사진을 보고 있었다. 그때에 갑자기 사진이 붙어 있는 뒤 판장이 저쳐지며 커다란 얼굴이 쭈욱 나타났다. …(중략)… 비를 놓고 부채로 쇼오윈도 안의 하루살이와, 파리를 쫓아 내는 그의 혈색 좋은 커다란 얼굴은 직사되는 광선에 **번질번질 빛나 보이었다.** 그리고 그의 미간에 칼 자국 같이 깊이 잡힌 한 줄기의 주름살과, 구두 솔을 잘라 붙인 듯 한 거츨은 눈섭과, 인중에 먹물 같이 흐른 커다란 코 그림자는 산 사람의 얼굴이라기보다 얼굴의 윤곽을 도려 낸 백지판에 **모필로 한 획씩 먹물을 칠한 듯 같이 보이었다.**[137] (「비오는 길」, 107쪽.)

> **이 급행차**가 머무르지 않는 차창 밖으로 지나갈 뿐인 작은 역들은 오직 한빛으로 청청한 신록이 흐르는 산과 들 사이에 붉은 질그릇 자박지 같이 메마르게 보인다. 늦은 봄 빛을 함빡 쓰고 있는 붉은 정거장 지붕의 진한 그림자가 예각으로 비껴 있는 처마 아래는 연으로 만든 인형 같은 역부들이 보이고 천장 없는 **빈 풀렐폼 저편에 빛나는 궤도**가 몇 번인가 흘러 갔다. (「무성격자」, 30쪽.)

위 인용문들에서 대상이 모두 특정 인물의 지각과 관련해서 이루어짐을 확인할 수 있다. 「비오는 날」의 경우 우연히 유리창을 사이에 두고 마주친 사진관 주인의 얼굴에 대한 묘사에서 강조된 구절들을 고려하면 초점화가 서술자에게서 인물(병일)에게 이동하거나 인물의 지각이 초점화에 반영되었음을 보여준다. 「무성격자」에서 인용한 부분도 마찬가지이다. '이 급행차'라는 발언은 서술자에게 귀속된 것이지만, '빈 풀렐폼 저편에 빛나는 궤도가'라는 표현에서 초점화의 공간적 위치가 열

137 이하 최명익 소설의 인용은 모두 최명익의 소설집 『장삼이사(張三李四)』(을유문화사, 1947)에서 발췌한 것으로 이후 인용은 작품명과 쪽수만 표시하기로 한다.

차 내부이고, 초점화가 열차에 탑승한 인물(정일)의 지각을 반영하고 있음을 어렵지 않게 알 수 있다.

이처럼 외적 초점화 상황에서 서술자와 인물의 지각 위치가 일치하는 것은 감각을 통한 단순 지각의 차원에서만 이루어지는 것이 아니다. 느낌이나 감정, 관념까지도 인물과 공유하려는 의도이다. 이를 가장 잘 보여주는 것이 서술자와 인물, 인물과 인물 사이를 오가는 다각적인 이동 초점화이다.

> 그러한 용팔이가 그때 정일이의 아버지에게 **무슨 일**을 의논하러 들어와서 한 자리에 앉아 있는 정일이에게 장사의 기밀을 꺼리듯이 말의 토를 띄우지 않고 웃 모리만 따서 말하고 일어서며, 형님 오래간만에 오셨어두 갑갑하시겠군요, 하고 **살기 웃음을 치고 나갔다.** 정일이를 책망하던 만수 노인은 무릎을 모으고 앉아 있는 **아들**을 보는 자기의 눈이 무겁게 노려지고 스스로 듣기에도 자기의 말이 너무 지나치는 것 같이 생각되었다. **나**는 지금 왜 이렇게 심화가 날까? 단순히 아들이 미운 생각보다도 이렇게 심화를 내지 않을 수 없는 어떤 불길한 예감이 자기 마음 속에 숨어 있는 듯하여 말할 수 없이 초조하고 성가시었다. 그래서 더욱 심화가 끓어 오른 **그**는, 에이 아무 짝에도 못 쓸 놈아, 하고 쥐었던 장죽으로 방바닥을 뚜들기고 있는 자기를 깨닫자 맥이 탁 풀리었던 것이다. (「무성격자」, 42쪽.)

일단 이 작품이 외적 초점화 상황임을 고려할 때, 이 장면에서 초점자는 서술자이다. 또한 초점화는 거의 중심 인물 정일에 한정해서만 이루어진다. 그런데 이 짧은 장면에서 인물 초점화는 먼저 중심 인물 정일에게, 그 다음에는 정일과 갈등 관계에 있는 만수 노인에게로 옮겨 가는데, 이제까지 정일에게 고정되었던 초점화가 유독 이 장면에서만

다른 인물에게 이동한다는 점에서 주목하지 않을 수 없다. 첫 문장에서 매제인 용팔이가 정일의 아버지 만수 노인에게 '무슨 일'인가를 의논하러 들어 오는 장면이 제시된다. '무슨 일'이라는 표현으로 미루어 용팔이가 만수 노인과 논의할 일은 정일이로서는 전혀 모르는, 정확히 말해 정일이가 동석한 자리에서 논의하기 꺼려하는 일이라는 점에서 이 장면은 정일이의 시점에서 포착된 장면임을 알 수 있다. 또한 첫 문장의 서술부, 즉 '살기[138] 웃음을 치고 나갔다.'에서 이 장면은 정일이가 용팔에 대하여 느끼고 있는 부정적인 감정을 반영한 인물 초점화이거나, 최소한 서술자와 정일이가 동일한 감정을 공유한 초점화 상황으로 보인다.

그런데 두 번째 문장에서 '아들'이라는 호칭으로 초점화가 아버지 만수 노인에게로 바뀌었음을 알 수 있는데, 이 돌연한 초점화 이동은 결코 우연이 아니다. 성격과 가치관의 차이로 인해 도저히 화합할 수 없어 보이는 부자 간의 갈등도 숙명적인 혈연의 정으로 극복할 수 있다는 우리의 전통적인 가족주의 이데올로기가 자연스럽게 용해되어 있다. 실제로 이 장면은 정일이 연인의 장례와 아버지의 장례 가운데 어느 쪽을 선택하느냐라는 기로에서 돈밖에 모르는 속물이라 경멸했던 아버지의 관을 맡기로 결심하는 정일의 행동에 개연성을 부여한다는 점에서 중요한 기능을 담당한다.

이처럼 초점화의 이동에 의해 정일의 의외의 선택을 하게 된 행위

138 정확한 뜻은 알지 못하나 문맥상 '살쾡이'의 방언으로 짐작된다. 따라서 뒤에 이어지는 '웃음'이란 표현과 연결시켜보면 '(살쾡이처럼) 음흉한 웃음'이라는 의미 정도로 해석될 수 있을 것 같다.

의 동기를 효과적으로 제시한다는 점에서 최명익 소설의 인물 형상화 방식은 전복적이다. 그럼에도 불구하고 특성과 행위 간의 모순에서 빚어지는 전복성을 가족주의라는 보편적 이데올로기에 의해 봉합함으로써 자연스럽게 처리하였다는 점에서 인물 형상화의 한 전범을 제시하였다고 볼 수 있다.

2) 전복적인 인물 특성으로서의 양가성

최명익 소설의 중심 인물들은 주변의 타인과 현실에 대해 적대적이거나 방관적인 태도를 취하는 경우가 일반적이다. 주목되는 것은 그런 태도가 양가성[139]이란 특성을 어김없이 동반한다는 것이다. 이런 점에서 양가성은 인물의 성격을 형상화하는 반복적이고 지속적인 특성이라 할 수 있다.

> 문일이는 이렇게 앉아 있는 계향이를 볼 때마다 내달은 걸음에 왜 더 깊이 타락한 생활로 들어 가지 않고 돌아 왔을까고 생각하였다. 그러나 계향이가 요새 기생 허가를 다시 주선한다는 것을 아는 문일이는 남의 행운을 축복한다거나 그런 주제넘은 생각을 할 위인이 못된다고 생각하면서도 안심되는 것이다. 그러한 안심은 다시 제 길을 찾는 계향이를 위한 것일 뿐만 아니라 기생이 되어 성 안으로 들어 가게 되면 십 년 하루 같이 아무런 감격도 흥미도 없이 계

139 양가성이란 특정 대상에 대한 사랑과 증오라는 대립되는 감정의 공존으로 대상에 대한 모순된 성향이나 태도, 느낌 등의 동시 공존을 의미한다. 양가성은 정상인에게도 나타나는 심리적 현상이지만, 정신 분열의 징후로 간주되기도 한다. J. Laplanche·J.B. Pontails, *The Language of Psycho-analysis*(W.W. Norton & Company, 1973), pp.26~28 참고.

> 속된 자기 감정을 잠시라도 흔드는 듯한 계향이가 생활 곤난에서 없어지고 마는 까닭일 것이다. (「역설」, 15쪽)

위 인용문에서처럼 계향에 대한 문일의 감정은 양가적이다. 계향을 권태로운 자신의 삶의 자극제로 여기고 호의를 갖지만, 한편으로 계향이 다시 기생 면허를 얻어 자신의 곁을 떠나주기를 바란다. "아무런 감격도 흥미도 없"이 지내온 자신의 감정을 뒤흔들 뿐 아니라 기생을 "타락한 생활"에 빠지기 쉬운 여자로 보는 선입견 때문이다. 문일처럼 상황을 주도하지 못한 채 방관적 태도를 취하거나 적극적 행동이 결핍된 의식 과잉자로서의 면모는 최명익 소설 전반에 걸쳐 반복되는 인물 특성이다.

> 청개구리의 뱃가죽 같은 놈! 문득 이런 말이 나오면 병일이는 자기도 모를 사진사에 대한 경멸감이 떠올랐다. (「비오는 길」, 117쪽)

> 대문 안에 사라진, 미상불 갓 깨운 병아리 같은 솜털이 있을 기생의 얼굴을 그리며 그의 애기 소리가 귓가에 남아 있는 병일이의 머리 속에는 어릴 때 손가락을 베었던 의액이 풀잎이 생각난다. (120쪽)

> (내게는 청개구리의 뱃가죽만한 탄력도, 의액이 풀잎 같은 청기도 날카로움도 없지 않은가?) 이러한 반성이 머리 속에 가득 찬 병일이는 용이히 올 것 같지 않은 잠을 청하려고 눈을 감았다. (121쪽)

「비오는 길」의 병일은 돈밖에 모르는 속물이라는 이유로 사진관 주인을 경멸하기도 하고 길가에서 우연히 목격한 어린 기생에게 연민을 느낀다. 타인의 삶에 대한 이런 경멸과 연민의 양가 감정은 삶의 뚜렷한 목표나 의욕도 없이 독서로 소일하는 자신의 무력한 삶에 대한 반성으로 이어진다. 그러나 이런 병일의 자성은 현실에 순응하거나 현실에 타협하는 삶의 방식의 변화를 지향한 것은 아니다. 타인은 결국 자신의 삶과 양립될 수 없는 '노방의 타인'일 뿐이라며 자기 삶의 방식을 더욱 완강하게 지키겠다는 의지를 확인하는 계기로 작용할 뿐이다.

> 「안 그래? 내가 여옥이를 정말 사랑하게 될 것 같잖아?」고 다시 물었을 때「글쎄요. 그럼 낮에요? 밤에요?」 여옥이는 이렇게 반문하였다.
>
> 그렇게 묻는 여옥이를 나만이 밤의 여옥이와 낮의 여옥이가 딴 사람이라고 보아 왔지만 여옥이 역시 나를 밤과 낮으로 구별하여 보는 것이 분명하였다. 그렇다면 본시부터 모호하던 두 사람의 심정의 초점이 더욱 모호해지다기보다도 밤과 낮으로 다른 두 여옥이와 두 나로 분열하고 무너져 가는 마음의 풍경을 멀거니 바라볼 밖에는 별 도리가 없었다. (「심문」, 150쪽)

「심문」의 중심 인물 명일은 죽은 아내에 대한 집착에서 벗어나지 못한 상황에서 옛 애인을 잊지 못하는 여옥과 동거 중이다. 이런 상황에서 명일은 여옥을 '밤과 낮으로 구별하여 보는' 이중적 태도[140]를 버리지 못한다. 죽은 아내와 여옥 사이에서 마음을 잡지 못하고 망설이는 명일의 태도는 양분론적 인식의 전형을 보여준다. 어느 한쪽을 선택하려면 다른 쪽을 포기해야 된다는 양자택일의 논리인 셈이다. 애초부터 타협과 양립이란 대안을 배제하므로 확고한 결단을 기대하기란 불가능

140 죽은 아내와 여옥 사이에서 선택을 주저하는 명일의 행동 특성을 이강언은 본래적 자아와 생활적 자아의 분열과 갈등으로 도식화하면서 최명익 소설은 인물의 내면이 사건 전개에서 중요한 몫을 차지하는 인물 중심의 소설이라고 평가한다. 이강언, "성찰의 미학", 『수우재 최정석 박사 회갑 논총』(1984), 459쪽.

하다.

> 그런 우리들 중에 모자 대신 핀물 목테를 머리에다 감은 농촌 젊은이가 금방 회복한 제 버릇으로 그만 적잖은 실수를 저지르고 말았다. 실수라는 것은, 통로에 섰던 그 젊은이가 늘 하던 제 버릇대로 뱉은 가래침이 공교롭게도 나와 마주 앉은 중년 신사의 구두콧등에 떨어진 것이었다. 물론 그것만도 적잖은 실수겠지만 그렇게까지 여러 사람의 눈이 둥구래서 보게끔 큰 실수로 만든 것은 그 구두의 발작적 행동이었다. (「장삼이사」, 209쪽)

실수로 뱉은 가래침에 대한 중년 신사의 과잉 반응은 주변의 반감을 산다. 흥미로운 것은 말쑥한 옷차림에 결벽적일 만큼 깔끔을 떠는 중년 신사의 직업이 뜻밖에도 포주라는 것이 밝혀진 후 주변인들의 태도 변화이다. 중년 신사의 말쑥한 옷차림과 결벽적인 행동에 위화감과 반감을 표현했던 주변인들은 오히려 중년 신사에게 친밀감을 보이게 된다. 이는 중년 신사 옆에 앉아 있던 여자의 정체가 밝혀지는 과정과 대조된다. 포주인 중년 신사에게 도망쳤다가 잡혀 업소로 되돌아가는 윤락 여성임이 밝혀지자 주변 사람들은 그녀를 취중의 희롱거리로 삼아 모욕을 서슴지 않는다.

> 이런 명백한 현실을 듣고 보는 동안에도 나의 망상(?)은 저 대로 그냥 시간적으로까지 진행하여, 지금 아무리 서둘러도 벌써 일은 저즈르고 만 것이었다. 싸늘하게 굳어진 여인의 시체가 흔들리는 마루 바닥에서 무슨 짐짝이나 같이 딩굴르는 양이 눈 감은 내 머리 속에서도 굴러다니는 것이었다. 아아, 그러나 이런 나의 악몽은 요행 짧게 끊어지고 말았다. 그 여인이 내 무릎을 스치며 제 자지로 돌아왔다. 무사히 돌아올 뿐 아니라, 어느새 화장을 고쳤던지 그 빰

> 에는 손가락 자국도 눈물 흔적도 없이 부우옇게 분이 발리어 있는 것이었다. 그리고 당장이라도 직접 직업 의식적인 추파로 내게 호의를 표할 듯한 눈이었다. (「장삼이사」, 233쪽)

중년 신사 옆에 앉아 담배를 피던 여인에게 느꼈던 나의 호기심은, 중년 신사에게 뺨을 맞고 눈물을 흘리는 모습에서 연민으로, 그리고 화장실로 간다고 자리를 비운 여인이 화장실에서 당장 자살할 것 같다는 망상으로 숨가쁘게 이어진다. 그러나 나의 이런 망상은 아무 일도 없었다는 듯이 화장을 고치고 돌아온 여인을 대하자 자신에 대한 자조로 급변한다. 주변 사람들에게 '반감과 혐오의 대상'이 될 정도로 침묵과 방관으로 일관하던 나에게 유일한 관심의 대상이었던 여인이 중년 신사의 폭력이나 주변의 시선에 전혀 개의치 않고 일순간에 태도를 바꾸는 모습이야말로 나의 방관자적인 삶의 방식의 정당성을 재확인하고 공고화하는 또 하나의 계기로 작용한 셈이다.

주변의 상황과 타인에 적대감을 느끼든 무관심으로 일관하든 최명익 소설의 인물에게는 현실의 어느 자리에도 소속감을 느끼지 못하는 방관자로서의 소외 의식이 드러난다. 이는 양가성이란 심리적 특성으로 수렴되는데 이 양가성은 최명익 소설의 인물들에게서 공통적으로 나타나는 배타적 양분화란 동기화 논리로 이끄는 요인임을 확인할 수 있다. 「역설」의 문일처럼 인망과 속물적 욕망은 양립할 수 없는 것이고, 「비오는 길」의 병일처럼 타인은 결국 자신의 삶의 길과 양립될 수 없는 '노방의 타인'으로 남을 뿐이다.

특히 「역설」에서 오랜 무덤 속의 옴두꺼비 같은 혐오스런 동물에게서 동면에서의 깨어남을 기대하는 문일의 내면적 변화, 즉 갱생의 동질감을 느끼는 장면은 문일이 그토록 혐오하던 속물 근성을 삶의 엄연한 진실로 수용해야만 극복할 수 있다는 의미로 읽힌다. 이처럼 자기 내면의 속물성을 직시하는 것을 갱생의 계기로 동기화한다는 점에서 최명익 소설의 인물 형상화가 인물의 전복적 특성을 성찰을 통한 갱생이라는 이데올로기로 봉합하여 개연성을 확보하려는 의도에서 이루어지고 있음을 엿볼 수 있다.

4. 인물에서 주체로

서술의 한 요소로서 초점화가 인물 형상화에 중요한 이유는 인물이 반영 관계, 즉 어떤 사물 내지 타자와의 관계를 통해서만 형상화된다는 것을 초점화가 시사하기 때문이다. 인물의 성격은 '거울' 또는 '타자'와의 상상적 대화를 통해서 형성되는 허구적 요소인데 인물은 일시적으로나마 자신에 대하여 충분한 확신을 갖기 때문에 거울 속의 자신, 즉 관념 상의 타자에 관한 일반화를 수행한다.[141] 인물의 내면에 대한 자기 제시는 특히 초점화가 초점자인 인물이 자신의 행위나 내면을 들여다보는 상상적 거울의 역할을 수행할 때 더욱 두드러진다. 이 자기 극화야말로 인물의 성격이 실재하는 것이라기보다 상상적·허구적 산물

141 거울에 대한 논의는 어린아이가 거울에 비친 자신의 모습과 동일시를 통해서 원초적 나르시시즘을 형성한다는 자크 라깡의 논의에 근거한다. 이런 거울 단계, 즉 상상계적인 단계는 서사가 독자의 동일시를 유도하는 가능성을 담고 있다. *Jacque Lacan, Ecrits : A Selection*(trans. Alan Shridan, Tavistock Publications, 1977), pp.1~9.

임을 뒷받침하는 증거이다. 이런 점에서 사건이 성격을 생산하는 것이라면, 성격은 곧 자기 정의이자 정체성 찾기이다.

서사와 관련된 이데올로기[142] 연구는 서술될 수 있는 모든 것에 한계가 부여된다는 것을 당연시한다. 대중의 취향은 평가를 받지만 언술에 여러 가지 조건들을 가한다. 명백한 사실의 진술조차도 대중의 취향에 맞춰져야 한다. 이와 마찬가지로, 어떤 생각이나 지각을 서사로 구조화하는 데에는 여러 가지 제약들이 가해지며, 서사가 존립할 수 있는 특정 조건들이 제기된다. 예컨대 소설은 독자가 독서를 계속하게 만들 목적으로 계획된 특정 약호들을 토대로 존립한다. 모든 소설은 설명 요구에 의해 작동되며, 세계와 사물을 보는 그 나름의 방식이 현실을 이해하기 위한 자연스럽고 불가피한 방식이라 주장한다. 따라서 소설은 인위적이며 그 수사적 충동은 알튀세르가 '개인 간에 상상적 관계'를 맺어주는 것을 이데올로기라고 말할 때, 그런 이데올로기의 일부분을 향

142 이데올로기가 정의하기 까다로운 용어인 이유는, 그것이 사실이거나 당연한 것으로 보이는 관념과 신념들이 합리적이고 상식적인 관찰을 통해서 나온 것으로 보이도록 만들기 때문이다. 그렇다고 이데올로기와 대립되거나 이데올로기로부터 자유로운 신념이나 가치들이 존재한다는 의미는 아니다. 이데올로기는 "사람들이 살아가거나 자신들이 존재하는 조건들과 관계를 스스로에게 재현하는 방식들의 총합"이다. 이데올로기가 재현하는 것은 "각 개인의 실존을 지배하는 사실적 관계들의 체계가 아니라, 각 개인이 살아가고 있는 사실적 관계에 대해 그들 자신이 갖는 상상적 관계이다." 이데올로기가 상상적이란 것은 지식과 행위의 조건들을 가능케 하는 사실적인 것을 제공하면서도 동시에 꾸며내고 상상하는 이중적 의미를 갖는다는 의미에서이다. 이데올로기는 모순이나 현실의 대안적 재현을 회피함으로써 사회의 권력 관계를 의문의 여지없이 불가피하고 당연한 것으로 여기게 만든다. 예컨대 부르주아 이데올로기는 사람들의 삶에 동기를 부여하는 문화적 가치나 신념들에 힘을 실어주는 인종, 성별, 계층 구분을 그럴듯 하게 얼버무리거나 회피한다. 그 대신 행복, 공평함, 모성, 고귀한 희생 같은 위안을 주는 용어나 신념들로 권력 관계를 묘사한다. 스티븐 코핸·린다 샤이어스, 앞의 책, 188~189쪽 참고.

한 것이다. 이데올로기와 소설은 각 개인에게 동일시를 위한 즐거운 이미지를 제공하는데 이는 주로 인물이란 요소를 통해서 이루어진다. 작가는 독자에게 인물과 동일시하기를 촉구하며 허구적 인물들을 독자가 실제 삶에서 만나는 사람들처럼 여기도록 촉구한다.[143]

따라서 인물 또는 성격이라는 개념을 주체로 대체하려는 것이 오늘날 대두된 인물 이론의 핵심이다. 여기에서 주체는 구조주의에서 사용된 사건과 행위의 주체라는 의미를 넘어선다. 텍스트 내에서의 행위 매개체로서 행위항이란 기능적 의미가 아니라 독자의 동일시를 유도하기 위해 자연스럽게 구조화된다는 의미에서의 주체이다. 이 때문에 주체는 설명 요구(interpellation)에 의해 텍스트 내에서 어떤 지위를 부여받음으로써 형성된다. 설명 요구는 이데올로기가 어떤 개인을 종속시키기 위해 그로 하여금 스스로를 생각하고 느끼는 주체, 통일되고 일관된 존재로 여기도록 만드는 방법이다.

그런 맥락에서 주체는 이데올로기의 호명에 의해 구성되는 담화의 생산물이다. 19세기 서구에서 사람들은 선과 악 같은 일반화된 범주들에 포함되고, 그 특성을 단적으로 나타내는 우의적인 이름들에 의해 성격을 부여받는 유형들로 간주되거나, 남과 다른 독특한 특성을 지닌 개성적 인물로 여겨졌다. 당시의 이데올로기[144]는 사람들이 항상 개성을 갖춘 개인이자 동시에 똑같다는 점을 강조하였다. 가령 낭만주의 이데올로기는 자연에 대한 정감을 강조함으로써 전 세계의 인류를 동족으

143 제레미 탬블링, 앞의 책, 67쪽.

144 계층이나 성별 같은 모든 사회적 구분을 초월한 주체, 즉 통합된 주체로 자신을 인식하는 것을 낭만주의 이데올로기라고 한다. 스티븐 코핸·린다 샤이어스, 앞의 책, 205쪽 참고.

로 만드는 것이다. 그러나 이 자연이란 그 자체도 이데올로기적 개념이며, 사람들이 '인간성은 변하지 않는다'라고 말할 때처럼 성격은 근본적이고 모든 것에 선행하는 것이라는 인식을 조장한다.

성격은 본질적이고 불변하는 것이라고 믿게 만드는 이데올로기나 개성을 나타내는 표시로 보는 것과 달리, 후기 구조주의에서는 성격 대신 주체와 주체 지위라는 용어를 제안한다. 특히 강조되는 것은 자아에게 설명 요구를 하고 자아를 다양한 주체 지위들로 끌어들이는, 즉 '자아를 구성하는' 이데올로기적 담화들이 갖는 힘이다. 이런 방식에 의해 주체로 형성되는 개인은 자신을 자유롭고 개별적이고 자유로운 존재로, 자기 나름대로 행동하는 주체로 생각하기 쉽고, 또 그렇게 생각할 수밖에 없다. 이것이 아리스토텔레스의 서사 이론이 촉구하였던 바로 그 방식이다.[145]

인물을 둘러싼 핵심 문제들이 인물의 모방성 대 인위성, 자율성 대 종속성의 팽팽한 대립 관계를 바탕으로 전개된 이유는 인물의 재현이나 형상화 방법에서 무엇이 더 중요한가라는 시각의 차이에서 비롯되었다. 이는 소설적 관습의 역사적 변화와 직결된 것으로 특정 인물에게 다른 인물들과 구별되는 결정적 요소로서 성격이란 것이 존재하는가, 또한 성격은 본질적이고 불변하는 것인가라는 문제를 해결하기 위한 인식의 변화를 의미한다. 아리스토텔레스부터 19세기에 이르기까지 성격이 본질적인 인간성이 존재한다는 믿음을 바탕으로 옹호되었다고 한다면, 20세기 이후의 인물관은 이런 믿음을 거부하는 데서 출발하였다.

145 제레미 탬블링, 앞의 책, 59쪽.

인간이 본질적이거나 합리적으로 규정할 수 없는 정체성과 심리적 깊이를 지닌 존재라는 정신분석학의 출현에 힘입어 성립된 인간관의 변화는 이를 촉진한 요인이었다.

그러나 이런 인물관은 형식주의나 구조주의 이론가들에 의해 강력한 비판을 받게 되었는데 이는 서사 텍스트가 단순히 현실의 수동적 재현에 그치는 것이 아니라 재현 매체들이 갖는 형식과 관습 등에 의해 오히려 현실을 인위적으로 구성하는 것이라는 인식의 전환에서 비롯된 것이었다. 후기 구조주의의 출현에 따른 이런 인식의 전환은 인물이나 성격 대신에 주체라는 개념을 선호하게 된 바탕이 되었다. 언어학적 의미에서 주체 혹은 주어가 현실에 실재하는 인간 관계가 아닌 담화의 전후 요소들과의 관계에서 의미를 부여받는 것[146]인 만큼, 담화를 구성하는 이데올로기가 주체를 생성하는 힘이다. 이데올로기에 대한 인식은 인물이 텍스트와 현실의 매개 수단으로 새로운 위치를 점하게 되었다는 것을 의미한다. 인물의 성격이 없다는 것은 성격의 새로운 정의나 개념을 요구하는 것이며, 이는 성격을 생성하는 힘의 원천을 텍스트 외부의 현실에서가 아니라 텍스트가 현실을 구성하는 능력에서 찾아보려는 의욕적 시도의 일환이다.

---

146 방브니스트에 의하면 담화 내에서 서술자 내지 초점자가 자신이나 타인을 지시할 때 사용하는 '나' 또는 '너'라는 대명사가 시공간적 실재나 객관적 위치를 지시하는 것이 아니라 두 대명사를 포함한 발화를 지시하는 것이라고 한다. 대명사는 담화 외부의 어떤 자율적 대상을 지시하는 것이 아니라 주어진 담화 내에서 어떤 위치를 차지함으로써 의미를 갖는다. 왜냐하면 담화는 대명사를 발화하는 화자로 하여금 스스로를 주체로 가정하는 능력, 즉 자신을 '나'로 지칭하고 그럼으로써 자신을 명료화하는 능력을 부여하는 것이기 때문이다. 스티븐 코핸·린다 샤이어스, 앞의 책, 149~150쪽 참고.

제5장

서술 :
서사적 진실과 인과율의 재현 형식

제5장

서술 : 서사적 진실과 인과율의 재현 형식

1. 액자 형식과 서사적 진실의 전복적 재현

서사의 한 갈래로서 소설은 서술을 빼놓고는 논의할 수 없는 문학 양식이다. 서술이란, 문학 용어 사전에 수록된 단순명료한 정의를 인용하자면, 서술자가 작중인물이 아닌 독자에게 직접 사건을 이야기하는 것이라 할 수 있다.[147] 이런 정의는 서술자(이야기꾼)가 독자(청중)에게 이야기 내용에 대한 자신의 의도나 평가를 거리낌없이 드러냄은 물론, 더 나아가 독자의 반응을 염두에 두는, 전통적 구연(口演) 방식, 즉 '말하기'를 염두에 둔 것이다. 이처럼 단순명료한 서술 개념은 근대 이후 '말하기'보다는 '보이기'를 통해 서술 내용에 대한 서술자의 개입을 최소화

147 Laurie Henry, *The Fiction Dictionary*(The Story Press, 1995) p.181.

하는 것이 소설의 미적 효과를 더 극대화시키는 방법이라는 견해가 근대에 들어와 확립된 이후 거의 효용성이 없는 것으로 치부된 것이 사실이다.

서사 장르의 존립 근거가 서술인 만큼 작품의 해석을 서술자의 서술 태도나 의도에서 찾으려 한 것은 당연하다. 서술자의 개입이 최소화되는 경우, 그런 의도를 해석하는 작업은 그리 용이한 일이 아니다. 더구나 이 글의 주된 대상인, 이청준 소설 『축제』의 경우처럼, 서술과 시점에서 중층 구조 내지 겹 구조를 형성하는 액자 형식이 사용됨으로 해서 서술자의 정체나 의도를 간파하기는 더욱 어려워질 수밖에 없다.[148]

그러나, 액자 형식임에도 이례적으로 서술 의도나 주제가 비교적 선명하게 부각되는 작품이 바로 『축제』이다. 3인칭 시점인데도 불구하고, 이야기 '안'에 등장하는 작가적 인물-주인공이 자신이 경험한 이야기 '밖'에서, 지난 사건들을 회상하거나 감독에게 영화에 관련된 조언과 제안을 피력한 편지를 군데군데 삽입하여 독자에게 직접 소설을 쓰게 된 동기나 내력 등을 상세하게 밝히고 있기 때문이다. 서술 의도 내지 의미를 은폐하는 중층 구조적 특질을 지닌 액자 소설 형식을 채택하였음에도 하필 이런 투명한 서술 방법을 사용한 이유는 여러 가지로 생각할 수 있다. 먼저, 소설 『축제』가 임권택 감독이 연출한 동명의 영화 《축제》의 제작과 거의 동시진행적으로 집필되었다는 점, 더구나 서술되는 내용이 어머니의 죽음과 관련된 작가의 실제 신변사 내지 가족사에 관한 것이라는 점 등이 그 이유라고 할 수 있다. 요약하자면, 엄연한

148 이에 관련된 논의로는 권택영의 "이청준 소설의 중층 구조"(권오룡 엮음, 『이청준 소설 깊이 읽기』, 문학과지성사, 1999)가 대표적이다.

사실의 편린들을 어떤 방법으로 한 편의 소설 내지 영화로 꾸며내야 하는가라는 작가의 미학적 자의식과, 거기에 따르는 부담감과 고심의 결과가 이런 서술 방법으로 나타나지 않았는가 하는 추측은 얼마든지 가능한 것이다.

서술자의 존재 여부나 그 작의(作意)의 명시 정도가 서사적 가치를 가늠하는 기준으로 통용된 적이 있었다. 가령 서술자의 주관과 의도를 노골적으로 드러내는 '말하기'보다는 서술자가 카메라의 눈처럼 객관적 효과를 극대화하는 '보이기'가 미학적으로 가치 있다는 주장은 리얼리즘이 풍미한 시대에 전폭적인 지지를 받았다. 그러나 이런 주장은 소설가가 소재를 처리하는 데 누리는 권리와 자유를 지나치게 침해할 소지가 다분한 임의적 판단에 불과하다. 왜냐하면 모든 서사적 의미는 문면에 직접적으로 드러난 요소들과 숨겨진 요소들 간의 역동적인 상호작용에서 비롯되기 때문이다.[149] 이런 밝힘과 감춤의 역학은 서술의 본질과 관련된 중요한 단서를 던져준다. 서술을 본질적으로 '기지(旣知)의 이야기를 다시 이야기하기'로 이해하는 시각이 그것이다. 이는 모든 이야기에는 이미 서술자의 선결된 의도나 견해가 전제되어 있다라는 결정론적 관점의 재확인에 불과하다는 비판을 받을 여지가 있겠지만, 여기에는 중요한 단서가 붙는다. 즉, 서술자가 자신이 말하는 이야기의 모든 것을 이미 알고 있다고 해서 서술자의 의도가 반드시 선명하게 드

149 커모드는 텍스트가 겉으로 드러난 매끈하게 연속된 요소들을 토대로 한 명확한 인과 관계를 보이는 전경화된 서사 이면에는 항상 비연속적인 요소들로 이루어진 후경화된 서사가 있음을 염두에 두고, 이 '배반의 텍스트' 내지 '비밀'을 주의 깊게 읽어내야 한다고 주장한다. 주네트, 리쾨르, 화이트, 채트먼 외 지음, 앞의 책, 69~70쪽 참고.

러난다는 보장은 없다라는 것이다. '다시' 이야기한다는 것은 본래의 이야기를 '있는 그대로' 이야기한다는 의미가 결코 아니다.

서술이 본래의 불변하는 줄거리와 그것을 구체화하는 담화라는 두 차원으로 이루어진 이원 구조를 갖고 있다는 것은 채트먼을 비롯한 많은 서사학자들이 주장하였던 바 있다. 신데렐라 이야기처럼 발레나 오페라, 만화, 영화 등 어떤 매체로 표현되어도 독자나 관객은 그 기본 줄거리를 추출할 수 있으므로, 기본 줄거리는 손상되거나 변형되지 않고 유지된다는 것이 이 주장의 근거이다. 그러나 이 기본 줄거리라는 개념 자체는 실재하는 것이 아닌 일종의 추상 개념임에 유의할 필요가 있다. 텍스트에 실제 제시되는 것들을 토대로 독자나 관객이 추론해내는 결과물이 곧 기본 줄거리이다. 그러므로 그것은 매체의 차이에 상관없이 불변하는 것이 아니라, 오히려 전달 매체가 무엇이냐에 따라 독자나 관객이 영향을 받기 때문에 일정 정도의 변화는 불가피하다.

다시 이야기하기는 원래의 이야기가 서술자에 의해 첨삭·강조·생략·은폐되는 과정, 한마디로 감춤과 밝힘의 제반 과정을 포함한 개념이다. 따라서 모든 이야기는 있었던 그대로 서술될 수 없으며, 그것을 말하는 서술자의 견해나 이해 관계, 가치 판단에 따라 재구성되고 재편될 수밖에 없다. 모든 이야기가 시작–중간–결말로 진행되는 단선적인 과정을 밟는 것이 아니라, 거꾸로 결말에서부터 쓰여진다라는 주장은 바로 이 점을 적시한 것이다.[150] 그러므로 이 '결말에서의 관점' 즉, 모든 이야기가 항상 원본 그대로가 아닌 변형을 거친 반복임을 전제할 때,

150 제레미 탬블링, 앞의 책, 182~183쪽 참고.

오히려 서술의 본질을 파악할 수 있다. 물론 이 변형에는 이야기 구성의 문제만이 아니라 이야기에 내포된 주제나 의미 관계, 이데올로기의 문제가 복합적으로 얽혀 있게 마련이다.[151]

때문에 서술이란 사건들을 있는 그대로 재현하는 객관적 보고(報告)가 되어야 한다는 순진한 믿음은 폐기될 수밖에 없다. '재현'이란 말 자체에는 우리가 실재를 보는 것이 아니라 실재에 대한 모방, 복사, 또는 이미지나 상징만을 볼 뿐이라는 의미가 함축되어 있기 때문이다. 서술은 현실을 직접 다룰 수 없고 단지 현실에 대한 그림만을 제시한다. 이 그림은 곧 작가의 '상상적 형식', 다시 말해 작가의 입장 내지 관념, 궁극적으로는 작가가 속한 사회나 집단의 이데올로기로 채색된 것이다.[152]

더구나 본래의 이야기란 것은 존재하는 실체가 아니라, 그 전모가 결코 완전히 밝혀질 수 없는 가상의 개념일 뿐이다. 그렇다고 해서 본래의 이야기를 재구하는 작업은 서사의 해석을 위해 불가피한 만큼 전혀 무가치하다고 볼 수 없다. 본래의 '그림'을 불완전하나마 식별가능한 정도로 복원시키는 유력한 방법 가운데 하나는, 정신분석학에서 중시되는 '반복 강박(repetitive compulsion)'이다. 반복 강박이 주목된 이유는, 무의식적인 징후들이 한결같이 반복적이라고 하는 특성을 갖기 때문이다. 반복 강박이란 말 그대로 환자의 꿈이나 진술에서 어떤 의미심장한

151 S. Rimmon-Kenan, 앞의 논문, p.176.

152 이는 텍스트의 근저에 작용하는 이데올로기란 단순히 정치적 의미의 그것이 아니라, "사람들이 그들 자신이 처한 현실적 조건들을 상상적 형식으로 재현한다"라는 알튀세르의 정의에 근거한 것이다. 여기에서 '재현'이란 '서술'을 의미한다. 제레미 탬블링, 앞의 책, 84~85쪽 참조.

요소가 자꾸 반복되는 것으로, 이런 반복 요소들은 환자의 무의식 속에 자리잡은 과거의 의미있는 경험 내지 그로 인한 정신적 외상(外傷)의 징후이다. 특히 이런 징후들은 무의식에 자리잡은 심적 갈등의 특정 요소들의 위장된 형태이다. 일반적으로 무의식 속에 억압된 것은 꿈이나 말실수 같은 특정 징후, 또는 억압된 감정의 행동화든 상관없이 늘 현재로 되돌아오고자 하기 때문에 반복적 특성을 띨 수밖에 없다.[153] 이처럼 '억압되거나 이해되지 않는 것'이 무엇인지를 발견하기 위해서 정신분석가는 환자의 두서없는 이야기를 논리적으로 재구성하여 환자에게 다시 들려주고, 환자가 이를 받아들일 때까지 이야기 구성 과정을 끈기있게 되풀이한다.

정신분석가의 작업과 마찬가지로, 서사적 재현 역시 하나의 이야기를 다시 이야기하여 또다른 판본을 재생산한다. 다시 이야기하기로서의 서사적 재현에 내재된 이야기의 자기 복제성이야말로 서사의 왕성한 자생력의 원천이고, 우리로 하여금 끊임없이 서사의 의미를 탐구하도록 이끄는 추동력임은 분명하다. 그런 점에서 모친의 삶과 죽음에 관한 동일한 이야기가 수필과 소설, 영화라는 상이한 매체를 통해 여러 형태의 판본들로 재생산된 『축제』는 서사적 재현의 본질을 이해하는 데 매우 유용한 사례이다.

153 J. Laplanche·J. B. Pontalis, 앞의 책, p.78.

1) 액자 형식의 재현적 의도

『축제』는 작가 이청준이 즐겨 사용하는 액자 소설 형식의 장편이다. 액자 소설은 '이야기 속의 이야기', 즉 서술자 내지 초점자가 각기 다른 여러 층위의 이야기들이 결합된 형식인 만큼, 각 이야기마다 서술 시점이 교체·중첩됨으로 해서 중층적 서술 상황이 형성될 수밖에 없다. 이같은 서술 상황은, 『축제』의 경우, 주인공인 소설가 준섭이 어머니의 장례와 관련해서 겪는 갖가지 삽화들이 내화를, 어머니의 장례를 치르고 난 후에 영화화를 위한 작업 과정에서 감독에게 보낸 서신들은 외화를 구성함으로써 이루어진다. 외화나 내화 모두 3인칭 관찰자 시점을 취하기 때문에, 얼핏 보아서는 시점의 변동이 전혀 없어 보인다. 그런데, 어머니의 장례를 둘러싼 사건들 '안'에 위치한 준섭이란 초점자–인물이, 장례가 끝난 이후, 즉 사건 '밖'에서 지난 사건들을 반추하고 논평하는 편지들을 통해 액자 소설로서의 형식을 갖추게 된다. 이야기 세계 안의 인물의 초점화가 그 세계 밖을 넘나드는 경계 위반은 메타픽션에서 일반화된 서술 전략이다.[154]

이처럼 이야기 세계 밖의 시점에서 서술된 편지 내용이 기지(旣知)의 이야기를 다시 이야기하는 서술적 자의식을 드러낼 뿐만 아니라, 작가의 분신임이 분명한 주인공 준섭이 경험한 어머니의 장례에 얽힌 대소사를 가감없이 감독에게 전하고 있다는 것을 강조하지만, 이는 경험을 이야기하는 것 자체가 경험의 사실성을 심각하게 훼손할 수 있다는

154 이에 대해서는 김경수의 "메타픽션적 영화소설"(『현대소설의 유형』, 솔출판사, 1997)을 참조하였다.

것, 더구나 감독에게 특정 장면이나 대사 처리에 관한 조언이나 견해까지를 담고 있다는 점에서 메타픽션적인 면모가 여실히 드러난다.

실제 작가가 직접 경험하였던 어머니의 장례라는 제재의 사실성을 강조함에도 불구하고, 이를 영화화를 위한 한 편의 이야기로 꾸미는 허구화 과정을 거리낌없이 드러내어 사실과 허구 간의 대립을 의도적으로 문제삼는다. 본래 메타픽션은 소설이 현실을 직접 모방하는 것이 아니라, 단지 현실에 대한 담론들만을 모방할 수 있을 뿐이라는 포스트모던적인 인식을 토대로 구축된 것이다. 현실의 담론이란 결국 현실 그 자체가 아닌 전달 주체의 의식을 전제한다는 점을 상기해본다면, 자신의 이야기가 결국 '어머니의 장례를 두 번 치르는' 이야기, 즉 다시 이야기하기임을 공언하는 것은 실제적 경험이 아닌 그것을 경험하는 자아의 의식이 중심에 놓여있음을 의미하게 되며, 그 점에서 이야기는 지극히 이데올로기의 자장(磁場)에서 자유로울 수 없다. 그러므로 이 전달 주체의 인식 내지 의식의 정체를 구명하는 것이 곧 이 글에서 검토되어야 할 주된 과제일 것이다.

> 그런 점에서 하필 그 당일 아침에 〈기억여행〉과 같은 감상적인 글을 쓰다가 노인의 운명 소식을 듣게 된 대목은 특히 어색하고 작위적인 설정으로 보이실지 모르겠습니다. 하지만 그 역시 노인성 치매와 상관된 이 이야기의 서두부의 한 실마리가 될 수 있을 듯 싶은 생각 외에, 감독님의 영화 구상을 위한 자료 제공의 일에 앞서 그것이 실제로 제가 겪어낸 일이라서 부자연스런 그대로 적어본 것입니다. 앞으로 이 글이 어떻게 발전되어 갈지는 아직 장담할 수가 없지만, 지금으로선 될 수록 제 글모양새보다는 감독님의 일을 위해

> 제 실제의 경험을 충실히 담아 넘겨 드리고 싶으니까요. (33쪽)[155]

위의 인용에서 주목되는 것은, 주인공의 실제 경험이 영화에서는 오히려 '어색하고 작위적인 설정으로' 보일 수도 있다는 역설적 발상이다. 실제의 경험이 부자연스럽게 보일 수도 있는 위험을 감수하는 이유는, 자신의 소설보다는 영화 작업을 위해서라는 것이 주인공의 변명이다. 이는 뒤집어 생각하면, 자신의 소설이 사실의 충실성을 보장할 수 없다는 논리로 이해된다. 이처럼 사실성의 척도가 자기 소설에서는 유용하지 않다는 논리는 이 작품의 액자소설 형식과 부합되지 않는다. 본래 액자소설은 서술자가 이야기를 하게 된 동기나 어떤 경로를 통해서 입수한 이야기의 출처를 밝히는 외화를 통해서 내화의 사실성을 보증하기 위한 데 목적이 있다. 이같은 논리적 모순에 대한 서술자의 자의식은 다음과 같은 대목에서 분명히 나타난다.

> 이런 글에서 굳이 제3자 시점의 화자를 내세운 것은, 1인칭 시점이 당시의 제 감정과 실제정황에 더 충실할 수는 있겠지만, 그보다 자식으로서 제 어머니의 일을 직접 말하기가 매우 어색하고 송구스러울 뿐만 아니라, 심정적으로 훨씬 노인의 일을 미화하고 과장할 가능성이 클 것 같아서입니다. 1인칭보다는 3인칭 시점의 객관적 진술 형식으로 그 폐해를 줄여 보자는 의도에서지요. 그렇더라도 때로 '준섭'의 시점과 자식으로서의 제 심정적 시점에 혼동을 빚지 않으리라는 보장이 없으니 감독님께서도 그 점 늘 감안해 읽어주시기 바랍니다…(이하 생략)…
>
> 1995년 3월 일

155 이 글에서 인용한 대목과 쪽수 표시는 모두 『축제』(열림원, 1996)를 판본으로 한 것이다.

이준섭 올림

(밑줄 필자, 34쪽)

밑줄 친 대목에서 확인할 수 있는 중요한 사실은, 이 소설의 주인공인 이준섭을 발신인으로 명기한 서신임에도, 준섭을 '제3자 시점의 화자'라고 지칭할 뿐더러 '자식으로서의' 자신의 '심정적 시점'이 준섭과 혼동될 수 있음을 경고하는 작가-서술자의 목소리가 끼어든다는 것이다. 이 소설의 시점이 '3인칭 시점의 객관적 진술 형식'을 취한 이상, 준섭은 엄연히 서술자의 서술 대상이다. 그럼에도 불구하고 준섭이 자신을 소설 속 인물인 '준섭'인 동시에 실제 작가인 '자식'이라 지칭한다는 것은 준섭 자신이 바로 인식 대상이면서 인식 주체임을 은연중에 암시한 것이다. 이처럼 서술 대상이 일순간 서술 주체로 자리바꿈하는 시점의 중층화 현상은, 타인이 아닌 자신의 이야기를 말하는 것이 필연적으로 '미화'와 '과장'을 불러일으킬 수밖에 없다는 반성적 자의식이 작용한 결과인 동시에 이 이야기가 겉으로 보이는 것처럼 단지 모친에 관한 이야기만이 아님을 암시한다.

시점의 중층화 말고도 이 작품에서 주목되는 현상은 담화의 중층화이다. 작가가 어머니에 관한 이야기의 '결산판'이라고 표현했듯이, 이 작품에는 어머니와 관련된 다양한 종류의 담화들이 혼재되어 있다. 작품 도입부에서 주인공이 어머니에 관한 수필 「기억여행」을 집필하던 중 어머니의 부음을 듣게 되는 장면에서부터 시작되어, 준섭이 감독에게 보내는 편지에는 어머니와 관련된 온갖 종류의 자료들이 언급되고 있다. 동화 「할미꽃은 봄을 세는 술래란다」, 지인이 어머니를 소재로 해서 쓴 시, 그간 어머니와 관련해 썼던 소설들, 어머니의 '손사래질'이 뜻하는 것에 대한 사전 지식 등 다양한 자료들이 열거되어 있다. 담화의 이런 중층화는 시점의 중층화와 더불어 어머니의 이야기를 재현하는 의도나 그 형식과 관련하여 중요한 의미를 갖는다.

> 이미 동화로 한번 써 버린 이야긴 데다, 현실에서는 그다지 아름다워 보일 수도 없는 실제 노인의 이야기를 새삼 세상에 드러내 놓는 노릇이 어쩐지 민망하고 죄스러웠기 때문이었다. 더욱이 그것으로 노인에게 어떤 예기치 않은 운명의 굴곡을 부를 것 같은 조심스러움(이 무렵 노인의 일에 대한 그의 느낌이 늘 그렇게 편안치가 못했다), 아들의 처지에선 함부로 할 수 없는 어떤 위험한 금기를 범하려 드는 것 같은 알 수 없는 불안감까지 앞을 선 때문이었다. (15쪽)

자식으로서 부모와 관련된 이야기를 한다는 것 자체가 아직까지도 유교적 전통이 잔존하는 우리 사회에서는 일종의 불경이자 금기임은 말할 나위가 없다. 그런 점에서 어머니는 소설의 글감으로 대상화되거나 재현되기 어려운 존재이다. 더구나 실제 노인의 이야기가 아름다워 보일 수 없음에도 이를 굳이 소설 쓰기를 통해 말하려는 데에서 재현의 강박 내지 금기에 대한 불안감은 당연해 보인다. 때문에 노인의 이야기를 다시 되풀이할 수밖에 없는 필연적인 계기가 요구될 수밖에 없는데, 그것은 노인과 관련해 미처 이야기하지 못했던 비밀스런 기억이 아직 남아 있었다는 사실이다.

> 그리고 이후부터 아내는 누구보다 그 일을 가슴 아파해왔으며, 준섭 또한 뒷날 그 〈눈길〉의 이야기를 시도하게끔 한 창연한 뒷 사연이었다. 하지만 아내는 늘상 그 일을 가슴 아파하고 잊지 못해 하면서도 사실은 한 가지 모르고 있는 것이 있었다. 그때 그 노인의

> 황망스러우면서도 결연한 손사래질—, 노인의 기억엔 뚜렷히 남을 수가 없을 일인 데다, 준섭 역시 그것을 말을 하거나 쓴 일이 거의 없어 아내는 여태 그것을 알지 못하고 있었지만, 그날도 전에 늘 그래왔듯, 준섭이 차로 오를 때나 찻속으로 들어가 밖을 내다봤을 때나 뒤에서 연신 그 손사래질을 쳐대며 그를 재촉하였고, 그러다 그 경황없고 망연스런 손사래질과 함께 순식간에 어둠 속으로 파묻혀 사라져가 버린 것이었다. (76쪽)

단편 「눈길」에서 이미 제시된 것처럼, 나의 비밀스런 기억은 모친의 부끄러움과 관련된 것이다. 빚 때문에 집을 팔 수밖에 없게 된 상황에서 고향에 내려온 아들을 옛집에서 하룻밤 재우고 이웃들의 눈치가 부끄러워 쫓기듯 새벽에 집을 나서 아들을 차에 태워보내고 동네 어귀에서 아침 햇살이 부끄러워 망연히 앉아 있었다는 노인의 심정을 외면했던 기억, 노인에 대한 빚없음만을 되뇌이는 나에게 모친의 사랑을 일깨워준 가슴 아픈 기억이 그것이다. 노인의 부끄러움은, 언젠가 금의환향하여 노인을 잘 모시겠다는 약속을 끝내 지키지 못한 죄책감을 평생 안고 살아가야 할 자식에게는 더더욱 떨쳐버릴 수 없는 대속(代贖)이 된 셈이다. 그렇기에 손사래질의 기억은 그에게 묻어두고 싶을 수밖에 없던 고통스런 원상(原傷)이었다.

이런 맥락에서, 모친에 대한 반복된 이야기는 빚갚음이기보다는 준섭의 죄책감과 원상의 치유를 겨냥한 자기 고백과 폭로의 이야기이다. 준섭이 공공연히 언명한 것처럼 이 작품은 '돌아가신 노인을 위한 뜻깊은 굿'이라기보다는 노인에 대한 죄책감과 부채감의 멍에에서 진정으로 자유로워지고픈 자신과 남겨진 가족들에 관한 이야기인 셈이다. 이는 허구로서의 소설이 사실과 현실의 제약을 넘어설 때 비로소 자유로워진다는 미학적 자의식, 말하자면 이청준 특유의 역설적 세계관에서 여실히 확인된다.

> 앞에서도 이미 말씀을 드렸고, 감독님께서도 분명히 경험해오셨듯이 세상사 가운데는 때로 허구가 얼마나 진실되어 보이고, 사실과 실제가 얼마나 더 비현실적으로 부자연스러워 보일 때가 많습니까. (33쪽)

> 어떤 뜻에선 소설이란 사실과 현실의 제약을 넘어서고 싶고 자유로워지고 싶은 욕망, 바로 그 허구에의 욕망의 한 산물일 수 있을 테니까요. 제가 제 이야기의 사실성에서 벗어나 완전히 자유로워질 수 있게 되면, 그래서 더 많은 허구를 감행하게 된다면, 저는 이 일로 한편의 소설을 꿈꾸어 볼 수도 있을 것 같다는 말씀입니다. (119쪽)

세상사는 허구와의 차이를 전제한다. 그러나 이 둘 간의 대립과 차이를 매개하는 것은 진실이다. 허구는 진실될 수 있기 때문에 거짓이나 사실과 구별된다. 사실과 진실은 혼동될 수 없다. 이 진실성은 주체에게서 공감이나 합의를 얻게 되는 보편성과 같은 것이다. 하여 기지의 이야기를 다시 이야기하기, 즉 '이야기의 반복'은 세계가 본질적으로 이 같은 부동성(不同性)의 영역임을 인식하는 데서 출발한다. 이런 인식은 단순히 인식으로만 그치는 것이 아니라, 부동성에서 세계와의 유사성과 동일성을 찾음으로써 세계와의 근원적 분리에서 오는 불안과 상처를 치유하려는 노력을 동반할 때 의미가 있다.[156] 소설이 이런 분리에서 비롯된 불안을 치유하는 방법은 "독자에게 긴장과 불안을 일으키고 실

156 J. Hillis Miller, *Fiction and Repetition*(Basil Blackwell·Oxford, 1982), p.2.

로 그를 괴롭히다가, 이런 긴장을 본줄거리에서 벗어난 지엽적인 이야기들로 고조시키는 한편 풀어"주는 것이다.[157] 때문에 소설을 읽는 독자의 한결같은 기대치는 이런 불안과 긴장이 결말에 이르러서 말끔히 해소되기를 바라는 것이며, 이는 현실에서의 문제 해결이 아닌 상상적이고 허구적인 해결책으로서만 가능하다.

『축제』라는 소설쓰기가 어머니의 장례를 다시 치르는 것이라는 작가의 술회는 소설이 일종의 상상적 해결 방식임을 직시한 것이다. 장례의 반복은 원상의 강박적 되새김만이 아닌, 원상을 치유하기 위한 모색이다. 이 과정에서 작가가 찾아낸 치유 방법은 개인적 차원만이 아닌 사회적 차원, 즉 과거 공동체의 절대적 가치로서 자리했던 효라는 전통적 규범이다. 그것이 과거의 관념에 의존하는 안이한 해결 방법일 수 없는 이유는, 개인의 부끄러운 치부를 담보로 하여 효의 의미를 재발견하는 데 있기 때문이다. 소설 밖의 현실이 오히려 소설보다도 더 허구적일 수 있다는, 역설의 발견은 거북한 진실에의 대결을 외면하고 회피함으로써 진실의 발견과 갈등의 해소가 요원해질 수밖에 없는 현실에 대한 신랄한 응전이다. 현실에서는 해결 불가능할 뿐 아니라 아름다울 수 없는 갈등은, 소설 내에서는 어떤 식으로든 예정된 해결의 기대와 전망을 위해 존재함으로 해서 그 미학적 정당성을 확보할 수 있기 때문이다.

157 제레미 탬블링, 앞의 책, 179쪽.

2) 역설의 재현, 재현의 역설

작가가 미화와 과장의 위험을 무릅쓰고 어머니의 장례 이야기를 다시 감행한 의도가 개인적으로는 어머니에 대한 빚갚음이며 어머니의 장례를 가족 간의 갈등이 갈무리되는 축제의 장으로 만드는 데 있음은 명확하다. 문제는 이런 뻔한 의도를 드러내기 위해 굳이 액자 형식이란 번거로운 서술 전략을 취한 이유가 무엇인가라는 것이다.

이는 앞서 언급했듯이, 자신의 소설쓰기가 사실과 허구 사이의 역설적 대립 내지 긴장 관계를 토대로 한다는 인식에서부터 그 단초를 찾을 수 있다. 실제로 이런 역설적 세계 인식은, '이야기 속의 이야기'라는 액자소설의 구도를 취한 목적이 실상 기지의 이야기를 되풀이하기 위한 것이라는 서술적 자의식을 작품 곳곳에서 '내적 거울 반영(mise-en-abyme)'[158]의 형태로 드러내는 부분들에서 확인된다. 이는 '다시 이야기하기'의 서술 구도가 준섭과 그의 모친의 삶을 시종일관 관류하였던 역설적 진실을 상동적으로 반영하는 장치임을 시사해준다. 이런 상동 구조는 작품의 주제를 형상화하는 데 있어 빈번하게 반복되어 나타나는 모티프들, 즉 주도 모티프(leit-motif)들을 통해서 구체화되는데, 이 중에서 가장 눈에 띄는 것이 어머니의 '손사래질의 역설'이다.

> 그 의미를 취하실지 어떠실지는 제가 굳이 여기서 참견하고 나설 일이 아니지만, 감독님께서는 이제 제가 그 손사래질로 그 무렵

158 내적 거울 반영이란, 방 안의 일부를 차지하고 있는 거울이 방 안 전체를 비추는 것처럼, 작품 전체의 구조와 의미를 축도적으로 반영하는 작품 내의 특정 부분을 말한다. 마리 맥클린, 임병권 옮김, 『텍스트의 역학—연행으로서 서사』(한나래, 1997), 15쪽 참조.

까지의 노인의 삶을 어떻게 이해하고 표상하려 했는지는 충분히 살피셨을 줄 믿습니다. 그 절절한 소망을 안으로 안으로 아프게 눌러 참으며 겉으로는 그렇게 서둘러 내치는 손짓으로 속마음을 대신하고 마는 손사래질의 역설은 노인뿐만 아니라 감독님의 어머님을 포함한 우리 부모님들 모두의 공통의 마음가짐이요 일반적 정서의 한 양식으로 말하고 싶어했음도요. (79쪽)

자식의 성공을 빌며 떠나보낼 때 내치는 듯 흔드는 손사래질이 실상은 "헤어짐과 떠나보냄의 아픔이 그만큼 괴롭고 견딜 수 없어 오히려 불러 끌어안고 싶은" 속마음의 표현이라는 이 가슴시린 역설, 이는 단순히 준섭 개인만의 의미로 그치는 것이 아니라 "우리 부모님들 모두의 공통의 마음가짐이요 일반적 정서의 한 양식"으로서 보편성을 획득한다는 주장은 허구 특유의 논리적 비약으로 간주될 수도 있다. 그러나 개인사가 가족이나 마을과 같은 공동체의 관심사로 승인되는 자리가 하필 장례와 같은 공동체적 제의라는 것은 주목을 요한다. 이런 제의의 현장은 실제로 엄숙하거나 진지하기보다는 난잡하고 비루하기 그지 없다. 장례식과 관련된 사건들을 재현하는 데 소설에는 없는 영화《축제》의 몇몇 장면은 특히 이를 여실히 보여준다.

114. 둔덕(밤)
윷놀이, 술판 소리 들려온다.
이석구「아 신임 군수가 학교 동창인디 동네 앞길 포장하는 거 한말 넣어 달라는데 당체 나몰라 하니 우리들도 쪼까 섭섭하지요이」
희동아재「글씨요 노인네 모시라고 간간히 생활비 몇 푼 보내고 일 년에 서너 번씩 내려와서 노인네 이렇게 들여다보는 것이 자석 할 일 다한 것이라고 생각한다면 뭐 그것도 효자라믄 효자지라이.」

(38쪽)[159]

147. 여관방(아침)

방 밖 복도에서 남녀의 실랑이 소리 계속 들린다.

여자「(소리) 요걸로 때울려고? 안 돼. 얼른 빨리 줘.」

남자「(소리) 그럼 말야. 나 지금 상여 메야 되니까 쫓아와. 내 거기서 빌려서 줄께.」

여자「(소리) 상갓집에서... 니미 홍어 좆이다.」(49쪽)

장례식에서 벌어지는 술판의 어지러운 광경, 심지어 상여를 메러 온 조문객이 장례 전날 매춘부와 어울리고 나서 화대 문제로 실랑이를 벌이는 장면들은 새삼 현실의 속물적 측면이 소설에서든 영화에서든 미적으로 승화되기 어려운 대상임을 실감케 해준다. 재현의 위기란 아마도 이처럼 직시하기에 역겨운 현실의 양상들을 미적으로 승화시키려는 시도에 대한 의심과 회의에서 비롯되었을지도 모른다. 현실의 이런 비루함에 대한 인식은 '게자루'에 관한 역설에서 단적으로 제시된다.

> 그 손사래질의 쓰라린 자기 부인의 몸짓—. 그것이 어쩌면 당신의 남은 생애를 짊어져 갈 아픈 운명의 모습이 아니었을까. 하지만 그 아들은 그때는 미처 거기까지는 상상하지 못했었다. 그가 그것을 어슴푸레 느끼기 시작한 것은 그날 저녁 느지막이 그 광주의 외종매네 집을 찾아 들어선 뒤였다. 준섭은 아직도 그날의 참담스러움을 잊을 수가 없거니와, 그때의 일을 그의 회상은 아마 이렇게 적어놓고 끝을 맺었을 것이다…(중략)…게자루 따위가 무슨 변변한 선물거리가 될 수도 없는 터에, 덜컹거리는 찻길에 종일을 시달리

159 영화진흥공사 기획·엮음, 「축제」,『한국 시나리오 선집』 제14권 1996년(집문당, 1999).

다 보니, 자루 속의 게들은 몽땅 다 부스러지고 깨어져 고약스레 상한 냄새를 풍기고 있었다. 나는 그 게자루가 그토록 초라하고 부끄러울 수가 없었다. 그것이 내 남루한 몰골이나 처지를 대신하고 있기라도 하듯이 그 외사촌네 사람들 앞에서 자신이 그토록 누추하고 무참하게 느껴질 수가 없었다.…(중략)…다시 말하거니와 그 게자루의 몰골은 바로 그 자신의 모습이었고, 그것이 내던져짐은 바로 이날까지의 그 자신의 삶이 통째로 내던져진 것에 다름아닌 것이었다. …(중략)…그래, 나도 이제부터는 그 궁상스런 시골살이의 때를 벗고 저렇듯 깔끔하고 당당하고 유족한 도회살이 삶의 길을 배워 익혀 나가야겠지.…(중략)…그는 이제 비로소 그 고향의 어머니에게로 쉽게 돌아갈 수가 없게 된 처지를 깨닫기 시작했던 것이다. 다름 아니라, 이후 준섭은 그 고향과 어머니 곁으로는 영영 돌아가질 못하고 만 것이다. 그 막막하고 곤핍스런 당신의 노년살이 방편을 함께 찾아보고자 더러더러 며칠씩의 짧은 고향길과 작은 뒷바라지 보살핌 정도는 있어왔어도, 그 고향을 떠날 때의 결심과 이후의 다짐은 끝끝내 지켜내지 못하고 만 것이다. (41~44쪽)

게자루가 내던져졌을 때 자신이 내던져지는 듯한 쓰라림과 참담함은 꼭 성공해서 고향으로 돌아가고야 말겠다는 '음모'로 이어진다. 이에 대해 작가 이청준의 글쓰기의 기원이 '가난에 대한 부끄러움의 인식', '가난을 원죄 의식의 일종으로 의식하'는 데 있으며, 이런 원죄 의식이 자기 구원의 형태로서 현실에 패배한 자가 현실에 복수하기 위한 방책으로 글쓰기를 선택한 것에 다름아니라는 논의는 주목에 값한다. 이청준 문학의 핵심이 개인사적 경험 수준에서 이끌어낸 원죄의식을 고향 또는 고향 사람에게 확산해가는 공동체의 성스러움(부끄러움의 인식)으로 확충해가는 과정에 있기 때문이다.[160] 이는 이청준 소설의 서술 전략이 개별적이고 특수한 개인사를 공동체의 성스러운 문제로 확장하는 데 부끄러움의 고백과 현시를 선결 조건으로 삼고 있음을 다시금 확인시켜준다.

앞서도 지적하였듯이, 이는 특히 『축제』의 경우, 어머니에 관한 기지의 이야기를 되풀이할 수밖에 없는 이유와 직결된다. 그것은 작가 개인의 원죄로까지 여겼던 가난에 대한 부끄러움이 오히려 가난으로 인해 자식을 타지에 보낼 수밖에 없었던 모친의 부끄러움을 외면한 데서 비롯되었음을 깨닫는 것, 더 나아가서는 우리 모두의 상처였음을 확인함으로써 자기 구원에 도달하기 위한 '어머니 이야기의 결산판'으로 구체화되기 때문이다. 물론 이 인식의 확충과 자기 구원은 온전하게 이루어지지 않는다. "그때는 미처 거기까지는 상상하지 못했지만" 어머니의 손사래질을 뒤로 하고 게자루를 짊어지고 떠난 길이, 어머니에 대한 부끄러움[161]이란 원죄 의식을 낳게 되는 계기가 되고, 이로써 현실에 복수하기 위해 꾸민 '음모', 즉 금의환향하여 어머니를 잘 모시겠다는 내심의 언약을 끝내 지키지 못하게 되었다는, 예의 서글픈 역설을 확인하는 데 이르러서야 완결되는 것이다.

"또 곡기를요? 그러나 엄니가 다시 일어나실 수만 있음사 백번

160 김윤식, "미백의 사상, 또는 이청준의 글쓰기의 기원에 대하여"(권오룡 엮음, 『이청준 깊이 읽기』, 1999, 문학과지성사), 114쪽.

161 여기에서 어머니에 대한 부끄러움이란 사실상 가난에 대한 부끄러움과 동일한 의미이다. 「눈길」의 결말에서 집안이 망한 탓으로, 가난으로 인해 자식을 뒷바라지 못하게 된 어머니의 부끄러움에 대한 고백을 듣고 서술자-주인공 '나'가 어머니의 무한한 사랑을 깨닫는 장면은 이를 뒷받침한다.

이라도 그리 합시다. 그러다 아직 저렇게 기력이 허하신 양반한테 외려 해가 되시지 않을랑가 걱정이 되요마는…" 앞뒤가 생판 다른 걱정기를 덧붙였다. 어림없는 소리란 듯 눈을 부러 크게 뜨고 목청을 높여댄 앞 대목은 눈치를 살피는 손윗시누이에 대한 농담투 타박이었고, 끝을 흐리고 만 뒤쪽 걱정투는 친자식을 대신해 긴 세월 노인의 치매증을 함께 해온 며느리 자식으로서의 오랜 정의의 토로였다. 하지만 농담투 속에는 진짜 원망기가 깔려 있었고, 정의 어린 걱정기 속에는 은근한 반대와 추궁의 뜻이 숨어 있었다. 노인이 다시 펄펄 회생해 일어나면이라니—. 외동댁의 진심은 무엇보다 그 한마디 속에 담겨 있어 보였다. 애증이 엇갈리고 있는 그 외동댁의 속마음을 헤아리지 못할 시누이가 아니었다. 이번에는 그냥 돌아가셔서 굳은 땅에 꼭꼭 묻어 드리고나 갔으면 마음이 더 편하것네…. (96-97쪽)

숨을 놓지 못하고 회생을 거듭하는 어머니를 두고 가족 사이에 오가는 이런 상반된 반응은 회생하기를 바라면서도 이제는 마음 편히 가셨으면 하는 이율배반 내지 역설의 극명한 장면을 연출한다. 모친의 장례식을 '축제'로 이름붙인 의도에 관한 서술자의 언급 역시 이같은 역설의 연장선상에 있다.

제사라는 것은 그러니까 죽어 신이 되어간 조상들에 대한 종교적 효의 형식인 셈이고, 장례식은 그 현세적 공경의 대상이었던 조상을 종교적 신앙의 대상으로 섬기는 유교적 방식의 이전의식, 즉 등신의식인 셈이다. 그러니 그것이 얼마나 뜻깊고 엄숙한 일이냐. 죽어 신이 되어가는 망자에게나 뒷사람들에게나 가히 큰 기쁨이 될 수도 있을 만한 일이다. (271쪽)

이런 역설은 어머니의 간병으로 힘겨워했던 외동댁이 어머니의 관에 "부끄러움을 가두고 그것을 참아 넘기는 강파른 자기 빗장"이자 "당신의 삶을 큰 흔들림없이 지탱해온 숨은 자존심의 상징"이라 할 비녀를 돌려주는 데서 상징적으로 드러난다. 이는 어머니의 장례식을 가족 간의 해묵은 대립과 갈등을 해소하는 자리, 즉 '축제'로 전이시키는 제의적 상상력에 의해 완결됨을 보여주는 것이다.

그럼에도 불구하고 「눈길」 같은 이전의 소설뿐만 아니라, 영화라는 매체적 변이를 통해서 기지의 이야기를 반복한 이청준의 소설쓰기는 서사적 재현의 현대적 변용의 가능성을 열어놓는다. 억압과 은폐의 동인이었던 가난에 대한 부끄러움이라는 개인의 뿌리깊은 외상(外傷)의 재실연이, 장례를 축제로 전이시키는 제의적 상상력을 통한 외상의 극복, 다시 말해 가난을 죄로 여기는 속물적 현실과의 쓰라린 화해로 귀결된다는 점에서 소설이 개인의 상처를 넘어서서 시대의 환부까지를 치유하는 소명까지를 떠맡고 있음을 확인하게 된다.

> "전 이번에 여기 와서 느낀 게 참 많았어요. 이 며칠 동안 이 사람 저 사람 동네 이웃분들 이야기도 많이 들어봤지만, 선생님 어머님께서 실제로 살아내신 삶이 그간 선생님이 써오신 작품들이나 제가 상상해온 것보다 훨씬 더 힘이 드셨다는 것을 알았거든요. 역설처럼 들리실지 모르지만, 할머님의 삶은 그런 고초와 인고의 세월을 통해서 선생님의 소설보다도 더 아름다워질 수가 있었다는 것도요." (288쪽)

개인이 공동체의 현실과 화합하는 데 필수적인 요건은 개인사가 공동체의 보편적 규범에 어느 정도나 부합하는가에 달려 있다. 부모의 죽음과 장례는 누구든 피할 수 없는 일이기 때문에 그에 대한 경험 자체만으로 보편성을 확보하기에 충분하다. 그러나 개인사를 동시대의 보편적 체험으로 확충시키려는 욕망이 작가 이청준의 소설쓰기를 추동한 힘이라고 한다면, 단지 어머니의 죽음과 장례라는 소재 자체의 보편성과 동질성만으로 공감을 얻기는 어렵다. 부모의 죽음과 장례 체험의 세부적 내용이나 감정, 의미는 개인마다 다를 수밖에 없는 만큼, 여기에는 '다름'을 '같음'으로 변형시키는 서술 전략이 요구될 수밖에 없다. 이질적인 것에서 동질성을 찾기 위한 노력은 객관적 재현이 불가능한 것을 객관화하려는 서술 전략이 액자 형식으로 구체화된 것이다. 이처럼 객관화할 수 없는 것을 객관화하려 함으로써 오히려 공감과 폭과 울림은 증폭된다. 어머니의 죽음에 직면해서야 어머니에 대한 원죄의식을 외면하고 회피하려 했던 자신의 부끄러운 치부를 모친의 제단 앞에 기꺼이 제물로 바치려는 정직한 자기 고백의 이야기로서 동질성을 확보하기 때문이다. 이는 개인적 진실이 시대적 진실로 확충되는 데 서사가 담당할 수 있는 본질과 역할이 무엇인지를 시사해준다.

결론적으로, 『축제』의 경우, 중층화된 이야기의 반복적 변형을 통해서 개인의 기억, 그리고 그 기억을 반복하는 서술이 죽은 자 앞에서 산 자의 치부와 부끄러움을 담보로, 희생양으로 삼을 때만 공동체의 화합과 질서를 회복한다는 역설적 진리를 설득력있게 이끌어낸다. 이같은 서술 전략은 '사실보다 허구가 더 진실하다'는 서사적 재현의 미학적 존립 근거를 현 시대에 다시 복원시킬 수 있는 유력한 방법으로서 그 의의를 갖는다고 하겠다.

2. 공간 형식과 서사적 인과율의 전복적 재현

조셉 프랭크(Joseph Frank)가 근대 문학의 주요한 문학적 패러다임으로 제시한 공간 형식(spatial form)은, 서사의 창작과 수용 과정을 좀더 면밀하게 이해하기 위한 의욕적인 시도였다. 제랄딘 맥클레인(Jeoraldean Mcclain)에 의하면, 프랭크의 공간 형식 개념은 레싱의 저서 『라오콘』에서 비롯되었다고 한다.[162] 본래 레싱이 그 책을 쓴 목적은, 회화를 비롯한 시각 예술이 공간적이고 동시적인 반면, 문학은 시간적이고 연속적이라는 엄격한 경계선을 다시 확립하기 위한 것이었다. 역설적이게도, 레싱의 양극화된 구분은 오히려 문학과 다른 예술 장르 간의 교섭 관계를 열어놓는 데 기여하게 된다. 프랭크는 문학이 시간적인 장르라는 레싱의 주장을, 오히려 문학이 시간적 제약을 어떻게 뛰어넘는지를 보여주는 데 이용했던 것이다. 그의 논의를 요약하자면, 현대 문학, 특히 현대 시의 미학적 형식은 언어에 대한 독자의 태도를 완전히 바꿔놓기 위해 공간적 논리를 기반으로 한다는 것이다. 그러므로 시의 단어군들은 시간에 따라 연속적으로 읽어서는 이해할 수 없고, 공간적이고 동시적으로 지각할 때 비로소 의미가 파악된다는 것이다. 이쯤 되면, 시간은 더 이상 각 시간 토막 간의 차이를 명확하게 표시해주는 객관적이고 인과적인 진행 과정으로 인식되지 않는다. 이처럼 언어를 새롭고 낯설게 사용하는 방법을 프랭크는 '공간 형식'이라 불렀다.[163]

162 Jeoraldean McClain, "*Time in the visual arts; Lessing and Modern Criticism*"(『The Journal of Aesthetics』, fall 1985, vol.XLIV, no.1), p.42.

163 Jeoraldean McClain, 앞의 논문, p.42.

이 공간 형식 개념을 서사에 적용하면, 그것은 가장 단순한 의미에서 서사에 고유한 것으로 간주되었던 순차적·연대기적 시퀀스를 전복시키는 모든 기법들을 지칭하게 된다. 소설 작품의 경우, 독자가 단어 순서를 따라 읽어나간다는 점에서, 예외없이 연대기적 시퀀스로 이루어진다고 할 수 있다. 그런데 이런 단어들의 직선적인 흐름 속에 작가가 배열하는 사건들이 엄격한 연대기적 순서로 진행되는 경우는 거의 없다. 소설의 각 부분들이 연대기적 순서와 상관없이 이미지의 패턴이나 모티프, 유사성, 대조 같은 장치들을 통해 얼마든지 연결될 수 있기 때문이다. '공간 형식'이란 용어는 단순히 이런 다양한 서사적 장치들을 일컫는 일반적인 통칭이다.

이런 기법들은 작품을 읽는 독자의 지각 과정과 긴밀히 관련된다. 서사의 구성이 사건의 시간적·연대기적 연쇄 즉 스토리를 인과적·심미적으로 배열하는 것, 즉 플롯 구성의 문제라면, 서사 읽기는 거꾸로 플롯 또는 담화로부터 본래의 스토리를 재구축하는 과정이다. 그런데 사건의 순차적인 배열은 본격적인 문학 텍스트나 설화에서도 아주 드물며, 더구나 아주 짧은 작품이 아니라면 사건이 일어난 순서 그대로 전 작품을 재구성한다는 것은 사실상 불가능하다.[164] 그러므로 서사 읽기는 작가나 서술자가 주어진 사건들의 순서를 재배치하는 양상을 추적하는 것이기보다는 서술 과정에서 시간상으로 잃어버린 사건들 사이의 고리 내지 공백을 독자의 추론과 상상력을 동원하여 채워나가는 것이다. 그런 점에서 서사 읽기는 근본적으로 '공간적'일 수밖에 없다.

164 쥬네트, 리꾀르, 화이트, 채트먼 외 지음, 앞의 책, 137쪽.

따라서 공간 형식을 서사 장르의 시간성이라는 본질을 바꿀 정도로 이질적인 형식으로 간주하기보다는 순차적인 시퀀스를 어떤 의도에서, 어떤 방법으로, 어느 만큼이나 전복시키는가라는 문제로 이해하는 것이 온당하다. 공간 형식이 사건이나 행위를 동시성과 병치의 원리에 의해 결합·배열하는 것이라고 해서 그것을 반드시 시간성과 인과관계를 완전히 말소하고 배제한다는 의미로 받아들일 필요는 없다. 실제로 삶의 다양한 국면을 서사적으로 형상화하는 과정에서 삶과 현실의 횡단면, 즉 시간적 요소들을 삶의 공간적 단면으로 병치하여 의미를 생성하는 공간적 리얼리티란 것도 기존 소설에서 얼마든지 발견될 수 있는 현상이다.[165] 결국 서사에서 의미의 구축은, 그것이 어떤 전위적인 형식을 취하든 간에, 텍스트 내에 제시된 관습적인 요소들을 바탕으로 삼아 독자의 상상력과 지각 양식에 의존하기 때문이다. 그렇다면 서사적 공간 형식의 의미를 파악하는 데 작용하는 독자의 상상력과 지각 양식이 종래 서사의 근본 원리로 공고화되었던 시간성과 인과성의 논리를 완전히 배제하는 방향으로 이루어질 수 있는가라는 문제가 우선적으로 검토되어야 할 것이다.

1) 공간 형식의 재현적 의도

공간 형식의 핵심은, 독자가 종래에 서사를 이해하였던 낯익은 방식을 '낯설게 하는' 데 작용하는 요소들이 무엇이고, 그것이 텍스트의

165 김현, 『현대소설의 담화론적 연구』(계명문화사, 1995), 242~243쪽 참고.

의미 형성에 어떻게 작용하는지를 밝히려는 데 있다. '낯익은' 방식이라 함은 사건들의 '순서'에서 어떻게든 인과 관계를 발견하려 드는 독자의 일반적 독서 성향을 가리킨다. 사실 어떤 서사 텍스트든 자연적인 시간 순서대로 사건들을 배열하는 경우는 거의 없다. 원칙적으로 작중인물이 최소한 둘 이상이 되는 순간, 사건들은 동시성을 띠게 되고 스토리-선 역시 단선적이 아니라 복선적이게 되기 때문이다. 그럼에도 스토리 시간을 이처럼 단선적이고 자연적인 시간 순서로 인식하는 것이 독자의 성향인 만큼, 그것은 중요한 문학적 '관습' 가운데 하나이다.[166]

사건들의 순서에 초점을 맞추는 독자의 성향은 흔히 '그 뒤에 일어난 일이므로 그 결과다'라는 논리적 오류와 직결된다. 시간 순서는 엄연히 인과성과 구분되는 것인데도 흔히 이 둘을 혼동하기 쉽다는 것이다. 더구나 서사의 본질은, 바르트의 주장에 따르면, 이런 혼동을 조직적으로 이용하는 데 있기까지 하다.[167] 독자의 눈에는 인과성 같은 논리적인 연계가 시간적 연계보다 훨씬 더 강한 관계로 보이므로 그 두 관계가 공존할 때 주로 전자의 관계를 주목하게 되기 때문이다.

이처럼 사건들의 단순한 연속에서 인과성을 읽어내고자 하는 독자의 성향을 조직적으로 이용하는 것이 서사의 본질이라면, 당연히 '사건들의 시간적 연쇄나 시퀀스' 즉 스토리를 구성하는 원리는 시간성만으로도 충분하다. E.M. 포스터가 스토리와 플롯을 구분하면서 든 유명한 예를 상기해보자. 그가 스토리의 예로 든, '왕이 죽었다. 그리고나서 왕비가 죽었다'처럼 단지 시간적으로 연결된 두 사건을 두고 독자가 '왕비

166 S. 리몬-케넌, 앞의 책, 34~35쪽.

167 츠베탕 토도로프, 앞의 책, 85쪽.

의 죽음은 왕이 죽은 슬픔 때문이다'라는 식으로 나름의 인과율을 추론해낸다고 해도 이를 막을 방법은 원칙적으로 없다.[168]

그런데 독자에게 무한정의 자유가 보장되는 것처럼 보이는 인과율의 추론에는 제약 조건이 따른다. 시간적 연속성만으로 스토리가 성립되기 위해서는 시간적으로 연결된 사건들이 '다른' 세계에서가 아니라 '동일한' 세계 내에서 일어나야만 한다는 조건이 그것이다. 사건들이 자연스럽게 연결되고 공존할 수 있는 어떤 세계 내지 공간이 상정되지 않으면 시간적으로 연결된 사건들에서 납득할 수 있는 인과관계를 추론하는 것은 불가능하다.[169] 이런 세계는 물론 텍스트의 시공간적 배경만을 지칭하는 것이 아니다. 그것은 텍스트와 텍스트를 매개하는 텍스트 상호적 관계 즉 상호텍스트성(intertextuality)의 공간이며, 텍스트 내에 재현된 사건들을 이해하고 설명할 수 있는 기본적 토대로서 텍스트에서 허구적으로 변용된 텍스트 외부의 세계이자 (내포) 작가 / 텍스트 / (내포) 독자 사이에 공유된 약호 체계이다. 이 세계는 텍스트 외부의 실제 현실이 아닌, 텍스트의 독서 과정에서 구축·형성되어 일정하게 조직화된 해석의 공간이다.

사건들의 시간적·인과적 흐름을 깨뜨리는 균열과 틈새들을 메움으로써 의미의 재구축이 가능하게 되는 것은 '동시적이고 수직적으로 작용하는' 이런 해석의 공간이 존재하기 때문이다. 소설이 외부 현실에서 관찰된 행위를 모방하는 것이 아니라 오히려 행위의 요소들을 창조하고, 기록된 역사의 지면이 아니라 독자의 상상력 내에서 시간과 시퀀

168 S. 리몬-케넌, 앞의 책, 34쪽.

169 S. 리몬-케넌, 앞의 책, 36~37쪽.

스, 인과관계에 의존해서 전개된다는 것은 바로 이를 지적한 것이다.[170]

그런데 이 지점에 이르러 서사, 특히 허구적 서사체는 본질적으로 사건이나 행위 같은 단위 요소들을 시간적 연속에 의해 배열하고 결합한다는 점을 다시 한번 주지할 필요가 있다. 시간적 연속에 대한 인식은 결국 사건들 간에 차이와 변화가 있을 때 가능하기 때문이다. 앞선 사건과 뒤에 오는 사건 간에 모종의 차이나 변화가 감지될 수 없다면 의미를 포착하기란 사실상 불가능하다. 그러므로 동시적이고 병렬적인 사건의 연쇄에조차도 명시적이든 암시적이든 항상 차이와 변화의 요인이 존재하고, 그것은 어떤 식으로든 논리적이고 인과적인 설명을 요구하게 마련이다. 그래서 토도로프 같은 서사학자는 공간성이 엄밀히 말해서 이야기 구성에 적용되는 원리는 아니라고 주장한다. 현대 문학이 인과 관계보다는 대조나 점층, 반복의 원리에 의해 사건들을 배열하는 공간적 유형의 이야기로 흘러가는 경향이 있긴 하지만 그렇다고 인과관계가 완전히 말소된 것은 아니라는 것이다.[171] 단지 사건들 사이의 직접적 관계, 즉 문면에 드러나는 명확한 인과관계가 암시적이고 비합리적인 인과관계로 대체된 것이므로, 이를 읽어내기 위해서는 독자가 종래의 지각 방식을 바꾸어 접근해야 한다는 것이다.

서사 텍스트에서 공간성의 원리를 지각하고 이해하기 위해서는, 텍스트의 의미 형성에서 장식적이고 보조적인 역할만을 담당하는 것으

170 Jerome Klinkowitz, "*The Novel as Artifact: Spatial Form in Cotemporary Fiction*", 『Spatial Form in Narrative』(Jeffrey R. Smith & Ann Daghistany, Cornell University Press, 1981). p.38.

171 츠베탕 토도로프, 앞의 책, 93~95쪽.

로 간주되었던, '표징(indice)'[172] 같은 위성적 요소들이 의미 형성에 주도적인 역할을 수행할 가능성이 있음을 간과해서는 안 된다. 예컨대 묘사는 일반적으로 서사에서 보조적 기능을 담당하는 것으로 간주된다. 개별 텍스트에서 묘사가 지나치게 전면화될 경우, 사건의 논리적 흐름에 심각한 균열과 단절이 온다는 통념 때문이다. 중요한 사건이 전개되는 도중에 서술자의 불필요한 객담 사이에, 때로는 사건의 자연스런 흐름을 중단하거나 지연시키는, 전혀 무관해 보이는 이야기로 넘어가는 과정에 묘사가 끼어드는 경우를 흔히 보게 된다. 그 때문에 이런 묘사는 통상 독자의 긴장을 잠시 풀어주고 다음에 일어날 사건에 대한 궁금증과 호기심을 자극하고 예시하기 위한 상투적인 보조 수단쯤으로 간주되기 쉽다. 그러나 이것이 때로는 서사의 중핵 기능을 수행하게 되는 경우가 있는데, 특히 그것이 이데올로기적 함의를 갖는 경우 서사적 구성이나 의미 형성에 있어 대단히 중요한 몫을 담당하게 됨은 당연하다. 소설 속에서 재현되는 것들은 무엇이든지 현실을 있는 그대로 재현하는 것이 아니라, 해당 사회에서 현실을 이해하는 데 전제로 하는 담화적 가설들에 부합하여 재현되기 때문이다.[173] 이는 바르트가 말한 대로, 텍스트의 공간 내에서 수평적이거나 수직적으로 교차하고 얽히는 수많은 코드들의 체계와 같다. 해석이란 바로 이런 코드들 간의 복잡한 상

172 바르트에 의하면 인과관계라는 관념에 신축성 있는 뉘앙스의 변화를 주는 것이 필요한 일이며, 여기에 작용하는 단위 요소들이 표징이다. 표징은 하나의 보족적이고 결과적인 행위를 유도케 하는 게 아니라 다소 막연하나 이야기의 의미에 필요불가결한 하나의 관념을 유도케 할 뿐이다. 인물들에 관한 성격적 표징, 그들의 신분에 관한 정보, 분위기에 대한 언급 등등이 그것이다. 츠베탕 토도로프, 앞의 책, 89쪽.

173 제레미 탬블링, 앞의 책, 56쪽.

호 작용을 이해하는 것이다.

이런 상호 작용이 텍스트에서 구현되는 양상은 다양하겠지만, 여기에서는 주로 초점화의 문제에 한정하여 살펴보고자 한다. 주지하다시피, 초점화를 분석하는 데 있어 일반적으로 텍스트 전체만이 아니라 각 개별 부분에 있어 먼저 초점자가 누구인가를 파악하고, 나아가서 초점자의 지각 내용이 작품의 의미나 주제 형성에 어떤 역할을 담당하는지를 면밀하게 검토하는 꽤나 수고로운 작업이 필요하다. 왜냐하면 초점화는 기본적으로 텍스트에서 고정된 요소가 아니라, 초점자와 초점화 대상 사이를 끊임없이 왕래하면서 의미를 생성하는 가변적이고 역동적인 요소이기 때문이다. 그러므로 그것은 공간적인 의미 생성의 기제로 작용할 만한 잠재성을 풍부히 갖고 있다. 실제 작품에서 우리는 특정 진술이 서술자의 초점화인지 또는 인물의 그것인지 판단하기가 난감한 상황에 직면하게 될 때가 흔히 있다. 일반적으로 텍스트에서 주도권을 행사하는 존재는 서술자이다. 그런 만큼 서술자의 권위나 신뢰도 정도를 가늠하는 것은 해석의 중요한 근거가 된다. 초점화가 일관되게 유지되지 않으면 서술자의 권위나 신뢰도는 떨어질 수밖에 없다. 초점화의 빈번한 이동과 중첩은 서술자의 초점화와 인물의 그것을 가려내기 힘들게 만드는 요인이 되며, 그럴 경우 해석의 혼란은 가중되기 마련이다. 이처럼 텍스트의 일관된 해석을 방해하는 균열과 틈새에서 이데올로기적 함의가 모습을 드러낼 공산이 크다.

이데올로기적 함의는 서사적 의사소통에서 가장 상위에 있는 '내포 작가'의 존재를 환기시키는 데 기여한다. 내포 작가는 일반적으로 소설 텍스트에 문면화되는 존재가 아니다. 텍스트 곳곳에 깊이 스며들어 소설의 의미 형성을 주도하는 배후의 '말없는 서술자'이다. 원칙적으로 모든 서사 텍스트에는 반드시 내포 작가가 존재하긴 하지만, 사실 내포 작가의 존재를 감지해내기란 그리 쉬운 일이 아니다. 내포 작가의 존재를 어느 정도 감지할 수 있는 것은, 일반적으로 서술자가 미덥지 못한 경우이다. 서술자를 믿기 힘들어지면, 작품의 주제와 의미를 확정하는 데 혼선이 빚어지게 마련이다. 이런 경우에 독자는 서술자의 배후에서 서술자의 가치 규범을 압도하고 텍스트의 헤게모니를 장악하는 내포 작가의 존재를 의식하지 않을 수 없다. 이런 점에서 내포 작가에의 접근은, 배후에서 침묵하는 존재이긴 하지만, 텍스트의 온전한 의미 작용을 구명하기 위한 '숨은 인과율'을 재구하는 데 있어 매우 효과적일 수 있다.

2) 공간 형식의 숨은 인과율

이 장의 목적은 앞서 제기한 몇 가지 이론적 전제들을 토대로 소설의 공간 형식이 구현되는 양상을 검토하는 데 있다. 다음은 최명익의 「무성격자」에서 인용한 한 장면이다.[174]

174 최명익의 작품을 공간적 형식과 관련된 분석 대상으로 선정한 이유는 간단하다. 그의 소설에는 별다른 사건이랄 것이 없으며, 사건들 간의 시간적 연계 관계가 대단히 약화되어 있고, 따라서 갈등 양상도 선명하게 부각되지 않는다. 물론 그의 작품이 사건보다는 인물, 특히 인물의 내면을 중시하는 심리주의 소설 계열에 속한다는 점을 고려한다면 이런 특성은 매우 일반화된 것이다. 그런 만큼 작품의 주제 내지 의미를 구명하기 위해서는 시간적 시퀀스에서 벗어난 단편화되고, 산재된 요소들을 효과적으로 짜맞추어 작품 자체의 내적 리얼리티를 성공적으로 구축하지 않으면 안 된다. 이 글의 진행 과정에서 언급되겠지만, 이같은 내적 리얼리티의 구축 결과, 대사회적 관심과는 상당히 동떨어져 있다고 한 기존의 평가와는 달리, 당대 현실의 이면을 개인 심리의 문제로 교묘하게 용해시켜

그러한 용팔이가 그 때 정일이의 아버지에게 **무슨 일을 의논하러 들어 와서** 한 자리에 있는 정일이에게 장사의 기밀을 꺼리듯이 말의 토를 띄지 않고 웃모리만 따서 말하고 일어서며, 형님 오래간만에 오셨어두 갑갑하시겠군요, 하고 **살기 웃음을 치고 나갔다.** 정일이를 책망하던 만수 노인은 무릎을 모으고 앉아 있는 아들을 보는 자기의 눈이 무겁게 노려지고 스스로 듣기에도 자기의 말이 너무 지나치는 것 같이 생각되었다. **나는 지금 왜 이렇게 심화가 날까? 단순히 아들이 미운 생각보다도 이렇게 심화를 내지 않을 수 없는 어떤 불길한 예감이 자기 마음 속에 숨어 있는 듯하여 말할 수 없이 초조하고 성가시었다.** 그래서 더욱 심화가 끓어 오른 그는, 애이 아무 짝에도 못 쓸 놈아, 하고 쥐었던 장죽으로 방바닥을 뚜들기고 있는 자기를 깨닫자 맥이 탁 풀리었던 것이다. (강조 필자, 「무성격자」, 42쪽)

이 장면에서 서술자는 중심 인물이자 초점자인 정일과 같은 공간에 위치하고 있다. 여기에서 특기할 것은, 서술자가 정일에게만 초점화 권리를 부여한 이제까지의 초점화 양상과는 달리, 초점화가 서술자와 정일에게만 고정되어 있지 않다는 사실이다. 강조한 대목에서 알 수 있듯이, 정일과 만수 노인은 번갈아 초점자 역할을 한다. 그것은 아마도 부자관계에 있는 두 인물 간의 내면적 갈등, 즉 부자 간이면서도 가장 첨예한 대립 관계에 있음을 보여주려는 의도로 보인다.

정일의 매제 용팔이는 만수 노인에게 "무슨 일"인가를 의논하러 들어오는데, 그 일이 무엇인지를 듣지도 알지도 못하는 인물은 이 장면에서는 오직 정일뿐이다. 물론 서술자는 그 내용을 알겠지만 여기에서 밝

우회적인 방식으로 형상화하고 있음을 알 수 있었다. 참고로, 최명익의 작품 인용은 모두 『張三李四』(을유문화사, 1947)에서 발췌한 것이다.

힐 이유가 없다. 이 장면의 핵심은 정일과 만수 노인 간의 갈등이기 때문이다. 따라서 자신으로서는 알 수 없는 "무슨 일"을 의논하는 만수 노인과 용팔이를 초점화하는 인물이 정일임을 알 수 있다. 용팔이가 방을 나가면서 정일이에게 던진 웃음을 "살기 웃음"이라 느끼고 초점화하는 인물도 정일이다. 왜냐하면 정일과 용팔이 역시 정일에게는 만수 노인 못지 않게 대립 관계에 있는 인물이기 때문이다. 이전부터 정일은 용팔이가 자신을 돈의 중요성을 모르는 철부지라고 내심 깔보는 사실을 익히 알고 있을 뿐더러, 그런 용팔이를 오히려 만수 노인과 같은 부류의 천박한 속물이라고 경멸하였던 것이다. 이처럼 용팔이가 자신에게 던지는 웃음을 호의가 아니라, 경멸의 감정을 내포한 "살기 웃음을 치"는 것으로 여길 만한 이유가 정일에게 충분히 있고 보면, 이 대목의 초점자가 정일임을 어렵지 않게 알 수 있다.

위 인용문의 두 번째 문장에서 정일이를 "아들"이라 지칭할 수 있는 인물은 아버지 만수 노인뿐이므로, 이 대목에서 초점화가 정일에게서 만수 노인에게로 넘어갔음을 알 수 있다. 부자 관계임에도 서로 반목하는 관계라는 것은 이전부터 충분히 제시되었던 정보이므로, 아들 정일을 책망하는 만수 노인의 행동이 새삼 별다르다거나 문제될 것이 없어 보인다. 따라서 "정일이를 책망하던" 만수 노인에게 초점화가 이동하였을 때, 독자로서는 그 이유가 철부지 아들에 대한 미움과 분노를 강조하기 위한 데 있을 것이라고 추측하는 것이 당연하다.

그런데 "꺼리듯이"나 "숨어 있는 듯하여"라는 판단 유보를 나타내는 양태적(modal) 표현을 주목하면, 만수 노인이 정작 아들 정일에 대한 자신의 미움과 "심화(心火)"의 이유가 진심인지 확신을 갖지 못함을 짐작할 수 있다. 이는 아들에 대한 만수 노인의 "심화"가 아들이 실제로 밉거나 싫어서가 아니라, 오히려 아들에 대한 애정과 염려에서 나온 역반응일지도 모른다는 추론이 얼마든지 타당성을 갖게 되는 근거이다. 이런 추론이 이 작품의 해석에서 중요한 이유는, 그것이 병석에 누운 아버지를 간호하면서 정일이 점차 아버지에게 애정을 느끼게 되고, 작품 결말에서 취하게 되는 행동을 납득할 수 있는 근거가 되기 때문이다.

> 문주가 죽었다는 운학의 전보를 받은 날 저녁에 만수 노인은 죽었다. 죽은 사람은 죽은 사람으로 하여금 장사ㅎ게 하라는 말 대로 하자면, 자기는 문주를 장사하러 가는 것이 당연하리라고 생각하면서도 丁一이는 아버지의 棺을 맡았다. (「무성격자」, 65쪽)

정일의 이런 선택은 아버지의 속 마음이 제시된 앞서의 장면 없이는 해명될 수 없다. 그런 점에서 이같은 초점화 이동은 이념적 차원, 즉 가치관의 측면에서는 도저히 화합될 수 없는 것처럼 보이는 인물들이 혈연에 의한 애정 같은 정서적 차원에서 해결될 수 있다는 가능성을 암시한다는 점에서 이 소설의 주제 의식이나 가치 규범의 일단을 엿볼 수 있게 하는 중요한 단서가 된다. 인과성의 측면에서 박약해 보이는 작품을 해석할 경우 불과 짧은 한 장면이라고 해도 그 안에 인과관계를 구축하는 데 유력한 단서가 엄존할 가능성은 충분한다. 그것을 함축적으로 암시하고 넘어가는 것이 묘사 내지 위성 사건의 주된 특징인 만큼 초점화 양상에 대한 분석은 플롯의 인과적 시퀀스를 재구하는 데 유용한 수단임이 분명하다.

이런 점에서 정일에게 나타나는 현실과 타인에 대한 부정적 태도는 인륜에 호소하는 "보편을 실현하는 개체로서의 자아"를 부정하지 못하는 데서 비롯된다. 그의 태도는 선과 악, 진과 위 같은 보편적인 가치가 상실되는 현실에 대한 부정이기 때문이다. 이런 보편적 가치에의 지향은, 즉 "자신 이외의 다른 가치로 환원될 수 없는" "절대적 가치로서의 개인"[175]이 겪는 가치론적 대립과 갈등을 해소하는 방법을 부자 간의 애정이나 남녀의 사랑이란 진부하지만 강력한 이데올로기에서 모색하고 있음을 암시한다.

> **자기 역시 이 목책 안의 작은 길을 하루에도 수없이 걷는 때가 있건만 그때마다 무엇을 생각하는 것은 아니었다. 생각없이 걷는** 그 길은 목책 한 모퉁이로 기어들어와서 정원을 지나 맞은편 목책 밑으로 새어나간 길이다. 정원이라고는 하지만 지난 장마 전에 겨우 겨우 공사가 끝난 집이다. 손을 겨를이 없었던 것이다. 멀리 시가지를 바라볼 수 있는 교외의 작은 산기슭에 자리잡은 이 집의 정원은 대지(垈地)의 한계를 밝히기 위한 목책이 둘려 있을 뿐이다. 신축 공사로 파고 묻은 자최가 푸른 잔디밭에 검붉은 상처로 보일 뿐 그저 야산의 한 기슭을 목책 안에 가두어놓은 것 뿐이었다. 이 땅의 옛주인 격인 꼬부장한 소나무가 몇 그루 손님격이면서도 개화(開花)의 발자취를 따라 어디나 넓게 자리를 차지하는 뽀푸라 아카시아, **이 땅의 백성 같이 성명없이 났다 꺽이고 삭으러지는 꽃나무 오리나무 같은 잡목과 그리고 흔히 무덤가에 노란 꽃이 피는 사철화가 몇떨기 난 그대로 목책 안에 갇혀 있을 뿐이다…(중략)…무슨 생각을 하는 것도 아니지만 하루라도 걷지 않으면 그 길은 더욱 걸어져서 이러고 말 것이라는 것을 염려하는 듯이 걷고 있을 뿐이었**

175 강상희, 『한국 모더니즘 소설론』(문예출판사, 1999), 20쪽.

다.…(중략)…그나마 그 밭언덕 길도 밭이 끝나는 곳에서 이 주택지로 들어오는 새 신작로에 부디쳐서 녹슨 이 길의 꿈은 깨어지고 마는 것이다. 발길을 돌려서 집 뒤 목책 밖으로 나간 길을 가면 그 길은 이 넓은 야산 기슭에 바람 부는대로 얽힌 수풀 사이를 더듬어 간신히 언덕을 넘자 사태에 스친 붉은 자국에 흔적도 없이 끊기고 만 것이었다. 그러나 그 끊긴 길 다음부터 새 길이 발자국에 담들기 시작하였다. 그 샛길이 안개에서 사라지는 언덕 밑에는 몇 채의 초가지붕이 엎드러져 있었다. 그 중에 자세하지는 않지만 어느 한 지붕 밑에는 늙은이와 젊은이가 지금도 시계추와 같이 몸을 흔들고 앉아 있을 것이다. (강조 필자, 「역설」, 10~13쪽)

이 작품의 주인공이자 초점자인 문일(文一)이 매일 걷다시피 하는 산책길 풍경에 대한 묘사에서 먼저 검토할 것은, 인용문 끝의 강조된 대목이다. 이것은 거의 매일 문일이 춤을 배우러 가는 계향의 집에서 목격하였던 상동병자(계향의 오빠)의 기억에 관한 진술이다. 이 대목을 강조한 이유는, 사년째 "시계추처럼" 아무 생각없이 단조롭게 몸을 흔드는 동작만을 반복하는 상동병자의 모습이 "십 년 동안 아무런 감격도 흥분도 없"는 문일의 교직 생활을 함의하는 비유적 장치이기 때문이다. 그런 그의 권태롭고 단조로운 일상에 파문을 일으킨 사건은 기생 계향과의 반복된 만남이고, 이보다 더 거슬러 올라가면 유력한 교장 후보로 물망에 올랐다가 밀려난 것이다. 따라서 이 두 사건은 그의 무미건조한 "생활 감정"에 의미있는 변화를 일으켰다는 점에서, '중핵 사건'이라 할 수 있다.

계향에 대한 문일의 감정은, 비록 단순히 호감 정도일지 몰라도, 독실한 기독교 신자인 어머니와 아내를 둔 성실한 교직자로서 원칙과 규범을 지키고 살아온 문일에게는 거북하고 불편한 감정임에 틀림없다. 따라서 문일은 계향에 대한 자신의 감정을 솔직히 인정하지 않을뿐더러, 계향이 다시 "타락한" 기생 생활로 돌아가게 된 것을 내심 반기기도 한다. 계향에 대한 문일의 이중적 태도는, 교장직과 관련된 사건에서도 똑같이 나타난다. 교장직에서 밀려난 것을 세속의 욕심을 멀리하였던 자신의 자존심에 상처를 남긴 "까시파의 껌"으로 치부하지만, 정작 아쉬움과 미련을 떨쳐 버리지 못하는 것이다. 그러므로 이 두 사건은 일단 문일이 표리부동한 성격의 소유자일지 모른다는 추측을 뒷받침하는 데 기여한다.

그런데 문일이 표리부동한 성격의 소유자일지 모른다는 추측을 입증하는 일은 막상 쉽지가 않다. 교장직과 관련된 사건의 경우, 그 전후 상황에 비추어 보면, 문일이 유력한 교장 후보로 물망에 오르게 되었던 것이 자의에 의해서가 아니었기 때문이다. 교장 후보가 난립하는 상황에서 주변 사람들의 억측과 호기심에서 비롯된 풍설이었던 만큼, 문일의 표현대로 자신은 그저 "까시파의 껌"에 불과하였다. 더구나 문일은 교장으로 낙점된 S씨의 방문으로 남의 풍설에 놀아난 자신에 대한 부끄러움과 더불어 한때 교장직에 대해 품었던 미련이 자신의 허울좋은 자존심 때문이었음을 깨닫게 된다. 그래서 "소경 처녀 같이 웃는 운명의 미소"처럼 S씨가 교장직을 권유할 때도 이를 단호히 거부한다. 이쯤 되면 이 사건이 단지 그의 성격, 즉 표리부동함을 확증하는 구실만을 한다고 단정하기는 곤란하다. 그렇다면 이 사건에 대한 해석의 방향을 달리 할 수밖에 없다. 그가 이 사건에 연루되면서부터 자신의 이중성을 내보이게 된 것은 사실이지만, 그런 성격적 결함이 그의 모든 생각과 행동을 설명해주기에는 턱없이 부족하기 때문이다.

앞에서 인용한 묘사 내용은 그같은 문제를 해명하는 데 의미심장한 단서를 던져준다. 강조된 대목은 누가 지각한 내용인가? 일단 정원의 잡목과 사철화가 "이 땅의 백성"이라고 인식하는 것을 문일의 초점화로 가정해보자. 그렇다면 그같은 인식이 문일이 산책에 나서기 직전 조간신문에서 자신에 관한 기사를 읽고 느낀 불쾌감과, 또한 그런 심리적 반응이 전날 밤에 보았던 상동병자에 관한 기억과 연관되어 어떤 의미를 갖는지 모호해질 수밖에 없다. 작품 어디에서도 문일이 왜 그런 인식을 갖게 되었는지 해명할 만한 단서들을 거의 발견할 수 없기 때문이다.

> 그 면을 뒤친 그는 지방면 한 편에 엄지손가락 손톱만한 자기의 사진을 보았다. 그 사진의 배경 같이 XX학교 창립 三十五 주년 기념제의 사진이 있고 그 기사 끝에 —학교 기념제와 아울러 근속 십 주년을 맞게 되는 金文一씨는 일짜기 우리 문단의 대가이시던 영문학자로 아직도 그 文名이 혁혁하거니와, 지난 봄에 전 교장이 별세한 이래 아직 후임 교장이 없는 동교의 교장 후보자 중에 씨는 가장 유망한 후보자이시다—. 읽고 난 그는 —또 까시파의 껌이 되었구나—이렇게 중얼거리며 신문을 내던지고 담배를 붙였다. (「역설」, 3쪽)

위에서 알 수 있듯이, 문일의 불쾌감은 자신의 의사와 상관없이 유망한 교장 후보자로 올랐다가 이미 교장직이 S씨에게 낙착된 상황에서 여전히 유력한 후보로 신문에 이름까지 오르내리는 난처한 상황을 감안할 때 당연한 반응일 것이다. 상동병자에 관한 기억도 전후의 문맥으로 볼 때 문일이 자신의 단조로운 생활을 방 안에 갇혀 무의미한 동작만을 반복하는 상동병자의 생활과 동일시하려는 심리에서 환기되었음을 짐작할 수 있다. 여기에서 문제가 되는 것은, 자신의 의지와 상관없이 교장직과 연루된 데서 비롯된 불쾌감이나 자신의 결벽과 자존에 대한 의심이 자신의 생활을 상동병자의 그것과 동일시하게 된 계기라는 점은 그만두고라도, 상동병자로부터 받은 정신적 충격이 지속적으로 작용하는 이유가 명확하게 설명될 수 없다는 데 있다. 특히 상동병자에 대한 기억이 문일을 통해서 다른 인물들에게까지 전이되는 양상은 이 문제에 대한 해명이 그리 만만치 않음을 보여준다.

> 혹시 광폭성을 발작하므로 가두어 두지만 본증은 시계추와 같이 몸을 흔드는 저 동작을 죽도록 계속하는 것이다. 일전에 밥을 드리다가 갑짜기 발작한 그에게 물렸다고 붕대를 감은 손가락을 다시 보이며 그만 보라고 계향이는 졸랐다. 돌아 서다가 계향이가 열어 잡고 들어 가는 문 안에 그의 아버지인 듯한 늙은이가 역시 시계추와 같이 몸을 흔들고 앉아 있는 것이 보였다. 그 노인도 상동병자일까? 아마 그는 윗방에 가둔 아들과 같이 늙마의 신세를 생각하느라고 저러는 것이 아닐까? 혹시 지금쯤은 아무런 생각없이 그저 몸을 흔드는 버릇만이 남았을지도 모를 것이다. 자기 역시 이 목책 안의 작은 길을 하루에도 수없이 걷는 때가 있것만 그때마다 무엇을 생각하는 것은 아니었다. (「역설」, 10쪽)

> 모두 그 낮닭의 소리에 귀를 기우린 모양으로 잠잠하였다. 그 중에서도 실심한 사람 같이 앉아 있는 계향이는 금시에 시계추와 같이 몸을 흔들기 시작할 것 같이도 보였다. (「역설」, 15쪽)

주변 인물들을 비롯하여 자신까지도 '상동병자'로 인식하는 이유를 해명할 단서는 문일 자신이 어떤 구체적이고 뚜렷한 판단이나 진술을 내보이지 않는 이상, 적어도 문일이나 독자보다 더 많은 것을 알고 있을 법한 서술자의 지각 태도로부터 추론할 수밖에는 다른 방법이 없다.

"아무런 생각없이" 그저 습관적으로 산책길을 걷는다고 토로하는 문일이 정원의 허술한 목책 안에 갇힌 잡목과 사철화에서 이름없이 스러져 간 "이 땅의 백성"들을 연상하게 되는 것은 돌발적인 사건처럼 보인다. 말하자면 스토리와 무관한 요소로서 단순한 배경 묘사에 불과하며, 스토리상으로 별다른 의미를 가질 수 없는 하찮은 사건, 즉 '표징'이나 '위성'이다. 그런 심증이 굳어지게 되는 이유는, 이것을 전후 사건들과 자연스럽게 연결시킬 수 있는 맥락이나 공간을 구축해내기가 그리 쉽지 않다는 데 있다. 그렇다면 이 대목을 굳이 문일의 지각 내용으로만 한정시킬 근거는 없어 보인다.

더구나 이 작품이 서술자가 이야기 세계의 외부에서 서술하는 이야기 외적인 서술 상황을 취하고 있는 만큼 서술자의 초점화가 갖는 권위는 인물보다는 우월하다. 비록 서술자는 이런 자신의 권한을 이야기 세계에 대한 관찰자의 그것에 제한시켜 놓긴 하지만, 그렇다고 해서 서술자가 인물의 과거와 미래, 필요하다면 인물의 내면까지를 모두 꿰뚫어보는 전지적 권한을 완전히 포기하였다고 섣불리 간주해서도 곤란하다. 그런 점에서 이것을 문일 자신은 알지 못하는 또는 안다고 해도 인정하지 않으려는, 그의 갑작스런 생활 감정의 동요가 일어난 근원적인 이유를 익히 알고 있는 서술자의 암시로 보아도 무방하다. 그럴 경우, 이 대목은 문일이 겪는 감정의 혼란이 단지 문일 개인의 성격적 결함이나 일탈 행위에서 비롯된 것이 아닐 가능성을 제기한다는 점에서 중요하다. 이 땅의 옛주인 격인 소나무가 개화의 발자취를 따라 핀 '뽀푸라'

와 '아카시아'에 밀려나서 갇힌 상황, 그것은 "이 땅의 백성"이라면 누구나가 동의할 만한 합의된 담화적 가설일 것이다. 이런 가설은 세상의 속화된 가치로부터 자신만은 결벽하다는 배타적 의식, 즉 "이 땅의 백성"이 다 그렇더라도 자신만은 그렇지 않다는 배타적인, 말하자면 '타자화된' 의식의 표현일 것이고, 문일이 상동병자에 대한 강박 관념에 사로잡힐 수밖에 없는 근원적인 요인이 어디에 있는지 우회적으로 드러낸 셈이다.

이런 추론은 강조된 인용 부분들이 문일이 하필 상동병자에 대한 기억을 떠올리는 상황과 근접한 지점에서 진술된다는 점에서 한층 더 타당성을 갖는다. 더구나 그 기억은 문일의 심리적 전이로 이어진다. 이쯤되면 그것은 우발적인 연상이기보다는 일종의 강박증 내지 불안이라 하겠는데, 이것은 지배 질서에 대한 금기 위반과 그로 인한 처벌에 대한 두려움에서 비롯된 심리적 징후이다. 정리하자면, 서술자나 문일, 또는 이 소설을 읽는 당대의 독자에게는 당대의 식민지 상황에서 암묵적으로 공유된 이데올로기적 금기가 "아무런 생각없"이, 말하자면 방만한 정신 상태에서 걷는 산책길에서 우회적으로 표출된 것이다.

> 文一이는 옴두꺼비의 안내로 이외에 발견한 무덤가에서 생명체이던 형해조차 이미 없어진지 오랜 빈 무덤 속에 들어 누웠거나 앉아 있을 옴두꺼비를 생각하며 자기 방에 누워있는 자기를 눈앞에 그려 보았다. 옴두꺼비는 지금 무덤 속에 들어 간 채로 오랜 동안의 동면을 시작할 작정인지도 모를 것이다. 동면이란 꿈을 먹고 사는 것이 아닐까? 동면 기간 동안의 양식이 되는 꿈은 그의 생활기인 봄 여름 가을 동안에 축적한 생활 경험의 재음미일 것이다. 그러한 재음미로서 낡은 껍질을 벗고 새로운 몸으로 새 봄을 맞으려

는 꿈은 결코 악몽은 아닐 것이라고 文一이는 생각하였다. (「역설」, 23~24쪽)

결말부에서 문일이 매일 걷던 '같은' 산책길에서 우연히 발견한 고총(古冢) 속의 혐오스런 옴두꺼비를 자신과 동일시하는 태도는 다양한 해석의 가능성을 열어 놓는다. K씨나 S씨는 물론 다른 모든 인물에게서 느낄 수 없었던 동일시를, 하필 자신도 몰래 침을 뱉고 물러설 만큼 징그러운 옴두꺼비에게서 느낀 이유는 무엇일까. 문일은 그 이유를 "새봄을 맞으려는 꿈"에서 찾는다. 물론 이것 역시 납득하기 어려운 부분이다. 계향과 교장직을 둘러싸고 불안과 강박에 시달리던 문일이 느닷없이 결말에서 왜 새 봄의 희망을 꿈꾸게 되는지 거기에 대한 납득할 만한 설명을 구하기가 힘들기 때문이다. 따라서 이를 해명하는 일은 결국 독자의 몫일 수밖에 없는데, 독자의 추론을 위한 단서를 찾으려면 서술자가 어떤 이유에서인지 직접적으로 말하기를 꺼려 하는 무엇 때문에, 마치 문일처럼 침묵하고 방관하는 태도로 설명을 회피한다는 가설을 세워보는 것이 필요하다.

이와 관련하여 문일과 함께 교장 후보 물망에 올랐던 S씨가 교장직에 별다른 욕심을 내지 않고 교무실 한 켠에서 방관과 침묵으로 일관하는 것은 의미심장한 것이다. 그의 방관과 침묵은 현 교장의 말처럼 학교가 사고 파는 것이 아님에도 불구하고 그것이 엄연히 흥정의 대상으로 거론되는 현실에 대한 거부와 저항의 한 형태일 것이다. 그런데 교장이 되려는 욕심으로 대놓고 운동을 벌임으로써 교원실을 상노배의 풍경으로 만든 K씨에게 문일 역시 반감을 느끼면서도 침묵하는 것은 이와 다르다. 그것은 교장직과 관련하여 문일 자신도 K씨처럼 세속적인 이해타산의 관계에서 자유롭지 못하다는 것을 은연중에 자각해가는 과정에 있기 때문일 터이다. 문일의 불안과 고민은 바로 여기에서 비롯된다.

문일은 교원실을 "어느 상노배의 시장바닥 같은 풍경"으로 만든 "K씨와 대조하여 너무도 열이 없고 야심이 없어" 보이는 S씨와 유사한 외면적 특성을 갖는 인물이다. "십년 하루 같이 아무런 감격도 흥분도 흥미도 없이" 살아온 평범한 문일의 생활에 파문을 던진 사건이 바로 교장 후보로 자신이 물망에 오르면서부터이다. 이 사건과 더불어 그의 생활 감정을 뒤흔드는 것은 기생인 계향과의 관계이다. 이 두 사건은 마치 상동병자의 시계추와 같은 몸짓처럼 단조로운 생활을 거듭했던 그의 생활 감정을 흔든다는 점에서 동일한 의미를 갖는다. 이 두 사건에 대한 문일의 태도는 미련과 거부라는 양가적 반응으로 나타난다. 이같은 양가 감정은 근본적으로 문일의 가치 양분론적 세계관에서 비롯된다. 문일에게 있어 가장 중요한 가치는 자신의 '인망'과 결벽성이다. 따라서 세속적 가치의 표상인 교장직에 대한 미련과 계향에 대한 관심은 자신의 인망과 결벽성을 지키려는 그에게 용납될 수 없다.

> 그러나 지금까지의 이러한 쓴 맛은 상상한 미각에 지나지 않는 것이었다. 오히려 아무런 근거도 없이 생긴 풍설이니만치 「인망」이라고 생각하면 「긍지」도 느낄 수 있었다. 그러나 풍설도 긍지도 사라지려는 지금에 이같은 기사는 상상적 미각을 참으로 쓰게 맛볼밖에 없었다. (「역설」, 9쪽)

> 지금 S씨가 말하는 「인망」! 그같이 엄숙하고 한 사업을 위하여 일생을 바칠 사람이라는 무서운 뜻을 지닌 「인망」이라는 그 말을 자

> 기는 아무런 책임감도 가질 줄 모르고 오히려 보잘 것 없는 자기의 긍지를 만족시켜 온 것이다. 말하자면 자기의 자존심과 결벽성은 어느덧 세속에 더렵혀지서 까시파들이 씹다버린 껌과 같은「인망」이라고 생각하면서도 그것을 슬몃이 씹어 보는 것으로 굶주린 긍지를 만족해 보려고 한 것이다...이렇게 생각하는 문일이는 비록 지금까지 자기 반생에, 받들고 천국으로 갈 자랑도 지옥으로 짊어지고 갈 죄라도 없이 그날 그날을 살아 온 생활이었지만 이 때에 나의 자존심과 결벽성은 살려야겠다고 생각하였다. (「역설」, 20쪽)

문일은 자신의 "자존심과 결벽성", 인망이 이미 "세속에 더렵혀"졌음에도 "굶주린 긍지를 만족해보"기 위해 자신의 속물성을 회피하고 외면하였다는 것을 직시하게 되면서 비로소 자성의 계기를 마련한다. 속물성에의 반감과 혐오를 곧 자신의 자존과 긍지를 지키는 것으로 보는 가치 양분론적 인식이 문일의 양가성의 근거였음을 여기에서 확인할 수 있다. 자신의 긍지와 자존이 현실을 방관하거나 속물적 욕망을 거부하는 것으로 지켜질 수 없음을 깨닫고 나서, 문일은 상처받은 자존심과 결벽성일망정, 이를 지키기 위해 "소경 처녀와 같이 웃는 운명의 미소"처럼 자신에게 굴러 들어온 교장직을 단호히 거부한다. 상처받은 자존과 결벽을 온전히 끌어안는 것, 즉 내면에 내재한 속물적 타성을 직시하는 데서 진정한 자기 갱신이 가능함을 발견하는 것이다. 따라서 작품 결말에서 문일이 징그럽고 혐오스런 옴두꺼비에게서 새 봄을 위한 동면의 꿈을 발견하는 것은 우연이 아니다.

문일의 불안과 강박증이 타락한 현실에서는 누구든지 타락할 수밖에 없다라는 담화적 가설에 비추어보아 자기 역시 예외일 수 없다는 불안과 두려움에서 비롯된 것임은 분명하다. 상동병자의 모습을 자신과 동일시하거나 그것을 타인에게 투사시킴으로써 그런 가설에 대한 공모(共謀) 의식을 반복해서 확인하려는 문일의 심리적 전이가 이를 입증한다. 이같은 공모 의식은 문일이 동일시하려 했지만 정작 자신과 달리 속물적 욕망으로부터 초연한 거울 속의 자아, 즉 S씨라는 타자적 존재로 인해 봉쇄당한다. 상동병자와의 동일시와 전이가 허울좋은 자기 합리화를 위한 심리적 방어 기제에 불과했음이 밝혀지는 것이다. 현실에 대한 관점과 반응이 모두에게 다 동일하다는 담화적 가설을 일반화하려는 문일의 시도는, 현실에 대한 적극적인 대응을 회피하고 무의식적으로 동일시되기 쉬운 이데올로기라는 강력한 통제 수단을 빌어 불안을 억제하려는 안이한 해결 방법이기 때문이다.

지금까지의 독법이 공간 형식의 본령과 멀어져 그 유용성을 오히려 떨어뜨렸다는 비판을 받을지도 모른다. 특히 지각 내용의 주체가 모호할 뿐더러 그 전후 맥락조차 불분명한 묘사 부분을 작품 해석의 근거로 삼았다는 점에서 논리적 비약이나 오류의 여지를 문제삼을 수도 있을 것이다. 그러나 이 작품에서 묘사된 상황이 서술자의 소멸을 지향하는 것처럼 보이는, 이른바 '미메시스'에 가까운 서술 방식을 취하는 만큼 서사의 궤도가 뚜렷한 중심 사건의 흐름과 줄기로부터 이탈되거나 단절되는 현상이 빈번하다는 점을 고려해볼 필요가 있다. 스토리 세계의 모든 것에 대해 어느 정도 명확하고도 확정적인 판단을 주도하는 서술자의 권위가 약화될수록 독자가 떠맡아야 할 해석의 몫은 커질 수밖에 없다는 것이다.

작가를 대변할 수 있는 서술자가 얼굴을 내밀어 '이게 바로 진실이다'라고 단언할 여지를 스스로 봉쇄하기로 선택한 이상, 서술자는 자신의 가치 판단을 인물 내지 인물에 준하는 인격적 존재에게 위임하거나, 아니면 그것에 대해 아예 침묵하는, 양자택일의 기로에 설 수밖에 없다. 만약 서술자가 침묵하기를 선택한다면 우리는 의미를 끌어내기 위한 자료를 어디에서 찾아야 할까. 아마도 그것은 서술자와 인물 사이에 균열이 일어나는 지점, 다시 말해 서술자와 인물 어디에도 귀속시키기 곤란한 지점으로부터 단서를 찾아야 할 것이다. 이처럼 서술자에 대한 신뢰성이 명확하게 의심되는 경우가 아니더라도, 서술자와 인물 간의 초점화 내지 인식의 경계가 모호한 지점으로부터 텍스트의 숨은 인과율, 곧 내포 작가의 윤곽을 그려내는 것은 적어도 인과율이 상당 정도까지 와해된 텍스트로부터 타당성 있는 해석의 공간을 확보하기 위한 유용한 대안이 될 수 있을 것이다.

지금까지의 논의가 서사적 재현의 새로운 가능성으로 공간 형식을 타진하였다기보다는, 작품 문면에 깊이 숨겨진 인과율을 재구성한 것에 지나지 않는다는 의심으로부터 완전히 자유로울 수는 없다. 이에 대하여 서사가 외부 현실과 무관하게 그 자체의 리얼리티로서만 존재하는, 텍스트 외부의 아무 것도 모방하지 않는 순수한 자기 반영적 서사, 무(無)에 관한 서사가 과연 가능한가[176]라는 문제를 상기해보는 것이 도움이 될 수 있다.

또한 앞서 공간적 형식에 관한 제반 논의를 역사적으로 실재하였던 공간, 즉 지시적이고 문화적인 약호의 토대가 되는 실제 현실로서의 공간을 허구 공간에 겹쳐 읽는, 말하자면 소설이 현실의 반영이라는 해

176 Jerome Klinkowitz, 앞의 책, pp. 38~39.

묵은 문학사회학의 전제를 반복·변용한 결과에 지나지 않는 것으로 간주할 수도 있다. 그러나 사건들 간의 인과성이 제거된 채 시간적 연계성만을 가진 텍스트라고 해도 그것을 해석의 상식적 토대로서 '동일 공간'에 편입시켜 이해하지 않고서는 사건의 의미가 결코 드러날 수 없다는 리몬-케넌의 지적[177]을 다시 돌이켜 생각해볼 필요가 있다. 어떤 형식의 허구적 서사 텍스트든 여기에서 예외가 될 수 없다. 이는 아리스토텔레스 이후 서사 예술의 근본 원리로 자리잡은 시간과 인과성의 논리가 이데올로기적 토대로서 아직까지 그 생명력을 지속하고 있다는 반증이기도 하다.

그렇다면 앞으로 어떤 서사 텍스트가 단선적인 시간의 이데올로기에서 완전히 해방되어 동시적이고 입체적인 지각이 아니고서는 의미를 포착할 수 없는, 그야말로 순수한 공간성의 원리로써 구성될 가능성이 있을까. 그런 일이 충분히 가능하다고 해도 그것이 과연 소설이 시간 예술이다라는 인식의 틀을 전면적으로 바꾸어놓을 수 있을지는 아직은 좀더 지켜볼 문제이다. 적어도 서사 예술에 대한 이런 새롭고 낯선 공간적 재현의 전략이 문화적 관습으로 견고하게 자리잡게 되는 시점에 이르러서야 판단될 성질의 것이기 때문이다.

177 S. 리몬-케넌, 앞의 책, 37쪽 참고.

3. 결론을 대신하여: 서사 담화의 본질로서 반복과 전복

허구적 서사 텍스트는 일련의 허구적 사건들로 이루어진 스토리의 재현물이다. '일련의'라는 것은, 단일한 사건 혹은 '전쟁'처럼 방대한 수의 사건들로 세분될 수 있는 하나의 사건을 다루는 서사가 이론적으로 가능하지만, 통상 서사가 두 개 이상의 사건들로 구성된다는 것을 의미한다.[178] 스토리와 서술은 텍스트의 두 가지 환유로, 스토리는 그 서술 내용을 통하여 텍스트를, 서술은 그 제작 과정을 통하여 텍스트를 환기시킨다. 이는 독자가 직접 접할 수 있는 것은 구술 또는 기술된 담화로서 텍스트뿐이며, 텍스트가 스토리를 서술하지 않는다면 그것은 서사가 될 수 없고 서술되거나 기술되지 않는다면 텍스트가 될 수 없음을 의미한다. 텍스트는 서술이란 매개 행위를 거쳐야만 존재할 수 있고, 스토리는 그 텍스트에서 추상되는 구조물이다.[179] 이는 재현으로서의 서술이 곧 스토리의 반복이고, 그래서 스토리는 항시 전복 가능성을 품게 된다는 문제 의식을 촉발한다.

사건이란 상황 혹은 상태의 변화, 또는 하나의 사태에서 다른 사태로의 변화이다. 채트먼과 달리 리몬-케넌은 상태와 사건이 대립되거나 구분되는 것이 아니라고 주장한다. 어떤 한 사건은 무한 수의 중간 상태로 분해될 수 있고 이와 반대로 방대한 수의 사건들이 단일한 분류로 포섭될 수도 있기 때문이다.[180] 이런 이유로 사건과 사건의 연속은 때로

178 S. 리몬-케넌, 앞의 책, 13쪽 참고.

179 S. 리몬-케넌, 앞의 책, 14~15쪽 참고.

180 S. 리몬-케넌, 앞의 책, 31~32쪽 참고.

구분하기 어려울 수밖에 없다. 이 사건 혹은 일련의 사건들이 일어나고 그것들이 어떤 의미를 획득하려면 적어도 인물과 시공간적 무대 즉 스토리의 어떤 세계가 필수적이다. 그렇기 때문에 중요한 것은 텍스트에서 재구성되거나 재현된 허구적 세계, 즉 스토리의 동일성 내지 일관성이다.[181] 서술 대상으로서 스토리는 일종의 재료이므로 원칙적으로 다양한 변형과 전환이 얼마든지 가능하다. 굳이 인과 관계를 포함한 순환, 전도, 대칭에 의한 사건 결합만이 아니라도 단순히 시간적 연속성에 의한 사건 결합만으로도 서사 텍스트는 충분히 성립될 수 있다. 그러다보면 일련의 사건들을 제시하는 과정에서 재현된 세계의 동일성이 유지될 수 없는 경우가 발생하기도 한다. 사건들의 시간적 결합에서 결합된 사건들의 관계가 이질적이거나 모순됨으로써 전복성을 드러내는 경우[182] 독자는 이런 이질적 사건들이 공존할 수 있는 어떤 일관성 있는 체계를 상상해내지 않을 수 없다.[183]

재현된 스토리 세계의 동일성이 서술 행위, 가령 양립될 수 없는 사건들을 결합하고 재현하는 행위에 의해 얼마든지 깨어질 수 있다는 것은 스토리의 전복적 잠재성이 항상 실현될 수 있다는 것을 일깨워준다. 서술 자체가 사실의 객관적인 진술로 그치는 것이 아니라 서술자의 필요에 따라 얼마든지 사실의 왜곡과 은폐가 가능하다는 것은 스토리를 구축하거나 재구하는 작업에서 항상 전복적 가능성을 고려하지 않

181 S. 리몬-케넌, 앞의 책, 18쪽 참고.

182 이런 예로 『허생전』과 「날개」에서 뽑은 기묘한 사건들의 결합으로 된 다음과 같은 텍스트를 가정해볼 수 있다. '허생은 아내와 다투고 집을 나온다. 그 다음에 허생은 거리에서 날개가 돋기를 바란다.' S. 리몬-케넌, 앞의 책, 37쪽 참고.

183 S. 리몬-케넌, 앞의 책, 36~37쪽 참고.

으면 안 된다는 것을 알려준다.

그런 점에서 최근 서사와 서사학의 본질적 특성으로 제시된 '담화적 전도(顚倒)'[184]는 향후 서사 연구의 방향과 전망을 타진하는 데 대단히 유용한 개념이다. 담화적 전도를 입증하는 유용한 사례로 제논의 유명한 역설들 가운데 하나인 '양분(兩分)의 역설'을 들 수 있다. 이 역설은 100야드 거리의 경주로를 달리는 경주자는 영원히 결승점에 도달하지 못한다는 것으로 요약된다. 100야드를 달리려면 먼저 50야드를 달려야 하고, 50야드를 달리려면 25야드를 달려야 하고 … 이런 양분의 과정을 무한하게 되풀이해야 하기 때문이다. 물론 이 역설은 논리적으로 엉터리다. 독자는 이야기되는 스토리가 논리적 오류임을 뻔히 알지만, 그것을 제시하는 담화 논리 자체에 대해서는 별다른 반박을 할 수 없는 딜레마에 빠지게 된다.

그 결과, 이런 역설들에서 우리는 이야기('실제로 일어난 사건들')보다는 이야기를 서술하는 담화의 효과를 주목하지 않을 수 없다. 이를 뒷받침하는 예로, 그리스에서 가장 빠른 아킬레스와 거북이 간의 터무니없는 경주를 다룬 '아킬레스의 역설'을 살펴볼 수 있다. 아킬레스가 100야드 앞서 출발한 거북이를 끝내 따라잡지 못하는 이유로 제논이 제시한 비합리적인 논거 대신에, 독자는 거북이가 경주에서 승리할 수밖에

184 '담화적 전도'란 서사 담화는 그 자체를 말소하기보다는 오히려 그 자체를 전경화할 필요가 있으므로 스토리를 전달하는 도구나 매개 수단으로서의 역할, 즉 당연한 것처럼 보이는 그런 역할을 전도시킬 수 있는 잠재성을 항상 갖고 있다는 의미로 패트릭 오닐이 제기한 개념이다. 그는 이 개념을 제논의 역설들을 예로 들어 설득력 있게 설명하고 있다. 이런 맥락에서 '전도'는 이 책의 부제에서 필자가 사용한 '전복'과 대동소이한 개념으로 이해해도 무방하다. 패트릭 오닐, 앞의 책, 8~18쪽.

없는 합리적 논거들을 또다른 이야기들로 재구성하여, 즉, 담화적 조작을 통해서 얼마든지 제시할 수 있다. 즉, 경주 도중에 아킬레스가 심장마비로 죽는다거나, 장애물에 걸려 다리를 다친다거나, 앙심을 품은 적에게 공격당해 다치거나 죽었기 때문에 거북이가 승리할 수밖에 없는 등등, 모든 경우의 수들이 이에 해당될 것이다.

이처럼 제논의 역설에서 상식에 어긋난 비합리적인 이야기를 합리적인 것으로 전복시키는 담화의 잠재력을 확인하게 되고, 또한 제 아무리 똑같은 이야기라도 이야기를 전달하는 담화의 조작을 통해서 얼마든지 다르게, 또한 거의 무한정으로 변형시킬 수 있음을 알게 된다. 결국 제논의 역설들을 통해서 '담화적 전도'의 과정은 이야기와 담화가 서로 합치되기보다는 본질적으로 상충되는 관계에 있음이 드러난다. 담화의 전도적 잠재력이 특히 언어적 의미의 다양한 가능성들을 추구하는 허구적 서사 작품들에서 극대화된다는 점은 말할 것도 없다. 그리고 이러한 담화적 전도야말로 역설적으로, 우리가 허구 텍스트를 끊임없이 쓰고 읽게 되는 동력으로 작용한다는 점 역시 분명하다.

서사가 스토리의 서술이고 서술이 스토리의 반복이자 전복이라고 할 때 스토리의 원본을 확정할 수 있는가라는 문제를 거론하지 않을 수 없다. 초기 구조주의 서사학에서는 서사 매체의 전환과 변용에도 불구하고 원(原)-스토리의 동일성이 유지된다는 주장이 굳건한 지지를 받았다. 그러나 스토리란 텍스트에서 추상화된 결과에 불과하므로 스토리는 텍스트의 문체나 분위기에 따라 미묘하게 변할 수 있다는 지적과, 원-스토리의 재구는 불가능하고 불필요한 것이므로 원-스토리보다 스토리의 판본이라는 개념으로 이해하는 것이 타당하다는 최근의 반론은 이런 믿음을 수정하기를 요구한다.

원본 확정의 불가능성은 메타텍스트성(metatextuality)과 상호텍스트성의 측면에서도 확인된다. 메타텍스트성은 특정 대상 내지 소재를 가공하는 주체들, 즉 글을 쓰는 작가와 글을 읽는 독자에 의해 텍스트라는 생산품이 형성되는 자발적 과정이다. 반면에 상호텍스트성은 비자발적인 텍스트 생산 과정으로, 작가와 독자들을 둘러싼 다중적인 메타텍스트들, 즉 언어학적, 인류학적, 사회학적, 정신분석학적인 체계들—역사나 문화, 이데올로기 등—이 요구하는 조건들에 따라서 끊임없이 쓰고 읽게 되는 과정을 말한다. 그러므로 텍스트를 쓰거나 읽는 모든 행위는 메타텍스트를 만드는 자발적 과정인 동시에, 그런 메타텍스트들을 포함한 텍스트외적인 체계들의 요구 조건에 따라 상호텍스트를 생산하는 비자발적 과정이기도 하다. 이처럼 하나의 텍스트가 무수한 텍스트의 집성체이고 이를 독서하는 것이 동일 텍스트의 또다른 판본들을 생산하는 행위라면 원본의 재구는 불가능할뿐더러 무의미하기까지 한 것이다.

이같은 텍스트 생산 과정에서, 특히 독자(또는 읽기)가 담당하는 적극적 기능을 가장 극명하게 보여주는 것이 문학 작품의 번역이다. 패트릭 오닐은 카프카의 「선고」[185]라는 단편소설의 번역본들[186]을 비교 검토

185 이해를 돕기 위해 패트릭 오닐이 요약한 이 소설의 줄거리를 제시하면 다음과 같다. 젊은 사업가 게오르그 벤데만은 러시아에 사는 독신 친구에게 최근 자신의 약혼 사실을 알리는 편지를 쓰고나서, 아버지에게 지금 막 썼던 편지 내용을 알린다. 그러자 아버지는 여러 가지 이유를 들어 게오르그를 심하게 꾸짖고는 자살할 것을 선고한다. 게오르그는 집에서 달려나와 다리 아래로 몸을 던진다. 패트릭 오닐, 앞의 책, 244쪽.

186 참고로, 패트릭 오닐이 상호텍스트성과 메타텍스트성의 실례로 다루는 번역본들

함으로써 작품의 해석에서 독자가 맡는 텍스트의 유희적 구성 기능, 즉 상호텍스트적이고 메타텍스트적인 기능이 무엇인지를 효과적으로 보여준다.[187] 특히 각 번역본의 번역자, 즉 원본의 독자들이 어떠한 해석적 지평을 갖고 상호텍스트적인 과정에 참여하였는지를 잘 보여주는 또다른 사례는 이 소설의 제목 '선고'에 대한 번역이다. 이 소설의 독일어 원본의 제목은 '선고'이지만, 영어 번역본과 불어 번역본에서는 '판결'로 번역한다. 그런데 판결은 사법 절차상 '선고'를 구성하는 3단계 절차 중 하나일 뿐이다. 사법 절차상의 선고는 배심원에 의한 판결을 형성하는 1차 단계와, 합의된 배심원의 판결에 대한 판사의 발표라는 2차 단계, 마지막으로 죄에 상응하는 처벌의 부과로 구성된다. 따라서 앞서의 제목 번역들은 1차 단계만을 강조한 것이며, 선고의 2차 단계를 강조하는 것은 또다른 불어판의 제목, 즉 '평결'이다. 마지막 3차 단계를 강조하는 것은 이탈리어판과 스페인어판의 제목 '죄의 선고(판결)'이다. 제목의 번역을 둘러싼 이러한 해석상의 편차는 무엇을 의미하는가? 패트릭 오닐은 이에 대해 흥미로운 대답을 내놓는다. 이 소설의 마

은 영어 번역본 3, 불어 번역본 2, 이탈리아어 번역본 2, 스페인어 번역본 1, 총 8개이다.

187 패트릭 오닐에 의하면, 우선 「선고」의 도입부에 대한 다양한 번역은 의미와 관련해 흥미로운 점을 제기한다고 한다. 독일어 원본은 '더없이 화창한 봄날 어느 일요일 오전이었다.'라는 문장으로 시작한다. 이 문장을 불어 번역본에서는 "아름다운 봄에", 이탈리아어 번역본에서는 "봄의 더욱 매력적인 순간에"라고 번역하여 독어 원본의 의도를 그대로 따르지만, 영어 번역본에서만은 '봄의 (맨) 정점에서in the (very) height of spring'라고 하여 공간적 높이를 암시하는 비유적 표현을 사용한다. 이 번역은 우연히 이루어진 것이 아니다. 그것은 이 작품의 절정에서 게오르그의 아버지가 침대에서 뛰어올라 한 손을 천장에 짚어 몸을 세우고 높은 곳에서 게오르그에게 사형 선고를 내리는 장면과의 연관성을 의식한 결과라는 것이다. 패트릭 오닐, 앞의 책, 244~246쪽 참고.

지막 대목에서 주인공 게오르그가 아버지에게 사형 선고를 받고 다리에서 투신하는 장면이 실제로는 더 이상의 진전 없이 끝난다는 점에 주목해서, 결국 게오르그가 실제로 선고의 집행을 하였는지를 그 누구도 알 수 없음을 지적한다.[188] 그리고 이런 결말의 불확정성이야말로 카프카의 텍스트에 대한 상이하면서도, 끝없는 해석을 낳는 요인임을 제시한다.

결국 '선고'에 이르는 모든 과정에 관련된 스토리를 빠짐없이 제시하는 듯 하였던, 이 소설의 담화는 결말에 이르러서 모든 것을 전복시킨 셈이다. 종래의 독서 모델들이 작가의 원본이 갖는 절대적 권위나 작가의 의도에 충실한 독자의 해석만을 수용하였다면, 이 상호텍스트적인 독서 모델은 모든 가능한 '번역', 즉 독서 결과들이 모여 영원히 확정 불가능한 '원전'을 재구성한다는 점을 강조한다. 따라서 서사의 본질에 접근하기 위해서는 원본의 재구보다는 스토리를 재현하는 담화가 행하는 반복과 전복의 상호 작용, 그 역학을 이해하는 것이 보다 더 타당한 방법이라 할 수 있다.

반복은 서사의 토대이다. 모든 서사는 "반복 요소들, 예컨대 반복 내의 반복 요소, 다른 반복 요소들과 쇠사슬처럼 연결된 반복 요소들로 이루어진 복잡한 조직"[189]이다. 반복은 이야기의 반복으로서 서술 행위가 갖는 본질을 이해하는 관건이다. 그것은 서사에 반영된 세계를 친숙하게 만드는 장치이다. 반복을 통해 세계를 낯익은, 이해할 수 있는 것

188 작품 결말에서 게오르그가 다리의 난간을 잡고 아버지를 사랑하였다는 말을 하고 몸을 던진다는 것으로 마무리될 뿐, 실제로 그가 물에 빠져 죽었는지 구출되었는지 등에 관한 더 이상의 언급은 없다.

189 J. Hillis Miller, 앞의 책, p.1.

으로 전제함으로써 세계와 자아 간의 동질성을 확인하고 추구하는 것이기 때문이다. 반면에 전복은 친숙한 세계라는 것이 부동성을 동일성으로 착각하는 환상이라는 것, 즉 이질성을 발견하는 토대가 된다.[190] 이질성의 발견은 자아와 화합할 수 없는 모순된 세계를 동질적인 것으로 오인하고 구축하였던 자아의 정체성을 해체하고 이를 새롭게 구축하고자 하는 반성적 과정의 출발점이다. 세계와 자아 간의 동질성과 이질성을 통한 끊임없는 자기 점검과 조정이야말로 우리가 서사 읽기를 통해 세계를 이해하는 과정에서 얻게 되는 소중한 자산이다.

서사 내지 이야기의 본질이 무엇이고, 그것의 본질적 기능이 무엇인가라는 문제가 우리 시대의 화두로 자리잡은 단계에서, 이제 서사를 연구하는 학문으로 견고하게 자리매김한 서사학에 대한 이해는 필수적이다. 이 세상에 서사 아닌 것이 없다는 주장은 이론적 차원만이 아니라 우리의 실생활에서 체감된 지 오래이다. 인터넷을 비롯한 첨단 매체는 물론 영화, 드라마, 소설, 뉴스 기사 등 각종 대중 매체를 통해 서사의 생산과, 유통, 소비 과정에서 신속화, 쌍방화, 대량화 같은 혁신적 변화는 현재 진행형이다. 이러한 혁신이 서사를 통한 인간과 세계의 이해에 순기능을 발휘하기도 하지만, 그 못지않은 역기능을 초래한 것도 간과할 수 없는 사실이다. 지구촌 곳곳에서 벌어지는 참혹한 살상, 끔찍한 테러, 대규모 재난 등이, 소설이나 드라마보다 더 사람들의 흥미를 끄는 오락거리로 포장되어 눈과 귀를 사로잡고, 이런 자극에 길들여진 사람들은 그런 비극적 사건들의 실상과 진실에 접근하기보다는 선

190 J. Hillis Miller, 앞의 책, p.6. 참고.

정적인 대중 매체에 의해 왜곡되거나 조작된 허상이 제공하는 말초적 쾌감을 얻는 데 관심을 쏟는다. 이처럼 서사의 범람, 아니 서사의 대홍수가 도래한 시대에 서사와 삶에 관한 진실을 건지려는 노아의 방주를 찾는 것은 당면의 과제일 것이다.

그런 점에서 서사와 삶에 관하여 보다 발전되고 균형잡힌 시각을 열어주는 새로운 서사 이론의 출현은 노아의 방주로서 환영받아 마땅하다. 아득한 옛날부터 인간이 인간 자신과 현실을 이해하는 긴요한 방법으로 채택했던 서사가 현실을 구성함으로써 오히려 인간을 통제할 위험성을 내장하기에 이르렀다는 '담화적 전도'의 진실은 현실의 실상보다는 대중 매체가 연출하는 허상에 통제받는 오늘날의 전도된 현실에 대한 경고로 충분한 설득력을 갖기 때문이다. 따라서 서사를 반복과 전복의 역학에 근거한, '전복의 담화'로 재인식하고 그 전복적 매커니즘의 일단을 살펴보려는 이 책의 기획은, 여느 시대보다 담화가 갖는 막강한 힘을 예민하게 인식하고 있는 포스트모더니즘 시대에 서사학의 지평을 한층 더 심화·확대시키기 위한 의욕적인 시도이다.

참고 문헌

【국내논저】

강상희, 『한국모더니즘소설론』(문예출판사, 1999)

권택영, “이청준 소설의 중층 구조”(『이청준 소설 깊이 읽기』, 권오룡 엮음, 문학과지성사, 1999).

김경수,『한국세태소설 연구』(서강대 박사학위 논문, 1993)

———, “메타픽션적 영화소설”(『현대소설의 유형』, 솔출판사, 1997)

김남천, 『인문평론』(2권 2호, 인문사, 1940. 2.)

김열규, 박철희, 이재선 외, 『한국문학사의 현실과 이상』(1996, 새문사)

김윤식, 『李箱研究』(문학사상사, 1993)

———, 『이상문학전집』2(문학사상사, 1994)

———, “고현학의 방법론—박태원을 중심으로”, 『한국문학의 리얼리즘과 모더니즘』(민음사, 1989)

———, “미백의 사상, 또는 이청준의 글쓰기의 기원에 대하여”(권오룡 엮음, 『이청준 깊이 읽기』, 1999, 문학과지성사)

김재국, 『디지털시대의 대중소설론』(예림기획, 2002)

김　현, 『현대소설의 담화론적 연구』(계명문화사, 1995)

박찬부, 『현대 정신분석 비평』(민음사, 1996)

백　철, 『조선신문학사조사－현대편』(백양당, 1944)

영화진흥공사 기획·엮음,「축제」,『한국 시나리오 선집』제14권 1996년(집문당, 1999).

이강언, 「성찰의 미학」(『수우재 최정석박사 회갑논총』, 1984)

———, 『한국현대소설의 전개』(형설출판사, 1992)

이재선, 『한국 단편소설 연구』(일조각, 1986),

———, 『한국 현대 소설사』(민음사, 2000)

———, 『한국문학의 지평』(새문사, 1981)

———, 『문학적 주제학이란 무엇인가』(민음사, 1996)
———, 「현대소설의 권태의 시학」(『현대문학』, 1997, 5월호, (주)현대문학)
이 호, 『현대 심리소설의 서술전략과 이데올로기』(이회문화사, 2000)
임 화, 『문학의 논리』(학예사, 1940)
장일구, 「서사적 공간론의 이론과 실제」, 『서강어문』제13집(서강어문학회, 1997)
조연현, 「근대정신의 해체」(『문예』, 4호, 1947)
최시한, 『소설, 어떻게 읽을 것인가』(문학과지성사, 2010)
최재서, 「단층파의 심리주의적 경향」, 『최재서 평론집』(인문사, 1961)
최혜실, 『한국모더니즘 연구』(민지사, 1992)

【국외논저 및 번역서】

김병욱·최상규 편역, 『현대소설의 이론』(대방출판사, 1983)
레온 에델, 『현대심리소설 연구』(이종호 역, 형설출판사, 1983)
마리-로르 라이언, 「서사적 주제를 찾아서」, 『문학적 주제학이란 무엇인가』(이재선 편, 민음사, 1996),
아리스토텔레스, 『시학』(김재홍 옮김, 고려대학교 출판부, 2000)
엘리자베스 라이트, 『정신분석비평』(권택영 옮김, 1993, 문예출판사)
월리스 마틴, 『소설이론의 역사』(김문현 옮김, 1991)
자끄 오몽, 미셸 마리, 『영화분석의 패러다임』(전수일 옮김, 현대미학사, 1995)
C. 카터 코웰, 『문학개론』(이재호·이명섭 역, 을유문화사, 1988)
E. M. 포스터, 『소설의 이해』(이성호 역, 문예출판사, 1993)
F. K. Stanzel, 『소설의 이론』(김정신 옮김, 문학과비평사, 1988)
주네트, 리쾨르, 화이트, 채트먼 외, 『현대서술이론의 흐름』(석경징 외 옮김, 솔출판사, 1997)
G. 프랭스, 최상규 역, 『서사학』(문학과지성사)
Jacque Lacan, *Ecrits : A Selection*(trans. Alan Shridan, Tavistock Publications, 1977)
J. Hillis Miller, *Fiction and Repetition*(Basil Blackwell·Oxford, 1982)
J. Laplanche & Pontails, *The language of psycho-analysis*(trans. by Donald Nicholson-smith, W·W·Norton&Company·Inc, 1973)

제레미 탬블링, 『서사학과 이데올로기』(이호 옮김, 예림기획, 2000)

Jeoraldean McClain, "Time in the visual arts; Lessing and Modern Criticism"*(The Journal of Aesthetics*, fall 1985, vol.XLIV, no.1)

Jerome Klinkowitz, "The Novel as Artifact: Spatial Form in Cotemporary Fiction", *Spatial Form in Narrative*(Jeffrey R. Smith & Ann Daghistany, Cornell University Press, 1981)

위르겐 쉬람케, 『현대소설의 이론』(원당희·박병화 옮김, 1995)

Katie Wales, *A dictionary of Stylistics*(Longman Inc., New York, 1989)

Laurie Henry, *The Fiction Dictionary*(The Story Press, 1995)

마리 맥클린, 『텍스트의 역학—연행으로서 서사』(임병권 옮김, 한나래, 1997)

Mark Spilka, ed., "Character As a Lost Cause", *Novel*(Spring, 1978)

퍼트리샤 워, 『메타픽션』(김상구 역, 열음사, 1989)

패트릭 오닐, 『담화의 허구』(이호 옮김, 예림기획, 2004)

Paul Ricoeur, *Time and Narrative* Vol. 2(trans. by K. McLaughin&D. Pellauer, Chicago Univ. Press, 1985)

Peter Brooks, *Reading for the Plot*(Random House, Inc, 1984)

페터 V. 지마, 『소설과 이데올로기』(서영상·김창주 옮김, 문예출판사, 1996)

레온 에델, 『현대심리소설 연구』(이종호 역, 형설출판사, 1983), 10쪽.

로버트 험프리, 「현대소설과 의식의 흐름」(이우건·유기룡 역, 형설출판사, 1984)

로버트 숄즈·로버트 켈로그, 『서사의 본질』(임병권 옮김, 예림기획, 2001)

시모어 채트먼, 『영화와 소설의 서사구조』(김경수 옮김, 민음사, 1990)

스티븐 코핸·린다 샤이어스, 『이야기하기의 이론』(임병권·이호 역, 한나래, 1988)

S. 리몬-케넌, 『소설의 시학』(최상규 역, 문학과지성사, 1985)

————, 「Narration as repetition:the case of Gunter Grass's "Cat and Mouse"」(*Discourse in Psychoanalysis and Literature*, Methuen Co. Ltd, New York, 1987)

Susan S. Lanser, *The narrative act*(Princeton Univ. Press, 1981)

츠베탕 토도로프, 『구조시학』(곽광수 역, 문학과지성사, 1987)

윌리스 마틴, 『소설이론의 역사』(김문현 옮김, 현대소설사, 1991)

웨인 부스, 『소설의 수사학』(최상규 역, 새문사, 1985)

찾아보기